《山西抗日根据地红色文化经典文献大系》
编纂委员会 编

山西抗日根据地红色经典音乐家

张汉静 主编

山西出版传媒集团 山西人民出版社

山西抗日根据地红色文化经典文献大系编纂委员会

主　任　张碧涌

副主任　宋　伟

委　员　万　勇　杨建军　王招宇
　　　　　张效堂　李立平　张三忠

主　编　张汉静

山西抗日根据地红色歌曲经典文献

主　　编	张汉静
副 主 编	李　霞　王鹏飞　黄小白　周　恒　张维胜
	安剑峰
编纂人员	张　焰　侯赛华　牛　杰　张　程　李　杰
	李　俊　田丽坤　王紫云　焦娟美　霍菁欣
	刘运洲　王鹏媛　韩雅琳　李家宜　宿　娜

序言

新时代以来,中华民族伟大复兴进入了不可逆转的历史进程。民族的伟大复兴同时也是文化的伟大复兴。在民族复兴的百年历史征程中,中国共产党引领着中华民族谋取了自身的独立、自由、解放和发展,其间所迸发出的伟大抗争精神、自强精神、奋斗精神、创新精神,无时无刻不在激荡着每一位共和国公民的一腔热血。

回望20世纪以来中华民族所经历的由孱弱到觉醒、从抗争到振兴的伟大历程,我们发现,中国共产党的诞生不但"深刻改变了近代以后中华民族发展的方向和进程,深刻改变了中国人民和中华民族的前途和命运"[1],同时也开启了中国人民和中华民族新的文化发展方向和进程。这个新文化的方向和进程,浸染着无数革命先辈和仁人志士的鲜血与汗水,自诞生之日就将红色基因深深植入每一位中华儿女的心灵深处。

1939年,毛泽东同志在《论持久战》英译本序言中指出:"伟大的中国抗战,不但是中国的事、东方的事,

---

[1] 习近平:《在庆祝中国共产党成立100周年大会上的讲话》,《人民日报》,2021年7月2日,第2版。

也是世界的事……我们的敌人是世界性的敌人,中国的抗战是世界性的抗战。"[1] 在第二次世界大战东方战场的反法西斯斗争中,山西作为中国共产党领导的抗日敌后游击战争的主战场之一,不但为抗日战争的完全胜利发挥了不可替代的决定性作用,更为中国共产党领导的军事建设、政权建设和文化建设提供了丰富的实践场所和内容。[2] 这其中,山西抗日根据地文化建设所孕育的鲜明的红色底蕴和丰富的社会实践成果,不但是中国共产党文化软实力与文化主导权建设史中的光辉典范,而且对于我们"继续弘扬光荣传统、赓续红色血脉"[3] 也具有重大的现实意义。

在纪念中国人民抗日战争暨世界反法西斯战争胜利70周年大会上,习近平总书记指出:"中国人民抗日战争和世界反法西斯战争,是正义和邪恶、光明和黑暗、进步和反动的大决战。在那场惨烈的战争中,中国人民抗日战争开始时间最早、持续时间最长。面对侵略者,中华儿女不屈不挠、浴血奋战,彻底打败了日本军国主义侵略者,捍卫了中华民族5000多年发展的文明成果,捍卫了人类和平事业,铸就了战争史上的奇观、中华民

---

[1] 毛泽东:《抗战与外援的关系——〈论持久战〉英译本序言》,载《八路军军政杂志》1939年第2期。
[2] 张汉静:《山西抗日根据地文化传播史》,山西人民出版社,2020,第2页。
[3] 习近平:《在庆祝中国共产党成立100周年大会上的讲话》,《人民日报》,2021年7月2日,第2版。

族的壮举。"[1]

山西省委、省政府高度重视红色文化资源的保护利用工作，将《山西抗日根据地红色文化经典文献大系》大型历史文献与研究丛书项目列入《山西省"十四五"文化和旅游产业融合发展规划》。山西省委宣传部积极组织力量，开展《山西抗日根据地红色文化经典文献大系》丛书的编纂工作，成立了编纂委员会，提出了丛书编纂的总思路、总要求、总目标，为丛书的研究、编纂和出版打下了坚实的基础。

2018年，我们开始组建"山西抗日根据地红色文化"研究团队，致力于山西抗日根据地红色文化、山西抗日根据地文化传播史系列研究，先后出版了《山西抗日根据地文化传播史》《山西抗日根据地文化传播研究》系列丛书以及相关论文等研究成果，获得了良好的社会反响和关注。山西波澜壮阔的革命历史与红色文化资源，为"山西抗日根据地红色文化"研究团队提供了取之不尽的研究素材。前期的研究成果不但使我们更加明晰了红色文化研究的意义，还进一步坚定了我们继续前进的信念。在山西省委宣传部的组织指导下，我们在前期研究工作的基础上开启了《山西抗日根据地红色文化经典文献大系》的搜集整理和研究工作，拟对山西抗日根据

---

[1] 习近平：《在纪念中国人民抗日战争暨世界反法西斯战争胜利70周年大会上的讲话》，《人民日报》，2015年9月4日，第2版。

地红色文献进行一次全方位、系统化的整理和研究。我们邀请了北京大学、南京大学、南开大学、上海交通大学、中国社会科学院、山西大学等院校的著名专家学者，积极参与我们的学术实践活动。专家们一致认为，这套红色经典文献大系无疑将是对抗战时期中国共产党领导的山西抗日根据地军事斗争、政权建设、文化建设的一种全面而全新的呈现，意义重大。

习近平新时代中国特色社会主义思想是我们做好《山西抗日根据地红色文化经典文献大系》的政治引领和学术秉持，山西深沉厚重的人文历史与红色文化是我们得天独厚的资源宝库，我们将在山西省委宣传部的组织指导下，积极听取专家意见，发挥团队优势，充分利用本省学者的比较优势，努力把《山西抗日根据地红色文化经典文献大系》做成扎实可靠、经得起历史检验的学术精品。

一、《山西抗日根据地红色文化经典文献大系》研究的主要内容

《山西抗日根据地红色文化经典文献大系》大型历史文献与研究丛书分为版画、歌曲、新闻、戏剧、影像和文学等6个方面。这些研究内容既相互独立，又互有关联，共同构建起山西抗日根据地红色文化研究的学科体系、学术体系和话语体系。

版画是山西抗日根据地最具代表性，同时也是最容

易为根据地军民所接触和接受的美术形式之一。《山西抗日根据地红色版画经典文献》是山西三大抗日根据地众多版画工作者代表性作品的大集成。我们分别将山西三大抗日根据地的木刻作品、宣传画、年画、连环画等红色版画进行系统的分类、整理和专题研究，并用"以图引文，以文载图，图文互应，文史互证"的新形式，为读者呈现出山西抗日根据地红色版画所处时代真实的社会历史语境、根据地红色版画家战斗生活的实际状况、版画创作者的心路历程，以及这其中所承载的中国共产党人的政治主张、精神世界和革命理想。

歌曲是山西抗日根据地音乐传播的主体，是山西全域抗战波澜壮阔历史图景的生动呈现。《山西抗日根据地红色歌曲经典文献》的内容涉及山西全部县域，所收录的红色经典歌曲的百分之六十是第一次正式出版发行。在编纂过程中，我们采用了歌曲、视频、相关文字文献相结合的综合立体呈现形式，通过挖掘民间老艺人的传唱，组织广大群众文艺工作者的演唱，并将之整理成影像文献资料，全方位记录和还原抗战时期山西根据地军民团结起来共同奏响抗日救亡红色主旋律的生动历史文化景象，并期以之唤醒读者灵魂深处的红色记忆。

《山西抗日根据地红色新闻经典文献》旨在对山西抗日根据地主要报纸的社论进行深入挖掘和研究，力求整体、全面地反映当时中国共产党进行政治宣传、革命动员，以统一思想、赢得民心、取得胜利的路径、方法和手段。总结中国共产党抗战时期领导新闻宣传、坚持党性原则与进行社会动员的成功经验,为当代新闻宣传工作讲好中国故事、传递党的声音、占领宣传高地、把握舆论主动提供历史镜鉴。

《山西抗日根据地红色戏剧经典文献》是在收集大量山西抗日根据地戏剧剧本的基础上,以戏剧剧本+相关文字评论文献+专题研究的形式呈现。山西是文化大省,更是传统戏剧大省,抗战时期山西抗日根据地不但为话剧、街头剧、歌剧等新兴剧目提供了广阔的社会实践舞台,更使山西传统的晋剧、蒲剧、上党梆子、北路梆子、秧歌剧、道情、眉户等传统戏剧完成了形式和内容上的脱胎换骨。将各种代表性戏剧作品的剧本和当时的相关文字评论文献进行收集与整理,无疑会使读者切实感受到山西抗日根据地红色戏剧那种直击心灵、超越时代的魅力。

《山西抗日根据地红色影像经典文献》是中国共产党领导的山西抗日根据地军事斗争、文化建设、社会发展等实际状况的视觉传达,对山西抗日根据地相关的历史照片、新闻纪录片等各类历史影像进行收集与整理,并附以简介、评论及专题研究著作。这不但能为读者展示一个更为生动的山西抗日根据地的社会历史风貌,还能使读者进一步在珍贵的历史语境及画面中追寻革命先辈身影,重温这些影像背后所承载的民族独立与解放的辉煌历史。

《山西抗日根据地红色文学经典文献》系统搜集和整理了山西抗日根据地有代表性的经典小说、诗歌等各类文学作品。读者可以从这些红色经典文学作品中把握根据地文学创作的思想与主线，从宏大的历史叙事切入根据地军民鲜活的革命斗争实践，在感受红色文学魅力的同时，还可以感受到红色文学工作者在民族解放斗争中积极投身革命，对民众的现实斗争进行艺术提炼，并以之为创作源泉的现实主义创作精神与追求，以及这种现实主义美学模式对日后中国文学的独特影响。

二、《山西抗日根据地红色文化经典文献大系》研究的基本遵循

坚持历史唯物主义的理论指导。"历史唯物主义作为马克思主义哲学的重要组成部分，是关于人类社会发展一般规律的科学。在革命、建设、改革各个历史时期，我们党运用历史唯物主义，系统、具体、历史地分析中国社会运动及其发展规律，在认识世界和改造世界过程中不断把握规律、积极运用规律，推动党和人民事业取得了一个又一个胜利。"[1]在对文献的搜集整理和研究中，我们始终坚持唯物史观，尊重客观历史，还原历史情境与细节，努力通过真实的历史资料，讲述中国共产党在山西抗日根据地文化传播的历史活动，展示中国共产党

---

[1] 习近平：《坚持历史唯物主义不断开辟当代中国马克思主义发展新境界》，载《社会主义论坛》2020年第2期。

在决定中华民族命运关键时刻的历史担当。

坚持以人民为中心的研究理念。"一切来自人民,一切为了人民"是中国共产党人的核心立场。在《山西抗日根据地红色文化经典文献大系》的文献收集过程中,我们更加深刻地理解了中国共产党人心中那份深深的根植于人民、服务于人民的群众情怀和立场,更深入地探寻到了中国共产党人之所以能够起到民族解放中流砥柱作用和充分发扬伟大复兴历史担当精神的思想根源。为此,我们在整理和写作过程中,严格以各类历史文献为基础,通过系统的梳理、筛选和分类,呈现并还原中国共产党人在残酷斗争的岁月中时刻为人民而斗争、以人民为依靠的真实历史景象,使读者能够在各类生动的历史文献中切实感受到太行精神(吕梁精神)背后的群众渊源,进一步明确中国共产党人经过历史淬炼而析出的那种不变的初心与使命。

坚持系统性的研究方法。系统性是我们做好以历史文献为基础的文化研究工作的重要方法。系统观念是马克思主义认识论和方法论的重要范畴,是马克思主义政党基础性的思想和工作方法。在《山西抗日根据地红色文化经典文献大系》的写作中,面对纷繁复杂的历史文献,只有系统性方法才能帮助我们在碎片化的材料中发现关键点和关节点,切中要害,进而实现对于材料的逻辑性梳理和再认识。这对我们塑造以历史文献为基础的系统性的历史思维,追寻基于历史事实的文化观念的形成，以及以其为基础的面向当下和未来的创造性转换和创新性发展具有重要的方法论意义。

坚持深入研究文化软实力与文化主导权的学术定位。我们在前期的《山西抗日根据地文化传播史》一书中，首次将文化软实力与文化主导权引入我们的研究，使我们能够以一种全新的视角来认识中国共产党人在山西抗日根据地的文化建设工作，《山西抗日根据地红色文化经典文献大系》作为我们前期工作的深化，更使我们深刻地认识到中国共产党在山西抗日根据地进行的各项文化建设工作，就是中国共产党人在抗日战争这一大的时代和社会背景下，通过各种文化载体将自己的革命理想、政治主张与奋斗目标对受众进行文化传播，从而进行文化软实力的建设和文化主导权的构建。在这个过程中，中国共产党人根据各项文化建设工作自身的特点，充分调动起与其相关的各种主客观因素，比较全面地达到了自身的军事和政治工作目标，使山西抗日根据地的社会文化风貌发生了翻天覆地的变化，并以其丰富的社会实践内容构建了自身独特的红色文化理论体系。读者通过《山西抗日根据地红色文化经典文献大系》收集、整理的各类历史文献及研究成果，可以切实地感受到中国共产党人如何从细微之处着手，一步步成体系地进行文化软实力建设和文化主导权方面的构建，这方面的历史经验以及在这个过程中所涉及的路线、方针与政策等问题，恰恰是在抗日根据地传统研究中容易忽视的。

坚持理论探索与注重实践相结合的实证研究。理论的研究不能只是单纯的学术探索，更需要从实践出发，并回归到实践中。在《山西抗日根据地红色文化经典文献大系》的研究中，我们从书斋里走出去，用脚步丈量大地，在黄土中扎根，在田野上书写，以实际应用为目的，把科研成果的学术性语言转化为人民群众喜闻乐见的形式，并将其有效地反馈给人民群众，使之重新成为广大群众关注的热点。为此，我们在实践中特别注重将各类历史文献依照自身的特点加以遴选，在音乐、戏剧、美术、影像、文学等若干方面，以广大群众乐见的生动方式打造一个传播矩阵，以文本、音频、视频等多种方式呈现，使读者通过视觉、听觉形成立体的感受，从而使山西抗日根据地的红色文化真正回归广大群众的文化生活，在满足广大人民群众文化需要的同时，充分展现山西抗日根据地红色文化独特的内涵与永恒的魅力。

三、《山西抗日根据地红色文化经典文献大系》研究的现实意义

从历史中走来，并引领着我们走向未来。在《山西抗日根据地红色文化经典文献大系》的搜集整理研究过程中，我们力求从中国共产党与新中国文化传承的历史渊源方面思考问题，站在党和国家文化事业发展全局与战略的高度思考问题，进而将工作引领到一个全新的高度，为新时代、新起点上的文化繁荣和文化强国建设提

供助力。

中国共产党为什么能？中国共产党人的文化自信与使命担当来自何处？来自马克思主义基本原理同中国具体实际相结合，同中华优秀传统文化相结合，以及在这个基础上进行的伟大斗争和社会实践。通过《山西抗日根据地红色文化经典文献大系》对中国共产党文化建设和社会实践的追根溯源，我们看到了中国共产党人的思想与山西抗日根据地传统社会文化的碰撞与融合，看到了山西抗日根据地因之而产生的巨大社会文化变迁；更加深刻地理解了中国共产党人在民族危难时刻如何从各项文化建设工作的点点滴滴着手，通过艰苦卓绝的斗争，构建起恢宏无比的文化巨厦，并引领深受苦难的中华民族不断抗争，最终完成了自身的解放。这其中所蕴含的伟大精神和实践经验，对于我们持续深化对文化建设的规律性认识和把握，以及今天在新的历史起点上继续推动文化繁荣、建设文化强国、建设中华民族现代文明，创造属于我们这个时代的新文化，无疑具有极为重要和深刻的示范意义。

《山西抗日根据地红色文化经典文献大系》是对抗战时期中国共产党人文化建设工作的一次系统性梳理，在其中，我们既可以看到中国共产党人文化建设的理论、路线、方针、政策，又可以看到在它们指导下各项文化工作开展的具体成果，以及由此而凝结成的中国共产党人独有的精神、文化和工作经验。山西抗日根据地红色文化根植于民族解放的伟大历史实践，体现着中国共产党及其领导下的根据地人民独立自主、英勇抗争、不屈不挠的太行精神（吕梁精神），这种文化给我们带来的生命力、感召力和影响力超越时空，在今天依然是我们在新的历史起点上文化自信、道路自信、理论自信及制度自信的坚实基础和精神动力。

讲好红色故事，助力红色文化传播，加强红色文化教育，赓续中国共产党人的精神谱系，是《山西抗日根据地红色文化经典文献大系》研究的另一个目标。《山西抗日根据地红色文化经典文献大系》中所承载的众多历史文献和文化艺术成果，以及我们对它们的多样化使用和推介，必定会使广大党员、干部和人民群众更加深入地认识到中国共产党人的初心与使命源自何处、理想与信念指向何方。这对加强革命传统教育、爱国主义教育、青少年思想道德教育，传承好红色基因，确保红色江山永不变色，无疑会起到积极的作用。

最后需要指出的是，《山西抗日根据地红色文化经典文献大系》是国内第一次聚焦于区域抗战文化的系统性、综合性、创新性的学术探索，更是一项具有挑战性和前沿性的学术创新研究。把它做成学术精品，不仅是对抗战史研究的新贡献，也是赓续红色血脉、传承红色基因、坚定文化自信的历史使命。我们在搜集整理文献资料和开展专项学术研究的过程中，力图最大限度挖掘历史资料，用更高、更新的视角回望历史，客观地再现那段艰苦而辉煌的历程,这不仅是我们这代人对那段难忘岁月应有的敬仰和历史使命,更是留给子孙后代永恒的精神财富。我们组建研究团队时间较短,且以年轻教授和博士生为主体,再加上我们的学术水平、认知能力和文字功底有限,在历史文献的搜集整理和历史研究整体性把握上,难免挂一漏万而还显得稚嫩和不足,对于疏漏与谬误之处,我们真诚地欢迎专家学者批评指正。

张汉静

二〇二四年十二月于并州

前言

在中华民族波澜壮阔的抗战史诗中，山西抗日根据地的红色歌曲以其激昂的旋律与革命英雄主义精神，成为凝聚民族意志、传播革命真理、鼓舞抗日斗志的重要载体。这些诞生于硝烟中的灵动音符，是根据地军民用鲜血与生命谱写的篇章，是中国共产党革命文艺实践的鲜活见证，更是马克思主义基本原理同中国具体实际相结合、同中华优秀传统文化相结合的典范。我们编纂《山西抗日根据地红色歌曲经典文献》丛书，既是对那些珍贵革命文化遗产的抢救性保护，又是对红色歌曲所承载的革命话语传播智慧和力量的探寻，进而深入研究中国共产党文化软实力的加强和文化主导权的构建在中国革命历程中的重要作用。

《山西抗日根据地红色歌曲经典文献》以"文献+视频+研究"的创新形式，系统编排和整理了中国共产党领导的晋察冀、晋冀鲁豫、晋绥三大抗日根据地的经典歌曲。这些歌曲或诞生于山西抗日根据地，或在根据地广泛传唱。我们在编纂歌曲的基础上，编配了与歌曲内容相关的文字文献，择取了具有代表性的红色歌曲，组织民间传唱人、文艺工作者、高校师生演唱，整理成影像资料，附录书中，以全方位、立体化、全景式地呈现歌曲的创作背景、创作思想及表现内容。

《山西抗日根据地红色歌曲经典文献》是集红色资源挖掘、抗战历史研究、音乐艺术欣赏为一体的学术性、综合性的历史文献。本套丛书主要有5个特征：一是全域性，山西抗日根据地是中国共产党领导的敌后抗战主战场，是晋察冀、晋冀鲁豫、晋绥三大抗日根据地的发源地，所录歌曲全面展现了山西全域抗战、军民共御外侮的历史图景。二是创新性，我们在编纂过程中采用"以曲引文，以文载曲，歌曲、文献、影像互应"的形式，多维度再现红色歌曲创作的社会情境、文献价值及精神内涵，凸显红色歌曲在新时代传播的社会价值。三是系统性，我们共收集了2000余首红色歌曲，按宣传动员、铁血抗战、政权建设、生产运动等内容进行分类，同时以歌曲首字字母为序做了索引，方便研究者研究和查证。四是原创性，在我们收集的红色歌曲中，有近60%是首次公开出版，这些歌曲是通过田野调查、民间采风、老艺人访谈以及档案文献收集而获取的，这对于进一步深化根据地红色歌曲研究具有重要的意义和价值。五是可读性，以简体字和横版的形式呈现文献内容，以提高歌曲文献的传播性，方便研究者和广大读者更好地利用文献及阅读。

我们还开展了关于山西抗日根据地红色歌曲的专项研究，撰写了《山西抗日根据地红色歌曲传播研究》《抗战时期山西民歌的嬗变》《山西抗日根据地红色经典音乐家》3本论著。《山西抗日根据地红色歌曲传播研究》深入分析了红色歌曲的创作背景、传播机制，以及在社会动员中的作用，揭示了红色歌曲作为特殊的文化产品在社会变革中的关键作用。《抗战时期山西民歌的嬗变》聚焦山西民歌在抗日战争时期的变化，研究传统民歌向抗日新民歌转化的各种因素，展现了新民歌在抗战音乐建设中发挥的重要作用。《山西抗日根据地红色经典音乐家》记录了12位有代表性的抗日根据地音乐家，对他们的成长经历、代表作品、艺术贡献和社会评价等进行研究，展现了他们在艰苦环境下深入群众、深入战地，坚定地为党和人民的斗争需要、火热生活而创作的革命激情和感人事迹。

八十载光阴流转，山西抗日根据地红色歌曲依然如穿透烽烟的火种，在历史长河中燃烧着永恒的精神光芒。它们将太行山的烽火、吕梁山的呐喊、中条山的忠魂编织成震撼人心的革命交响曲。当泛黄的歌谱在文献的经纬间重新舒展，那跳动的音符唤醒了天下兴亡、匹夫有责的爱国情怀，激发了踔厉奋发、振兴中华的必胜信念。《山西抗日根据地红色歌曲经典文献》既是对民族集体记忆的抢救性守护，更是让镌刻着红色基因的文化密码穿越时空，为新时代奋斗者点亮信仰的星火。

山西抗日根据地红色经典音乐家

王鹏飞　张汉静　著

目录

安　波：艺术为人民服务　/ 1
曹火星：用歌声去战斗　/ 30
桂涛声：超越历史的音符　/ 51
贺绿汀：中国音坛不倒的旗帜　/ 61
李劫夫：音乐是时代的声音　/ 89
吕　骥：中国民族音乐的丰碑　/ 117
马　可：为人民而歌的一生　/ 148
唐　诃：一个为时代而歌的人　/ 172
王　莘：跨时代的音乐家　/ 185
冼星海：为了人民的音乐家　/ 202
张寒晖：一个时代的缩影　/ 239
周巍峙：巍然屹立天地间　/ 260

参考文献　/ 286
致　　谢　/ 294
后　　记　/ 296

安波：艺术为人民服务

安波（1915年10月—1965年6月），原名刘清禄，山东牟平人，中国现代音乐家、作曲家、革命文艺事业的组织者与领导者。安波早年投身抗日救亡运动，1935年加入中国共产党。1937年到延安，1938年进鲁艺音乐系学习，后留校从事民族音乐研究。新中国成立后，历任东北人民艺术剧院院长、中国音乐学院首任院长等职。

1915年10月，安波出生于山东省牟平县宁海镇庙沟村的农民家庭。其家族本是当地的豪门望族，但因其祖父经营无方，待安波出生时已家道中落，仅靠务农和外出做工维持生计。年幼的安波在母亲的民歌声中开启了最初的音乐启蒙，乡土气息浓郁、民间风味醇厚的《对花》《赶山牛》等山东民歌给安波留下了深刻的印象。同时，作为胶东著名的古县，牟平有着厚重的文化底蕴，当地民间艺术活动十分活跃，安波自幼就着迷于当地的海阳大秧歌。[1] 尽管家境贫困，但崇尚文化的父亲仍在安波7岁时，将他送入镇里的东关完小读书。东关完小是当地的新式学堂，安波在此接受了较为完备的多学科教育，特别是接受了初级的音乐教学，当时他学唱的歌曲既有反对侵略压迫、歌颂祖国大好河山的《男儿志气第一高》《黄河》，又有鼓励少年积极向学的《勉学歌》《读书歌》等，歌曲中蕴含的进步思

---

[1] 王丽文. 安波传[M]. 沈阳：辽宁人民出版社，2019：2-6.

想让安波萌生了"为国立功劳"的志向。[1]12岁那年，因不堪忍受富家子弟的欺压，安波愤而离开学校，休学半年后，进入村内私塾继续读书，接受传统文化教育。1929年2月，牟平县的平静被战火打破，两大军阀在此地混战20余天[2]，为躲避战祸，安波跟随父母在当地一座天主教堂避难，接触到欧洲的教会音乐。1930年，安波短暂在县立小学补习班学习后，以全县第一名的成绩考入牟平初级中学。

进入初中后，有志于学的安波将全部精力投入新课程学习。1931年，"九一八"事变爆发，全国各地掀起了轰轰烈烈的抗日救亡运动。少年时期经历军阀战乱的安波，深知国家民族命运与个人生存息息相关，他带着满腔的爱国赤忱，加入进步老师组织的抵制日货示威游行活动，由此结识了进步青年林浩[3]。此后，两人在学习生活中结下了深厚的友谊，并相约共赴济南求学，以实现共同的理想抱负。在林浩的影响下，安波一面开始大量阅读五四运动以后出版的进步文学作品，一面更加专注于学业。1933年，安波以极其优异的成绩从牟平中学毕业，县里的教育部门希望他留下来做

---

[1] 王丽虹.延安鲁艺"小调大王"——安波[J].乐府新声（沈阳音乐学院学报），2021，39（03）：5-6.

[2] 1929年，牟平发生了历史上有名的一场战乱。流亡大连的军阀张宗昌、褚玉璞率五万余众，攻打号称"胶东王"的刘珍年。1929年2月19日，刘珍年率六千余人由烟台退守牟平城御敌。双方拉锯恶战二十余天，刘珍年击溃了张宗昌，生擒了褚玉璞，牟平之战宣告结束。据民国《牟平县志》记载："是役也，战区内之死难者，男女不下三十人，焚毁及拆除之房屋数百间，其他损失之价值，难以计数，供给军用米草等项价值十三万七千余元。"

[3] 林浩，原名尹圭璋，山东省牟平县人，开国少将，1932年加入中国共产主义青年团，1933年加入中国共产党。抗战时期，林浩是胶东抗日根据地的重要领导人之一。解放战争时期，他先后任胶东军区政委兼华东野战军第九纵队政委等职。新中国成立后，他历任高等军事学院政治部副主任、主任、副政治委员兼政治部主任等职，为军队院校的全面建设做出了重要贡献。林浩是安波走出家乡、走向革命的第一个引路人，两人同为牟平初中的学生，林浩比安波早一年入学，1932年，林浩率先考入济南高中，两人约定在济南共同求学。

督学工作，但志向远大的安波并不甘心于此。由于贫困的家境，他报考了离家较近且减免学费的曲阜山东省立第二师范学校。曲阜师范学校有着光荣的革命传统，党的创始人之一王尽美就曾派人到学校开展工作，并建立了曲阜地区第一个党组织。在革命氛围的熏陶下，安波大量阅读校图书馆所藏的《共产党宣言》《反杜林论》《政治经济学批判》《向导》《新青年》等革命书籍和进步书刊，还阅读了李大钊、瞿秋白等共产党人的论著，革命理论确立了他的人生新方向。[1] 半年后，1934年1月，他怀着革命理想，奔着与林浩的约定，考入位于济南的山东省立第一师范学校，就此走上革命道路。

　　初到济南的安波即刻找寻到好友林浩，此时的林浩已担任中共济南高中地下党支部书记，尽管当时白色恐怖笼罩整个济南[2]，但思想进步的安波仍在林浩指导下，在济南师范学校参加各项活动，进一步锤炼了革命意志。与此同时，安波坚持"革命要读书，读书为革命"的原则，积极投入课业，立志成为文学家，上课之余他饱览世界文学名著，并创作了短篇小说《一周间》，发表在叶圣陶主办的《中学生》杂志上。然而，安波的文学梦很快被严重的民族危机打破。1935年5月开始，日本帝国主义不断扩大对华北的侵略，在策划"华北五省自治运动"后，又于11月提出《华北高度自治方案》，民族危机空前加剧。12月9日，北平爆发了"一二•九"抗日救亡运动，"打倒日本帝国主义"的口号声从北平传向全中国。在极其险恶的局势下，安波怀揣着对祖国前途命运的担忧，坚定按照党组织的指示精神，在济南师范迅速掀起了支援"一二•九"爱国运动的热潮。在他的领导下，学校成立了"济南支援'一二•九'抗日救国会"，并联络济南

---

[1] 刘晋. 安波：从烟台走向全国[N]. 烟台日报，2024-01-22（003）.

[2] 安波到达济南时，山东的革命形势正处于低潮。1933年7月，中共山东临时省委组织部部长宋鸣时叛变，临时省委、团省特委及山东各地党组织遭遇11次严重破坏，300多名党员、团员被捕，济南市的中共各级党组织或被摧垮，或被打散，幸存下来的仅有两个支部七八名党员。山东笼罩在白色恐怖之中。

女师、济南正谊、济南育英等校学生，于12月17日举行了全市抗日救亡总罢课。罢课运动中，安波指挥同学们在街头演出《高粱叶子青又青》《救救东北姐妹》等节目，唤醒民众的民族危亡意识，越来越多的人加入游行队伍中。抗日救国斗争锻炼了安波，他被推选为"济南学生救国联合会"常委、秘书长。12月，安波在林浩和时任中共山东省工委组织部部长、代理书记赵建民介绍下，光荣加入了中国共产党。入党后，安波秘密建立起中共济南师范学校党支部并任书记。此后，他遵循党的工作方针，以建立各类学习组织为掩护，开展抗日救亡活动，将党的领导与学生运动有机结合起来，团结了更多的进步学生。在他的感召下，越来越多学生投入党的事业，为党的事业积蓄了力量。[1]

　　鉴于安波出色的领导和工作能力，组织给予其充分信任，更给予其更重要的任务。1936年5月，安波奉中共山东省委指示，只身来到上海，先后代表济南学联和山东救国团体，参加了5月29日举行的"中华全国学联第十一次代表大会"和5月31日秘密举行的"全国各界救国联合会"成立大会。在"全国各界救国联合会"成立大会上，安波掌握了各界救国联合会的宗旨，明确了当前的重要任务，这也为其后续的工作指明了方向。回到济南后，安波在林浩指导帮助下，组织成立了济南师范学校"抗日救国会"，开展抗日救亡运动。为扩大抗日救亡的影响，安波以"山东各界救国联合会"和"山东学生救国联合会"名义，独立起草了《告同胞书》和《告同学书》，宣传救国会的救国方针和宗旨。两份文件在济南城广泛传阅，对唤起群众抗日救亡意识、坚定抗日救国信念、明确抗日救国方针，起到了极大的推动作用。这一年，安波在严峻的考验中变得更加稳重成熟，他在白色恐怖中组织力量营救乡师支部的赵健民，按党组织指示发起"援绥宣传募捐"活动，斡旋各方力量公开举行悼念鲁迅大会。身为年轻的地下党支部书记，

---

[1] 王丽文. 安波传[M]. 沈阳：辽宁人民出版社，2019：31-35.

安波竭尽全力为党工作，尽力把一切工作都考虑周密。1937年初，安波从济南师范毕业后，放弃了收入丰厚、生活安逸的教师工作，以一名共产党员的高度责任感，在组织指示下以省委特派员身份前往费县。在费县，他以当地初级师范教师的公开身份活动，全面开展工作。他抓住青年学生的爱国激情，以自己的音乐特长组建学生演唱团，教唱抗战歌曲，鼓舞学生的抗战热情；同时他还秘密宣传进步思想和党的抗日救国方针，通过多种形式建立大量党的外围组织，促进了费县抗战事业的发展。"七七事变"爆发后，安波曾短暂回到济南开展争取"抗敌后援会"合法化斗争[1]，后再次回到费县，"发动群众武装、建立游击队"，11月10日，费县起义爆发，但弱小的起义力量被国民党军队无情镇压，党组织损失惨重[2]。起义失败的第二天，安波赴济南向省委汇报相关情况，考虑到当时复杂的形势，为了保存革命力量，省委决定派安波到延安向中央汇报工作，并到中央党校学习。安波此时虽然向往着革命圣地延安，但他对济南、特别是对费县的同志和广大师生怀有深厚的感情，在危急的政治形势下，他只得割舍掉革命战友之情，奔赴新的战场。[3] 在赴延安途中，他将名字改为"程安波"，寓意自己在未来的征程中能够屹立于波涛汹涌的革命浪潮中，后来，人们

---

[1] 全面抗战爆发后，中共山东省委发出建立"济南学生界抗敌后援会"指示，安波利用暑假时间赶赴济南，投身争取"抗敌后援会"合法化斗争中。此间，安波曾组织抗敌宣传队、唱歌队、话剧队，开展募捐，也带领学生前往济南火车站，将食品送给抗日军队。8月15日，抗敌后援会的爱国行动被山东当局加以"扰乱全局整个部署"罪名镇压，安波与学生领袖数人被捕。迫于群众压力，3天后安波等人获释。之后，安波再次回到费县工作。

[2] 抗战时期的费县起义发生于1937年11月10日，由共产党员马叙卿、朱志诚领导。地下党员、农民武装数百人攻占费县县城，意图建立抗日义勇军并迫使国民党政府支持抗战。起义队伍一度控制县政府，扣押县长陆鼎吉。后临沂保安部队包围县城，激战中7人牺牲，50余人受伤，朱志诚等突围后遭杀害，47人被捕遇害。这次起义彰显了民众抗日的决心，打破了国民党的消极抵抗，是沂蒙地区早期抗日斗争的重要象征。

[3] 王丽文. 安波传[M]. 沈阳：辽宁人民出版社，2019：36-44.

习惯称他为"安波"。

到延安后,安波进陕北公学学习,1938年2月结业。安波欲回敌后继续开展工作,或进入中央党校学习,但鲁迅艺术学院的建立彻底改变了安波的人生轨迹。鉴于安波在音乐方面的特长,时任鲁艺音乐系主任的吕骥亲自找他谈话,希望他能从党的文艺事业发展大局出发,加入音乐系学员队伍。就此,安波从国统区地下工作者转身为革命文艺工作者。在鲁艺,饱经战火洗礼的安波格外珍惜难得的学习机会,他系统接受了视听、练耳、指挥、唱歌、作曲、作词多方面的音乐专业训练,同时重点进修了政治理论和文艺理论相关课程,音乐专业水平和政治素养有了极大提升。5月,从鲁艺毕业的安波分配到鲁艺编译处,此后的几年间,他虽在鲁艺的多个岗位担任领导职务,但对民间音乐的研究和对新民歌的创作,始终是他工作生活的主调。工作初期,安波即在吕骥的指导下开展民歌搜集整理工作,他常常深入群众采集歌曲,与农民歌手同吃同住同劳动,倾听群众心声,用心记录每一首民歌。仅1938年,安波就采集记录了数百首民歌,熟记200多首,并为民歌填写新词数十首,大家送他一个朴素而又光荣的称号——"民歌大王"。[1]

1939年3月,遵照组织安排,安波担任鲁艺实验剧团支部书记兼组织科科长,随团赴山西抗战前线慰问。他们从渑池北渡黄河进入山西垣曲,冒着枪林弹雨,穿越敌伪封锁线,辗转阳城、晋城、高平、壶关、长治及太行山区各地。在长达9个月的活动中,安波与剧团深入八路军驻地,为太行山各地军民举办了百余场慰问演出,将抗战必胜的信念、党的方针政策传达到前线,极大地鼓舞了抗战将士的士气;同时,他们根据当地见闻和根据地建设实际,开展了大规模的创作活动,新编话剧、曲剧20余部,歌曲小调不计其数;为提升当地剧团的编创水平,他们还在沿途指导剧团

---

[1] 时乐濛. 珍贵的艺术 // 安波歌曲选 [M]. 北京:人民音乐出版社,1982:1.

排戏、演唱，举办多期培训班，对地方革命文艺事业的发展起到积极推动作用。在繁忙的演出工作中，安波仍不忘搜集、记录民歌，只要有机会，他便走访群众，深入偏僻角落，直接从农民口中记录下一首首原生态民歌。他在山西采集的200多首民歌中，既有曲调优美、文辞精彩的传统民歌，又有现实意义突出、反映百姓反抗压迫、反对侵略的现实民歌。安波的民歌记录翔实，不仅有曲谱歌词，有的还附带了背景资料、采录时间地点、方言典故、采录缘由等背景信息。安波的搜集工作，为山西民歌在抗战时期进一步发挥作用具有重要意义。[1]

1940年至1941年间，安波先后担任鲁艺教务科长、社会科学研究室主任、教职学员会主任等职务，倾尽全力于教学管理和作品创作。1942年2月，受陕甘宁边区委托，鲁艺组织起河防将士慰问团，在马达和安波带领下，前往晋陕交界的黄河西岸开展慰问活动。慰问团徒步千余里，足迹遍布绥德、米脂、葭县、吴堡、清涧一带，为英勇保卫党中央和边区的河防将士奉献了一场场精彩的演出。此次慰问活动给安波留下了深刻印象，他在慰问晚会上为三五九旅的战士们倾情演唱自己编词的《夜摸营》，也冒着风雪前往米脂县常石畔村与群众同欢乐，采集当地的唢呐曲。4个月的长途跋涉尽管艰苦，但安波手中的笔一直没有停下，先后创作了《朱德投弹手》《一支枪三个手榴弹》《行军歌》等歌曲。而边区军民奋勇抗战的火热生活场面也让安波有感而发，汲取军民大量鲜活生动的生活细节，以民族化的语言风格，创作出《七月里在边区》民歌联唱歌词初稿。1942年5月30日，刚刚回到延安的安波亲耳聆听了毛泽东主席在鲁艺的讲话。毛主席在讲话中谈及当前文艺界存在的脱离群众、关门提高的问题，指明了文艺为人民大众，首先为工农兵服务的方向，鼓励鲁艺师生走出"小鲁艺"走向"大鲁艺"，拜劳动人民为师，向劳动人民学习。毛主席在鲁艺的讲话，

---

[1] 王丽文. 安波传[M]. 沈阳：辽宁人民出版社，2019：49-50.

给安波内心以极大的震撼，他认真反思一段时间以来发生在身边的文艺脱离群众、脱离抗战的现象，反复琢磨革命文艺的重大意义和发展方向。安波联系自己到延安后开展的艺术实践，越发感到想要创作出群众满意的作品，就必须响应毛主席的号召，深入群众，向群众学习，这既是安波身体力行的创作体会，更成为其毕生的艺术追求。为落实延安文艺座谈会精神，安波想到了在河防慰问团创作的《七月里在边区》[1]的歌词初稿，经过悉心修改后，他立即召集张鲁、马可、关鹤童、刘炽对歌词谱曲。大家被朴实无华而又情感真挚的歌词所吸引，经商议后，决定以各自最擅长的音乐语言分头创作曲谱。或许是受到安波民间风格语言的感染，5人各自完成创作合练的时候，各自的"得意之作"居然出乎意料的和谐自然，一气呵成。7月7日，在庆祝党的生日和抗战五周年晚会上，《七月里在边区》民歌联唱首次上演，引发全场观众的热情回应。这组歌曲用群众的语言歌唱群众的生活和心声，联唱受到边区各界热烈欢迎，边区政府高度肯定了"五人团"的创作方向，并给予嘉奖。《七月里在边区》不仅是各根据地广泛传唱的经典佳作，更在歌曲创作方式探索上有重大意义，对后续音乐创作产生了深远的影响。[2]吕骥这样评价说："在这部作品中，不仅有了简单的生活情节，也对个别人物作了浮雕式生动的刻画……可以说，这部作品是大家在《黄河大合唱》之后在音乐创作上的一次新的探索，是从《黄河大合唱》到《兄妹开荒》秧歌剧之间的一座桥梁。"[3]

1942年末，鲁艺下达一项紧急任务，立即组织宣传队，以群众喜闻乐

---

[1]《七月里在边区》是安波为庆祝党的生日和抗战五周年而创作的作品，包含《七月里》《纪念碑》《割麦子》《自卫军》《开会来》《在边区》6首民歌，内容涉及拥爱军队、纪念烈士、喜迎丰收、民兵武装、民主建设诸多方面，歌词以通俗易懂的语言形象描绘了边区战斗生活的方方面面。

[2] 王丽文.一部鲜为人知的民歌大联唱[J].党史纵横，2019（7）：44-46.

[3] 春风文艺出版社编.安波音乐作品选[M].沈阳：春风文艺出版社，1983：代序.

见的形式，在元旦期间开展拥军爱民、拥政爱民宣传活动，安波被指定为宣传队的艺术总指导。距离演出时间仅有五天，安波立即召集鲁艺各系同志，商讨并组织创作、排演。对陕北民间艺术有着深厚感情的他想到，秧歌是当地群众欢庆节日、表达情感的最常用方式，为此他确定秧歌作为节日宣传的主要形式，并邀请当地著名的秧歌把式来指导排练。在紧张的工作间隙，安波也投入创作中，以陕北人熟悉的《打黄羊调》为基础，新创了一首跑旱船新歌《拥军花鼓》。1943年元旦当天，"鲁艺秧歌队"走出驻地，吸引了大批群众驻足观看，《旱船》《旱车》《梨膏糖》《打连响》《二流子转变》……这些当地群众耳熟能详而又焕发出新生命力的新秧歌陆续上演，赢得观众山呼海啸般的欢呼，鲁艺的新秧歌首演，即获得巨大成功。让安波激动的不仅是其《拥军花鼓》得以广泛传唱，更是其对秧歌的改造受到群众的高度认可和热烈欢迎。1943年春节将近，世界反法西斯的胜利形势激起了鲁艺人的创作激情，他们借助新秧歌热潮，创作出第二批作品。其中，作为引领者的安波惊叹于此种艺术形式所蕴含的巨大能量，他借助陕北民间古老秧歌的音乐特色，融入群众歌曲的曲调和节奏，为王大化、李波、羊路由创作的秧歌剧本《兄妹开荒》谱曲。正月初一当天，鲁艺秧歌队在南门外广场首演《兄妹开荒》，毛泽东、朱德、周恩来、任弼时、陈云等中央领导现场观看。演出中，毛主席目不转睛观看表演，不时放声大笑，他夸赞这部剧演得好，赞扬"这才像为工农兵服务的样子嘛！"《兄妹开荒》的首演成功轰动了整个延安。之后该剧在边区各地反复巡回演出，场场爆满，成为那个时代的标志性作品。[1]1943年4月26日、27日，《解放日报》第四版全文刊登了《兄妹开荒》剧本和曲谱。直至中华人民共和国成立，《兄妹开荒》仍作为经典曲目在多个重大文艺活动中上演，成为中国歌剧十大经典之一。《兄妹开荒》的巨大成功，不仅源于其对新型劳

---

[1] 王丽文. 安波传[M]. 沈阳：辽宁人民出版社，2019：76-83.

动人民形象的塑造，更在于其创作了一种新的群众音乐语言，这种语言"更加明朗，富于活力与朝气，散发着泥土的芳香，鲜明地反映了边区劳动人民生活的美，又把人民的审美观点提高到一个新的水平。"[1]此后，安波继续创作，先后作词《庆祝废除不平等条约》《拥军歌》《拥政爱民》，作曲《八路军开荒歌》等，孜孜践行为人民而创作的艺术理念。

安波在延安时期的音乐成就，不仅在于大量记录整理当地民歌和创作出经典作品，更在于他开展了民间音乐研究。1945年2月，安波前往民众剧团，拜师著名鼓师朱宝甲等人学习研究秦腔。学唱的同时，他将学习到的关于秦腔音乐的知识，连同剧团留存的秦腔音乐相关资料及曲谱，作了系统的整理研究，撰写出《秦腔音乐》书稿。这部由安波用心血灌注而成的书稿，是我国第一部现代音乐学意义上的秦腔音乐研究著作，也是第一部由专业音乐工作者系统整理而成的地方戏曲音乐专门著作。书稿完整记录了秦腔的历史源流、乐器配置、剧曲形式、调式、板眼节奏、演唱、记谱等，开创了地方戏剧音乐研究之先河。[2] 1945年9月，安波作为东北干部团的成员，随同鲁艺队伍离开延安奔赴东北，开启了新的人生征程。

经过近两个月的长途跋涉，1945年10月，安波一行人抵达新建的中共中央冀热辽分局和热河军区所在地承德。此时，饱受战火摧残的承德城满目疮痍，新生的政权尚未站稳脚跟，时任冀热辽分局常委兼组织部部长、宣传部部长的赵毅敏为尽快恢复、开展工作，诚挚邀请安波留在当地，安波欣然领命并担任了军区胜利剧社社长（胜利剧社于1946年12月改编为冀察热辽军区文艺工作团，安波仍任团长）。在战后承德，安波以文艺普及为抓手，迅速开展宣传动员工作。他倾听群众心声，组织召开各界人士包括艺术爱好者座谈会，帮助艺术爱好者成立戏剧音乐联合会、平剧研究会，

---

[1] 春风文艺出版社编.安波音乐作品选[M].沈阳：春风文艺出版社，1983：序.
[2] 陈宗花.《秦腔音乐》的产生和贡献[J].星海音乐学院学报，2012，（02）：88-92.

组织学生合唱团，开办承德艺术夜校。在安波的努力下，当地百姓消除了对共产党的疑虑，为党的事业发展奠定了良好的群众基础。1946年，国民党悍然发动对解放区的全面进攻，8月，根据党中央的战略部署，我军主动放弃热河，胜利剧社奉命从承德向热南地区的兴隆县山区撤退。此后的一年多时间里，根据战争形势变化，安波带领队伍辗转热东地区建昌县、热北地区林西县，直至1947年6月抵达刚解放的赤峰。这是一段血与火的历练，安波直面战火，顽强不屈地坚持斗争。他在带领文工团转移的过程中一度与上级机关失去联系，他沉着指挥，成功穿越敌人的封锁线，与部队会合；他曾在兴隆山区的雾灵山，面对"无人区"残酷的生存条件，创作《人民一定能战胜》民歌联唱，唱响了信念的力量；他曾在林西县新解放区，为改变当地群众落后的生活娱乐习惯，创作话剧《苦尽甜来》，受到军区表彰和群众好评。严酷的战争环境，更激发了安波的创作热情，歌剧《唐永生》《兵》，歌曲《忘不了》《唱英雄》《运动战、歼灭战》《歌唱七英雄》《陈毅投弹手》《热河子弟兵》《小白菜》，都是这一时期的佳作。抵达赤峰后，为配合解放战争形势，解决文艺干部紧缺问题，安波提议组建了冀察热辽鲁迅文艺学院（后并入冀察热辽联合大学）。1947年6月至1949年3月，在安波的领导下，冀察热辽鲁艺先后在建西县新邱村、宁城县那拉碧流村、锦州北大营流动办学，在培养艺术学员的同时改造旧艺人，招收蒙古族青年学员，组建少年艺术班，为党培养了大量杰出的文艺人才。这一时期的安波笔耕不辍，先后创作了歌曲《打倒蒋介石，解放全中国》《南京、华盛顿有我们的兵工厂》《攻坚战》《四大战术歌》《三猛歌》《节约好》《三套黄牛一套马》等。此时的安波，仍关注民族音乐，他与学员许直和胡尔查将搜集的200首蒙古族民歌整理成册，完成了《蒙古民歌集》书稿。[1]

解放战争胜利在望，1949年4月，根据组织安排，安波率鲁艺师生50

---

[1] 宋一平.民族团结的使者、革命音乐的"先声"——安波在冀察热辽解放区的革命音乐活动考[J].汉语言文学研究，2024，15（04）：97-103.

余人开赴沈阳,任新组建的东北文艺工作团团长。7月,安波作为东北区代表参加了在北平召开的全国第一届文艺工作者代表大会,当选大会主席团成员、全国文联常委、全国音协常委。同年12月,安波出席东北第一届文艺工作者代表大会,当选东北文联常委、东北音乐工作委员会副主任。安波的工作能力,受到组织的高度肯定,1950年3月,他奉调到东北鲁迅文艺学院,任党委副书记,并兼任音乐部部长。1951年10月,为满足人民群众对新文化的迫切需求,同时为响应中央关于设立专业化剧院和剧团的决定,在安波的提议和组织下,东北人民艺术剧院成立,安波担任副院长兼党总支书记[1]。在东北人艺工作的3年多时间里,安波致力于专业艺术人才的培养和新剧目创作,《曙光照耀着莫斯科》《小女婿》《日出》等佳作频出,在国内引起巨大反响,东北人艺也成为新中国四大剧院之一。此时的安波,也开始转向戏剧创作,经典话剧《十字路口》《春风吹到诺敏河》是他这一时期的新作。1956年6月和1957年9月,安波以文化专家的身份出访越南、缅甸,先后受聘任越南民主共和国义化部专家和缅甸联邦教育部专家,为当地文化事业的发展做出了卓越贡献,受到外交部的表彰。1958年安波回国后,担任辽宁省音乐家协会主席。为配合社会主义革命和建设,安波组织起社会主义歌咏运动,鼓励创作群众歌曲,创办《音乐生活》杂志,极大地丰富了当地群众的精神文化生活。1959年初,安波被组织委以重任,担任辽宁省委宣传部副部长,后担任省委文化工作部部长,负责

---

[1] 1951年10月,安波任东北人民艺术剧院副院长兼党总支书记;1952年夏,安波任东北人民艺术剧院院长兼党总支、党组书记;1954年8月,东北人民艺术剧院与辽西、辽东话剧团合并为辽宁人民艺术剧院,安波任院长。

全省的文艺工作[1]。为推动辽宁文艺事业的发展，自称"文化班头"的安波呕心沥血，聚焦文艺人才培养，构建起完善的人才培养体系，积极培育民间业余文艺工作者，并数次前往北京请求文化部等相关部委的支持，商调干部，两年间，共有60余位老中青文艺骨干进入辽宁工作。[2]1964年，在周恩来总理的亲自关怀下，重点发展民族音乐艺术、专门培养民族音乐人才的中国音乐学院成立，安波被任命为中国音乐学院院长兼党委书记。接到调令的安波立即前往北京，全力开展学院的筹备和建设工作。在他的组织领导下，党委一班人齐心协力，以贯彻党的教育方针和文艺方针为指导，以将国家下达的具体办学任务落到实处为目标，以建立民族音乐体系为己任，构建起完整的教学和研究体系，特别是创立并完善了学科专业设置，安波在此间做了大量工作，为学院发展做出奠基性的贡献。[3]就在安波为学院发展努力工作的同时，他又接受了一项艰巨的任务，担任大型歌舞剧《东方红》的音乐创作组组长。安波带领团队在两个月内完成了全剧的音乐创作，涵盖歌曲、舞蹈配乐及交响乐编排，他勇于开拓，在音乐形象的捕捉、音调的选择以及织体结构与形式技巧运用各方面作了大量创新，精妙运用大量富有民族特色的艺术手法和音乐技巧，全面展现出史诗般的革命情感

---

[1] 1954年，东北大区撤销后，东北人民艺术剧院的歌剧团、音乐舞蹈团、少儿剧团等文艺组织几乎整建制调往北京，辽宁的文艺事业"重打鼓另开张"。1959年，周恩来总理对辽宁的文艺工作提出批评，引起省委领导的高度重视，时任省委第一书记的黄火青下决心要把文艺工作搞上去。经省委研究决定，任命安波为宣传部副部长，分管文艺工作。不久为了加强文艺工作，省委又成立了文化工作部，由安波担任部长。1960年8月，安波又当选为省文联主席。此时的安波，已成为辽宁文化事业发展的重要领导者。

[2] 王丽文.安波在辽宁[J].党史纵横，2016，(08)：46-48.

[3] 俞玉姿，林凌风.重温安波同志在中国音乐学院的办学实践——纪念安波百年诞辰[J].人民音乐，2016，(04)：50-52.

和民族气质。[1]《东方红》于 1964 年 10 月在人民大会堂首演，轰动全国，被誉为"中国革命音乐的巅峰之作"，歌舞剧的成功，离不开安波在音乐统筹与创作上的核心贡献。

长期繁忙而紧张的工作，也透支了安波的身体，1965 年 1 月，安波在工作中突然昏迷，送医后被诊断为肝癌晚期。在生命的最后时光，他坚持在病床上学习和创作，完成了《毛泽东颂》的谱曲，创作了《天上的红云朵，请你向南飘》等歌曲，同时，他时刻牵挂着中国音乐学院的发展，惦念着民族音乐的进步。1965 年 6 月 18 日，安波于北京病逝，年仅 49 岁。

安波将他的毕生心血全部奉献给党和国家的音乐事业。青年时期，他追求进步，在党的指导下积极从事抗日救亡运动，将抗战的声音传遍齐鲁大地。抵达延安后，他应组织要求转变为一名文艺战士，醉心于民间歌曲的搜集整理，创作了一系列脍炙人口、流传至今的经典佳作。解放战争时期，他辗转于热河各地，用火一般的激情投入战斗和创作，培养了大量文艺干部。中华人民共和国成立后，走上领导岗位的安波成为坚强而又成熟的文艺事业组织者、领导者，推动了东北地区文艺事业的繁荣，为民族音乐的长远发展奠定了坚实基础。中国新音乐运动的先驱吕骥这样评价安波："安波同志是我国乐坛上的几个重要作曲家之一。"的确，安波一生创作的 300 余部音乐作品中，均兼具革命性、艺术性、时代性，其中的经典佳作，既保留传统民歌的韵味，又赋予了时代精神，成为鼓舞民众的重要精神力量。同时，安波淡泊名利，多次要求降低自己的工资级别，还将稿费捐献给公益事业。安波用一生践行了"艺术为人民服务"的理念，他以卓越的领导力和创作才华，为新中国音乐教育、大型文艺创作及民族音乐发展立起了标杆，他的工作不仅影响了同时代音乐人，更为后续中国音乐体系的发展提供了无穷的精神动力。

---

[1] 王恩宝. 安波与音乐舞蹈史诗《东方红》的创作[N]. 团结报，2022-10-27（006）.

附文：

由鲁艺的秧歌创作谈到秧歌的前途 [1]

安 波

一

鲁艺在庆祝废约，庆祝红军节，劳军南泥湾三次工作中，组织了一个秧歌队。从二月一日起到三月二十日止，经过了五十天，演出了六十场。以群众性的艺术活动来说，这当是时间很长的一次。这样较广泛地利用民间形式，对于我们也是一种尝试。这次工作给了我们很多实际的教育，进一步认识了毛主席指示的正确：唯有我们面向工农兵，工农兵才能面向我们的艺术。但，这只是我们在新方向下的第一个步伐，我们只有努力继续向前走！

高兴的是，这次的观众比我们过去演戏开音乐会任何一次还多，多了不知多少倍，包括了工农兵也包括了干部，而他们大都是很喜欢的。几个歌曲如："一九四三年"、"拥护八路军"、"旱船歌"、"小车"正在较普遍的流行。特别使我们感奋的是，许多负责同志鼓励了我们，许多热情的观众来了信，提出很多意见，有的过奖我们，有的批评我们。我们知

---

[1]《由鲁艺的秧歌创作谈到秧歌的前途》，安波，1943年4月12日《解放日报》第四版。

道，这只是因为我们的方向是走对了，而并非我们已有了如何大的成绩。在怎样创作属于工农兵而又为他们所喜爱的艺术这个问题上，我们还是没有经验的，还是小学生，现在，我们把这次秧歌创作中所遇到的一些问题，其中或者也有一两点心得，提出来谈谈，作为这次工作的一种备忘，对于今后秧歌创作也许不无参考之用吧。

二

这一次的秧歌创作，可以说是一个摸索学习的过程。当我们开始利用秧歌的时候，眼前摆了许多闷葫芦，不知如何去解破。我们大家对于秧歌原都是不很熟悉的。于是我们开调查会，我们到处征求，不论看过的听过的都讲出来，当时征集的形式有十余种，于是我们分组讨论，配上了可以合适的宣传主题，分头写词，分头作曲，接着就分配演员，自导自演，就这样在三四天之内突击出来了。

显然地，解决问题的是集体的智慧，所谓"三个臭皮匠，凑成诸葛亮。"

但，是不是我们的创作已达到一定的要求呢？没有，还差得很远。如印刷厂的工友们说："你们宣传了吴满有，但对于赵占魁呢？太少了！"又如一位战士说："如果能反映我们部队的生产情形，我更喜欢看些。"一位绥德很懂秧歌的老汉讲得更有道理："我从新市场赶到川口看你们的秧歌，就因为你们的是新的，和咱们老百姓的不一样；可是有一些演的还不及老百姓。"

是的，他们都指明了我们的缺点，主题的限制和对于民间形式的没有十分掌握。

一方面要利用各种现成的形式，一方面要表现新的生活、内容，这就是困难的焦点。

首先，怎样利用旱船花篮等既定的形式呢？怎样利用旧的秧歌剧形式来表现新的人物呢？什么样的歌词曲调才适合于秧歌表演呢？我们凭着揣测去给花篮装进了劳军，给旱船装进了移民的内容。但，总是显出了"套用"的痕迹；我们企图多写几个秧歌剧多写几个人物，以反映部队工厂的生活，而且也写了几个，终于因为受到舞步舞姿等形式的限制而失败了；我们写了三十几首歌词，只采用了二十首，为配一个歌词，有几个人作曲，而只采用一个，有时一个也不用，而采用了旧的调子（自然也是为了群众熟悉的缘故）。

对于演员，同样的面临着许多新的问题：秧歌到底有多少舞形舞步呢？怎样以旧的步法来表现新的生活呢？以如何的部位去迎接与自己同一水平的观众呢？用什么样的发声方法才更能唱出民歌的味道呢？花鼓如何动作？连响如何打法？旱船怎样跑法？……

一个问题，我们对民间形式是如此的生疏！"熟然后能生巧"，不熟自然要拙劣一些。因此我们的大秧歌舞并没有表现出边区人民的体态与情绪，忽略了集体艺术中个性的创造。我们的腰鼓旱船都不及老百姓舞的生动活泼，有的同志虽然有一些舞台经验，但到了场子觉得放不开。

但这只能算作一个原因，最大的原因还在我们对于工农兵大众生活感情上的距离。有了这一障碍，纵然我们在技术上学得再多，最多也只是抄袭模仿，而不能有所创造，因为旧的民间技术是表现旧的民间生活的手段，表现新的民间生活，便应当在旧的技术之上加上新的技术。

可是我们在编剧上，缺少生动的故事，在写词上，缺少丰富的语句——因而有许多是概念化的，特别是形容字的缺乏；在作曲上，缺少新鲜的旋律，不是想到旧的，就是想到一般的救亡歌曲。在演技上，一动作就想起过去所习惯于创造的被压抑的农民。这怎么行呢？在这种情形下，便容易产生一种偏向："寻找趣味"。

于是，在语言上，企图找一些引人发笑的句子，或者强调地方话的某一特点，如"呢呀呢呀"的；在作曲上，故意去找些衬句来点缀华彩，如"哪哈哪哈"的；在表演上，特别强调某一表情，某一动作，以冀博得观众一笑；

甚至临时增添些不必要的动作，求得一声喝彩。

这样，便是趣味掩盖了主题，留给观众的是趣味，而不是思想，是马戏的效果而不是艺术的效果。这样，便是创作者为趣味所俘虏，趣味化了自己的思想，趣味化了剧中人物，便必然归趋于现实的嘲弄。这是可怕的恶果，所以我们创作演出的过程就是和这种趣味主义斗争的过程。

为什么有的同志认为，在民间形式中必须有趣味（或者说噱头）来点缀呢？这还有一种民间艺术传统的原因，因为它常没有预定的台词，可以允许演员即兴即景的作词。（如旧秧歌的打伞的即是即兴作词的要角）宋代杂剧就开始了这一种形式，因此，我们怎样避免庸俗倾向，怎样来汲取民间艺术的精华，怎样才能找到改造的途径，而不至于乱用、套用、搬用，便必须去研究民间艺术的发展规律。

三

民间艺术是具有丰富的样式的，它的性质也很复杂，即以秧歌而论，可以看到四种不同的性质：一、舞蹈性的，如我们所常见的秧歌群舞、狮子、龙、高跷、高台、跑竹马、张公背张婆等。它主要是以华丽的服饰与舞台的动作来表现一定的生活，所有形式实质上是一种舞具。二、演唱性的，如花鼓，连响，数来宝，莲花落等，全以演唱歌词为主，它是以所用的不同乐器构成为一定形式，有的乐器已变为表演的道具，或再加以简单的舞蹈，推其主要原因，当为避免清唱的单调。三、歌舞性的，如旱船，花鞭，八仙寿等，它是歌与舞的结合。四、戏剧性的，如北方所流行的秧歌剧本小放牛，锭缸，探亲家，要婆家等，在边区有韩子出家，二子告状，小姑贤，赌博，双头驴等。它们都已是较成熟的剧本，而且有的已经走进了舞台，为广大人民所熟悉和喜爱。

它虽然具有多样性，但不是式样化的，它不断地伴随着生活的发展而发展。如本以舞蹈为主的高跷，演唱为主的花鼓，都向着歌舞的性质发展，而且有的加进了一定的故事，如高跷中扮演着唐僧取经，张生戏莺莺的短剧，特别是秧歌剧常有新的剧本产生，据我所知，胶东即有跑关东，吹大气的剧本，反映了农业社会向着商业资本主义发展的过程。所以说，把民间形式与一般的旧形式相提并论，而笼统地给以无可发展的观念是不应该的。

四

大胆地广泛地使用民间形式，今天有着更现实的意义。首先，边区及各个抗日根据地的广大农民已经在过着有组织的政治生活，劳动方式也正由散漫的个体的逐渐走向互助的，集体的。（如札工队变工队的普遍组成，有计划的移民等等）因之集体文化生活的要求，比以前也更为迫切，而今天民间的各种艺术形式，如秧歌是最普遍集体艺术的一种，我们应当提倡它，使它不仅作为新春的一种娱乐，而且是经常的一种文化活动。在庆祝秋收，过节，盛大的集会，都应当是秧歌出现的机会。晋察冀边区已经给我们作了榜样，每一个村庄的老人妇女儿童都是秧歌的演员，他们以秧歌表现了军民铁样的团结，他们又以秧歌表现了对敌人汉奸的愤恨。这，已经呈现了新民主主义农村社会人民文化生活发展的景象了。

我们这次秧歌工作的经验也增加我们的这个确信：秧歌是最好的民间艺术形式之一，它必须发展，而且也能够发展。至于它怎样发展呢？发展到那里去呢？在我们未来的实践必会给它以最正确的答案；但现在看来，大致可以向三个方面发展：一，集体舞，二，化装演唱，三，街头歌舞剧。

如果我们决心去发展集体舞，在化装，舞步，舞形上不仅可以改造，而且可以创造。如我们这次采用了新的化装方法，取消了丑角的脸谱，减少了调情的舞姿，全场化为一群工农兵，打伞（秧歌的指挥器）改为拿镰刀斧头，创造了五角星的舞形，这合唱有不伦不类的感觉呢？相反地，倒觉得它的新鲜；可惜的我们还没有打破旧有的舞步，根据各种人物的需要而给以新的舞步，从这里增加了一些困难，但实际上，秧歌舞的舞步，并不是定型化，一成不变的，在各省有各省不同的舞步，不同的人物有不同的舞步，我们为什么不能创造新的舞步以反应新的生活呢？也许有同志就担心到它会不像秧歌舞了。这种担心是不必要的。如果我们能创造一种新鲜的群舞以代替旧有的秧歌舞，那倒真是一件大的功绩！（中国的舞蹈已经濒近于绝迹的地步，难道我们中华民族就应当是没有舞蹈的民族么？）

如果我们决心发展化装演唱，那将为歌咏运动开辟一广大的领域。谁都可以知道，歌曲加以形象的表演，是比手拿乐谱目不转睛的演唱方式要更能感动人些，是比站在台上教歌，更要来得有效些。这一次花鼓的演出就说明了这个道理。我们应该而且必要创造花鼓形式之类的演唱方式！

如果我们决心去发展街头歌舞剧，它的前途将愈开愈阔而且将越踏越平。这一次"兄妹开荒"已经给了我们暗示，它得到了无数观众的喝彩。演员也已经成为他们最熟悉的朋友。可是它只有两个角色，最简单的剧情，最简单的道具，三个最易唱的曲调。

我们渴望着中国新歌剧的诞生，但是很多的眼光不是放在西洋歌剧上，就是放在中国已经定型了的旧剧上。今天，我们也应该看看老百姓自己创造的歌舞剧的形态，它可以给我们多少启示啊！

我们创造秧歌剧，当然要接近于旧有的形式，但不应该"钻进去出不来"，最好不要先放一个现成的东西在脑子里面努力去模仿，不是的，我们应该从现实生活出发而努力求其接近于民间形式的表现，两个出发点将有两种结果：前者是孙悟空大闹天宫，终究逃不出如来佛的手心；后者才是我们所要的，掌握了这样的方法则所有困难是可迎刃而解的。

因为这种困难已经改变了性质，它不再是形式与内容的矛盾，它只是我们对于人民生活是否熟悉，对于人民表现自己生活的技术是否熟悉的问题。如像我们所遇到的困难，说形式短小限制了戏剧的发展，不能解决剧中的矛盾，那我们为什么不可以使形式"长大"一些呢？说受了秧歌情调的限制，那么什么是"情调"呢？情调是戏剧情节及演技所完成的一种气氛对于观众心理上的感染，表现旧的生活当然有旧的情调，表现新的生活便自然会有新的情调，我们正不必为情调担忧！任何真实的反映人民生活的情调，人民都会欢迎！我们又说，没有布景不好演剧请问戏剧的创造工作是由演员来完成呢，还是由布景来完成？古代的以及近代的中国旧剧都没有布景，一样的完成戏剧的任务，美国有的剧场更实验了不要布景的话剧，同样的得到成功。没有布景仍然可以有歌舞剧啊！最后又说，因为没有舞台与观众接触太直接了，那好极了，这正是近代戏剧家孜孜研究所求之不得的。那越发增强了我们感染观众的能力。如果不能控制观众反为观众所控制，那只是说我们的修养还不够，还要努力学习！

集体舞，化装演唱，街头歌舞剧如果普遍地发展了起来，那就是舞者，音乐，戏剧与群众结合了的表示。它的参加者不只是少数的职业的艺术工作者，而是千千万万的工农兵，发展了以后的秧歌一定不成为今天的秧歌，也许面貌全非，但它是在普及之上的提高，绝不会成为群众格格不入的东西，那时它不应当还说是低级的艺术形态不应当说是我们中国人民所创造的新生的艺术之一种。我们为这一信心所鼓舞！我们预祝秧歌的远大的前途！

但问题仿佛还没有彻底的解决，我们面前还横着一个绊脚石，如果不踢开它，我们便不能大踏步的开步走。这绊脚石就是我们自己脑子里的教条主义。的确，它给我们的阻碍太大了！

在秧歌队工作中，我们许多学声乐的同志暂时的失败了，吐字不清，缺少表情，只有的声音，没有充实的内容。这到底是发声方法的问题呢？还是先天的条件？正在音乐界同志中引起了争论。但有一位同志说得好："我听了许多大小中国的音乐会，注重咬字的一个也没有，反正所唱的他自己也不懂，（指洋歌）从此可见这是老资格的教条主义！先生OIUEO的教了，学生OIUEO的唱了，第一声音，第二声音，第三还是声音，因此有的同志始终爱护自己的声音，不肯放开嗓子，我们不知道他带着"宝贵的"嗓子要到什么地方去才开始放起来！到沙龙里去吗？止步，同志！

我们有的作曲的同志，最能遵守作曲法上的法则。要作民歌，即打开记录本子，找出一个主题，加以展开，变位，开展，省略，最后再来一个结合，便算是完成了创作上的任务。这叫做什么样的"创作"啊？

我们有的演员同志，熟悉一大套戏剧理论，但对于眼前的人物，生活则视而不见，甚至不能把握一个农民的外形；但讲起来，他是演惯了舞台剧的，他不会在广场里表演，因为缺少一个框子来把他镶起来，这又是一种什么样的演技啊？

教条主义，你是我们面向工农兵大路上的绊脚石，我们必须踢开它！

一九四三，三，二九。

附曲一：

七月里在边区　开会来[1]

1=G 2/4

词、曲：安波

（三弦奏过门）

（甲）	亲家　你打　从　哪达的　来	（乙）	乡政　府
（甲）	莫不是什么人　吵了　架	（乙）	莫不是什么人
（甲）	政府的处　理　怎么　样	（乙）	批评　二虎子
（甲）	还有些什么　好新　闻	（乙）	虫儿和粉儿登记
（甲）	什么的工　作　为中　心	（乙）	加紧　编整

开会来（甲）开　会　商议的　什么的事（乙）三　言　两语　家儿
闹别　扭　莫不是说的　教育的　款　　　 齿鬼　扯　张手
我前　响婚　动员　两　意　　　 李老　汉　军
订了　自卫军　刘大才开荒　得了　奖　　 秋收的　劳　任务
　　　　　　今年的麦　收　不算坏　　　　　　　　　务

---

[1] 《七月里在边区 开会来》是安波于1942年创作的歌曲作品，该歌曲是民歌联唱《七月里在边区》中的一首。

| 2 3 1 6 5 | 2 3 2 1 | ♭7 7 | 1 2 3 5 | 5 5 6 1 6 6 |

讲不明白　(甲)讲不明白　　也要明白　耐心地解释
不肯拿了家　不是狗娃子　不是那成材　只因偷了二张领了家的
回了家　(乙)最热心青苗贷款　正发放抗属也抓住了

| 5 6 3 2 | 5 6 5 3 | 5 6 5 3 | 1 6 5 6 5 | 5 6 5 2 5 |

才应该　(乙)亲家你　说的　哪里的话呀　只因为问题
脾气大　(甲)打了他　婆姨　两巴掌呀　婆姨到政府
葫芦菜　政府的　处理　怎么样　罚他给抗属
救济的粮　(合)合作社　春季　结了账呀　每人能分
百姓的心　三三制　政权　多美妙呀　老百姓做了

| 0 5 6 5 | 1 — | 5 2 1 5 | 5 6 5 1 :|

太复杂了他 (过门)
告了　割来
去百姓只
麦羊人
执政的

| 3 2 1 5 | 3 2 1 5 | 5 1 6 5 #4 | 5 — |

(合)只有民主才幸福，

安波：艺术为人民服务

只有边区最民主。

(甲) 讲到这里 哈哈哈哈 哈哈哈哈 笑亲家！ 哎！再见了！

(乙) 讲到这里 哈哈哈哈 哈哈哈哈 笑 哎！亲家！

附曲二：

《兄妹开荒》选曲（一）[1]

1=F 2/4

词：路由　曲：安波

中速 稍快

| 1̇.　6　5 | 2̇.　6　5 | 1̇　6　5　4　2 | 5　— | 5　6　5　4　2 |

1. 雄　　鸡　雄　鸡　　高呀么高声　叫　　　　叫　　的
2. 太　　阳　太　阳　　当呀么当头　照　　　　送　　饭

| 5　6　5　4　2 | 2　5 | 2　1　♭7 | 1　— | 2　5　♭7 | 2　5　♭7 |

太　阳　红　又　　红　　　　身　强　　力　壮　的
送　饭　走　呀　走　一　　遭　　哥　哥　　刨　地

| 2　5　5　2　1 | ♭7　— | 5　2　5 | 5　5　4　2　2 | 5　2　6 |

小　伙　　　子　　怎么　能　躺在热炕上　做呀懒
多　辛　　　苦　　怎么　能　饿着肚子　来呀开

| 4　2　1 | 4 | 1̇.　6　5 | 2̇.　6　5 | 1̇　6　5　4　2 |

虫　　　　　　扛　起　锄　头　　上呀么上　山
荒　　　　　　挑　起　担　儿　　上呀么上　山

| 5　— | 2　5　5　2　1 | 2　— | 2　5　5　2　1 | 2　— |

冈　　　站在　高岗　上　　好呀么好风　光
冈　　　一头　是米面　馍　一头是热米　汤

[1]　《兄妹开荒》是安波于1943年所谱曲的秧歌剧作品。

安波：艺术为人民服务

| 2 5 | ♭7̣ | 2 5 | ♭7̣ | 2 5 5 2 1 | 1 6 5̣ | 5 4 2 |

我 站 的 高 来 看 的 远 那 么 依 呀 咳 咱 们 的
哥 哥 本 是 庄 稼 汉 那 么 依 呀 咳 送 给 他

| 5 5 0 1 | 2̇·1̇ 5 1 | 2̇·1̇ 5 1 | 2̇ 5 2 | 1̇· 6 5 |

地 方 到 如 今 成 了 一 个 好 解 放 区
吃 了 要 更 加 油 来 更 加 劲 来 更 多 开 荒

| 4 5 1̇ 6 | 5 5 4 2 | 2 5 2 1 ♭7 | 1 0 1̇ :‖ 1 - ‖

哪 哈 依 呀 咳 咳 哎 咳 哪 哈 依 呀 咳 到 咳
哪 哈 依 呀 咳 咳 哎 咳 哪 哈 依 呀 咳 要

附曲三：

《兄妹开荒》选曲（二）[1]

1=F 2/4

词：路由　曲：安波

```
5 | i i i 6 6 | 5 5 0 2 | 5 5 5 ♭7 7 | 5 5 0 | 5. 6 5 4 |
```
1. 向　劳动英雄们　看齐，向　劳动英雄们　看齐，　加紧生产
2. (嘿) 大家努力来　加油，嘿　大家努力来　加油，　加紧生产

```
5. 6 5 4 | 5 6 5 4 | 5 ♭7 1 | 2 2 4 | 2 5 5 2 1 |
```
不　分男女，加紧生产　不分呀　男呀哈　男呀男和
不　落后，　加紧生产　谁也呀　不呀哈　不呀不落

```
5 0 | 5 6 6 5 6 | 5 2 5 | 2 5 5 2 5 | 1 5 1 |
```
女。　哥哥我前面　开荒地，妹妹我打土　多卖力，
后。　咱们生来　两只手，劳动起来　样样有，

```
5 6 6 5 6 | 5 2 5 | 2 5 5 2 5 | 1 5 1 | 1 2 3 6 5 |
```
赶上那边区　众英雄，赶上那马家　两父女，人人　呀哈
男女　老少　一齐干，咱们的生活　就改善，边区的人民

```
1 2 3 6 5 | 1 2 5 5 | ♭7 - | 1 1 ♭7 5 - |
```
能做呀哈劳动英　雄，　努力，努力，
吃的好来穿呀穿的　暖，　丰衣足食，

---

[1] 《兄妹开荒》是安波于1943年所谱曲的秧歌剧作品。

安波：艺术为人民服务

```
5 5 5  1̇ 3 | 2. 3 | 2 2 3  6 5 | 1.  6̣ | 2 3  6 5 |
靠 咱 们 自  己    呀， 靠 咱 们 自    己    哪 哈 呀 哈
赶 走 了 日  本    鬼   呀， 同 过 那 太   平    哪 哈 呀 哈

5 3 2 1 | 6̣ 5̣ 6̣ 1 6̣ | 5̣ -  | 1 1 ♭7̣ | 5̣ - |
依 儿 呀 哈 哪 哈 依 呀 咳！    努 力， 努 力，
依 儿 呀 哈 哪 哈 依 呀 咳！    丰 衣 足 食，

5 5 5  1̇ 3 | 2. 3 | 2 2 3  6 5 | 1.  6̣ | 2 3  6 5 |
靠 咱 们 自  己    呀， 靠 咱 们 自    己    哪 哈 呀 哈
赶 走 了 日  本    鬼   呀， 同 过 那 太   平    哪 哈 呀 哈

             |1.                          |2.
5 3 2 1 | 6̣ 5̣ 6̣ 1 6̣ | 5̣.  ᵛ5̣ :‖ 6̣ 5̣ 6̣ 1 6̣ | 5̣ - ‖
依 儿 呀 哈 哪 哈 依 呀 咳！     嘿 哪 哈 依 呀 咳！
```

曹火星：用歌声去战斗

曹火星（1924年10月—1999年4月），原名曹峙，河北平山县人，著名音乐家。1938年参加革命。革命年代长期工作于晋察冀边区群众剧社[1]，1943年创作著名歌曲《没有共产党就没有新中国》。中华人民共和国成立后，先后任天津歌舞剧院院长、天津市文化局局长、中国音乐家协会常务理事、天津市文联副主席、天津市音乐家协会主席等职务。

1924年，曹火星出生于河北省平山县郭苏镇西岗南村。西岗南村紧邻滹沱河，风光秀丽，林茂粮丰，被誉为华北平原的"小江南"，优渥的自然条件使当地人生活富足，重视教育。曹父曹清廉是村中的大户，他吃苦耐劳、经营有方，通过代管公田积累了一定的家业。幼年的曹火星在良好的教育条件下成长，拥有更多与音乐接触的机会，他十分着迷于戏曲，每逢过年和赶庙会，他都场场不落去看戏，传统戏曲中的笛子、笙箫、唢呐、锣鼓，是他最早的音乐启蒙。1929年，5岁的曹火星进村办小学读书，他对数学、地理等课程尤感兴趣，成绩优异。1935年，初小毕业的曹火星进入平山县南甸镇县立三高小读书，接受系统教育，音乐也是课程体系中的

---

[1] 群众剧社原为平山县青年抗日救国会的文艺宣传队，后更名为铁血剧社。1943年4月改由晋察冀边区抗日联合会领导，为贯彻毛泽东《在延安文艺座谈会上的讲话》精神，更名为群众剧社。1949年天津解放后，群众剧社随部队进入天津市，并与天津音乐工作团合并成立天津人民艺术剧院。

一项，每逢音乐课，他都痴迷于乐器发出的动人旋律，总想自己尝试去演奏。一个偶然的机会，曹火星获得一件大正琴，闲暇之时，他总将这件"至宝"捧在怀中，拨弄琴弦，曹火星的音乐梦想就在这件老旧的大正琴中萌生。[1]

1937年，日本侵略者悍然发动全面侵华战争，魔爪伸向华北平原，西岗南村的平静被彻底打破，高小毕业的曹火星被迫中断学业。此时的曹火星虽然仅有13岁，但目睹敌寇残酷的侵略，目睹华北平原大好河山沦陷，强烈的爱国主义情感回荡在他心中。恰逢此时，西岗南村建立起共产党领导的村政权，在好友举荐下，曹火星担任村青救会主席，在党领导下组织儿童团开展抗日宣传工作。曹火星夜以继日努力工作，站岗放哨、查路条、募集钱粮，虽然取得了一定的成效，但他内心抗战救国的抱负似仍难全面施展。一个念头在他心中萌生，他决定离开从小生长的故乡，全身心投入抗日救国的时代洪流。[2]

1938年农历大年初二，曹火星悄悄走出家门，只身前往洪子店镇，正式参加革命。经高小同学和已成为中共地下党员的老师引荐，曹火星加入了平山县农会，在县农会办的油印小报《烽火报》工作，负责刻蜡版和报纸收发。平山县委为加强抗战宣传工作，决定由县青救会成立文艺宣传队，勤奋好学又有文化基础的曹火星受组织关注，调入宣传队。一支名声响彻滹沱河畔的文艺团队就此扬帆启航，这支宣传队正是著名的铁血剧团的前身，对曹火星来说，革命音乐家的成长之路，就此展开。

进入铁血剧团的曹火星找到了施展才华的舞台。他懂简谱又喜欢唱歌，很快成为剧团的主力。剧团成立伊始，曹火星与几个年龄相仿的战友一道，跑遍了平山县的大小村庄，他们通过演唱抗日救亡歌曲、跳舞等形式，宣

---

[1] 田恬，刘萍，周洁.《没有共产党就没有新中国》：一首不朽红歌的文化密码[N].河北日报，2023-10-27（009）.

[2] 穆秀玲.火星，依然闪耀——曹火星传[M].天津：百花文艺出版社，1995：8-10.

传抗日政策、发动青年参军。与此同时，曹火星还与队员们一道，通过改编当地传统剧目编创、演出抗战戏剧。1938年4月，由当地传统剧目《光棍夫妻》改编而成的新戏剧《脱了羁绊的女性》在洪子店镇中心广场上演，这也是曹火星首次登台演出。为了演出成功，曹火星不顾个人形象男扮女装，出演了戏剧中的女性形象，尽管是第一次登台，尽管是角色反串，但他仍圆满完成了演出任务，将反对封建家庭束缚、积极抗日参军的女性角色塑造得惟妙惟肖，演出获得巨大成功，铁血剧团的名声也就此打响。之后，随着新队员的加入，铁血剧团也逐渐走向成熟，他们编创了大量贴合根据地实际、反映抗战时态、歌颂抗日英雄的剧本，有《攻打平山城》《保卫秋收》《抓汉奸》《选村长》，等等。[1] 每到一地演出，当地群众都蜂拥而至，一时间铁血剧团声名鹊起，人们亲切地称其为"咱们的剧社""文艺平山团"。铁血剧团的工作也受到晋察冀边区领导的关注，1938年6月14日，《抗敌报》以《从艰苦斗争中壮大起来的平青"铁血剧团"》标题，报道了剧团的演出情况，并对其工作给予肯定：

平山青救会所组织之"铁血剧团"至今已有月余，自从成立后，即各方努力，积极筹备，克服许多艰难困苦，目前已经壮大起来了，他们曾经在平山各地演了不少的话剧，而且收获甚巨，关于这些有很多具体实事给我们：

当五卅纪念日的时候，该剧团为扩大宣传，深入下层，使一般民众了解流血的五卅意义，他们以一天的时间，曾经到了二个地方去演剧，第一次就在郭苏表演，当时到会民众共约四五千人，情况甚属热烈，儿童团，自卫队，和广大的民众们都兴奋地聚集在广场上，开会仪式完毕后，铁血剧团即在群众之热烈掌声中开始表演了，他们的技术虽然未能令人十分满意，但其剧情甚合一般农民的口味，所以受到广大民众之热烈欢迎，会后

---

[1] 陈平. 人民音乐家曹火星[J]. 文史精华，2007，（S1）：37.

民众曾自动捐助了三十多元钱，以示他们对此剧团之爱护。

当在郭苏演完后，该剧团更不辞劳苦的当日又跑到由舍去参加该地之五卅纪念大会，其结果之成绩尤较郭苏初演时为佳，又因该地接近敌区，当地民众直接受到敌人的蹂躏，但该话剧内容正是日寇惨杀中国人民的写实，所以受到当地民众欢迎，当演剧完毕后，许多人自动的高声呼喊"我捐三元"，那个说"我出五块"，不到多大时间已经捐到了八十多元，此足以证明他们对抗日救亡已有很明确的认识，他们都能够把钱拿出来捐助给抗日救亡事业的设备上。

凡此一些事实，十足的证明了铁血剧团在这短短的时期内，是有了长足与突飞的进步，他们在今日能够收到这样的伟大成绩，当然不是白白得到的，而是有着他艰苦奋斗的历程，但这些成绩该剧团并不以为满足，据说他们今后还要加倍积极工作，以达宣传民众，教育民众之重大任务云。[1]

自进入铁血剧团后，曹火星作为主力队员始终任劳任怨，有时一天要在数个村庄巡回演出。繁重的演出任务，艰苦的生活条件，非但没有让他感到疲惫和倦怠，反而更加激发了他抗日救国的热情。他认真对待每一次演出，用心塑造好每一个角色，同时他还按照组织安排，前往平山县各村庄作文艺表演辅导，教唱抗战歌曲，与当地民众结下了深厚的情谊。他还根据毛泽东主席"星星之火，可以燎原"之语，将自己名字改为曹火星，以表达抗战到底、不怕牺牲的决心。[2] 演出实践使曹火星深深意识到，文艺演出是宣传抗日的重要途径，群众喜欢文艺、需要文艺，作为文艺战士更要精进自己的能力，为群众创作演出更好的作品。一次偶然的机会，他购得一册老版本的《和声学》，为将其中的乐理知识弄懂，他甚至抄写全书，在这一过程中，他开始接触到和声、音节、和弦排列方法等基本乐理知识，

---

[1] 从艰苦斗争中壮大起来的平青"铁血剧团"[N]. 抗敌报，1938-06-14（004）.

[2] 石雅彬. "颂党第一歌" 唱出人民的心声[N]. 石家庄日报，2024-06-25（007）.

这也使他更加向往音乐的艺术殿堂。而深入学习音乐的机会正悄然而至。

1939年6月,党中央决定陕北公学、鲁迅艺术学院、安吴堡战时青年训练班、延安工人学校联合成立华北联合大学,开赴华北敌后办学。经过数月长途跋涉,华北联合大学抵达晋察冀边区。联大设有文艺学院,聚集了吕骥、崔巍、卢肃、王莘、牧虹等文艺界知名人士。1940年初,为更好地发挥铁血剧团的作用,组织决定派剧团全体成员赴华北联合大学深造。兴奋的曹火星与战友们迅速整装出发,前往华北联大文艺学院所在地平山县下庄村。到达目的地后,曹火星被分配至音乐系,接受系统的音乐训练。曹火星十分珍惜来之不易的深造机会,在课上,他认真学习作曲、和声、乐理、指挥、唱歌等课程,对老师提出的每一个要求都尽力做到;在课下,他虚心向老师请教,并与联大文工团、西北战地服务团中的专业音乐工作者交流求教。在文艺学院,曹火星学习了大量专业理论知识,聆听了大量高水平的音乐作品,观看了大量高水平的演出,使他的音乐专业水平有了较大提高。在学习过程中,曹火星有意识地将理论与实践相结合,尝试创作歌曲,结合在根据地的所见所闻,经过数天酝酿推敲,一首号召民众参军、打败侵略者的歌曲创作出来,取名《上战场》,这也是曹火星歌曲创作的处女作。忐忑的曹火星将习作交给老师卢肃,卢肃高度肯定了这首作品,仅改动了一个音符,并鼓励他发表出来。首次创作歌曲的曹火星没想到能得到老师如此肯定,作品发表后,很快就在群众中广泛传唱,这使他备受鼓舞,更坚定了为人民创作的信心和决心。[1]8个月后,短暂的学习生活行将结束,曹火星带着火一般的创作热情,投入新的战斗中。

华北联大学习结束后,曹火星回到铁血剧团,继续从事文艺创作和演出,他结合当时的形势和任务,以"小工"为笔名,创作了《统一累进税真正好》《选村长》《养娃娃》等歌曲作品,这些作品多吸收借鉴河北民歌曲调,以当

---

[1] 穆秀玲. 火星,依然闪耀——曹火星传[M]. 天津:百花文艺出版社,1995:26.

地群众喜闻乐见的形式将老百姓的内心情感抒发出来，通俗易懂，易学易唱，很快在晋察冀边区流传开来，为激励军民团结抗战、宣传党的政策方针起到了积极作用。[1] 1941年秋，日军集结重兵，向平山、阜平两县大举"扫荡"，在加紧军事侵略的同时，敌人也开展了针对边区的政治文化新进攻，他们打着"大东亚共荣""建立东亚新秩序"的旗号，大肆开展欺骗宣传，企图在政治、军事、文化等方面瓦解抗战政权。面对敌人的猖獗进攻，边区发动了粉碎敌人"治安强化"的政治运动。曹火星与战友们目睹敌寇残忍的烧杀劫掠，目睹朝夕相处的父老乡亲惨遭屠戮，残酷的现实激起他们的怒火，剧社全体响应边区号召，化整为零，分成若干小组，深入各村配合村干部动员群众坚壁清野，开展反"扫荡"，同时配合地方游击武装，以各种形式对敌占区人民开展宣传教育，揭露敌伪的虚假宣传。在反"扫荡"斗争的过程中，曹火星经历了血与火的考验。

1942年秋，剧团抽调曹火星等骨干力量，前往敌占区回舍、温塘一带开展政治攻势。在地下党同志的帮助下，他们穿越封锁线，进入敌占区，白天在隐蔽的小院中开展宣传工作，召集当地的青年儿童教唱抗战歌曲，排演抗日小戏，宣传抗战思想，晚上在夜幕的掩护下前往公路两旁的墙壁，书写"打倒日本鬼子！""反对治安强化！""今年打败希特勒，明年打败日本鬼！"等抗日标语。敌伪路过发现这些标语后，恼羞成怒地用刺刀把墙皮铲掉，几天后，曹火星和战友们又趁着夜色重新书写，公路旁的墙壁成为曹火星他们与敌伪反复争夺的阵地，他们以自己的聪明才智与敌伪周旋。[2] 在回舍、温塘开展的政治攻势只是曹火星在反"扫荡"工作中的一个侧面，在与敌人直面斗争中，他数次经历了生与死的考验。他曾在平山县天桂山一带工作时与其他同志失去联系，被围困在山上三天，仅靠吃山

---

[1] 孙健伟. 为党和人民而歌[J]. 前线, 2024, (10): 95.
[2] 穆秀玲. 火星, 依然闪耀——曹火星传[M]. 天津: 百花文艺出版社, 1995: 32.

梨充饥，夜晚靠树叶杂草保暖，夜寒导致高烧，最后在当地群众照顾帮助下才脱离险境；他曾在井陉县的一个山村中，为劝说伪军反正、瓦解伪军，不畏牺牲在深夜将劝诫伪军反正的宣传品投送至敌伪炮楼下；他曾在一次转移过程中被敌人发现，在猛烈的炮火中机智逃脱……这一切，磨炼了曹火星顽强不屈的革命意志，锻造了他不怕牺牲的战斗品格。在坚决开展对敌斗争的同时，曹火星仍创作了《枪口向法西斯瞄准》《粉碎敌人治安强化》等一系列歌曲，鼓舞了根据地军民的抗战决心。

1942年，为冲破敌人对根据地的封锁，边区军民按照党中央指示掀起轰轰烈烈的大生产运动，曹火星和剧社的战友们积极参与这场运动中。他们开荒种地，纺线纺花，还因地制宜制作了一台手工卷烟机，以增加收入。曹火星所创作的《春天里暖洋洋》《春耕忙》等歌曲、《懒汉》《翻天》《万年穷翻身》等小型歌剧，主题都围绕着边区的大生产运动。其中较有影响力的是由曹火星和王莘合作的大型歌剧《过光景》。该剧塑造了一个朴素的农民形象，王好善虽有过好光景的想法，但受传统观念影响，只顾自身利益而不相信集体的力量。经过种种斗争、接受教育后，主人公王好善终于走上了民主管理、集体生产的道路。《过光景》在晋察冀边区群英会上首次演出，获得英雄模范们的高度赞扬，不到一年时间，边区各剧团纷纷上演该剧，产生了积极的影响。[1] 1943年4月，曹火星的优秀表现获得组织认可，他成了一名光荣的中国共产党党员。

1943年3月，国民党公然抛出《中国之命运》一书，大肆鼓吹"一个主义、一个政党、一个领袖"理论，同时宣扬"没有国民党就没有中国"，企图消灭中国共产党和一切抗日民主力量。面对国民党顽固派的进攻，党中央进行了针锋相对的斗争。1943年7月12日，毛泽东在《解放日报》发表社论《质问国民党》，揭露国民党顽固派的阴谋，号召全国人民团结起来一

---

[1] 穆秀玲. 火星，依然闪耀——曹火星传[M]. 天津：百花文艺出版社，1995：40.

致抗战、制止内战,《解放日报》还先后发表了《国共两党抗战成绩的比较》《八路军、新四军抗战六年战果》《两年来国民党五十八个叛国将领概况》等文章,用铁的事实雄辩地说明了我党我军在抗日战争中建立的丰功伟绩。8月25日,《解放日报》发表了社论文章《没有共产党,就没有中国》,针对蒋介石《中国之命运》中的狂言"没有国民党就没有中国",作了针锋相对的有力回击和驳斥,指出共产党才是抗日的中流砥柱,鲜明地提出"没有共产党就没有中国"。[1] 在晋察冀边区的曹火星时刻关注着这场没有硝烟的论战,他认真学习党的文件和社论,结合在边区开展的对敌斗争经历,他深刻认识到,中国共产党是领导抗战的主心骨,正是在党的领导下,中国军民与日寇展开了殊死搏斗,正是在党的领导下,根据地人民建立了抗日民主政权,改善自己的生活,没有共产党就没有如今的抗战局面,就没有当下的中国。思想上的武装,激发了曹火星的创作热情,恰在此时,他受组织委派,与剧团战友张学明、赵柯前往房山和涞水边缘的新解放区堂上村开展宣传工作,参与当地的减租减息。在堂上村,他们以文艺为武器,白天教当地群众唱歌,书写宣传标语,指导村剧团排演剧目,运用当地群众喜闻乐见的方式宣传党的方针政策,夜晚在微弱的煤油灯下创作新歌曲。曹火星与张学明配合,运用当地的曲调先后创作了4首歌曲,其中两首是宣传党的政策方针的,两首是批判国民党消极抗日的,这4首歌曲的内容都比较具体,最后考虑要创作一首带有总结性质的歌曲,来统领之前的创作,曹火星承担起这一任务。[2] 他回想全面抗战以来共产党领导人民抗日救国的种种事实,回想起自己参加革命以来在党的关怀下的成长,回想起堂上村群众火热的抗战生活,回想起《解放日报》的社论《没有共产党,就没有中国》,一股暖流在心中涌动,以一颗共产党员的赤子之心,将根据地军

---

[1] 孟红.《没有共产党就没有新中国》:唱出颠扑不破的真理[J]. 党史博采(纪实),2016,(09):55.

[2] 陈平. 人民音乐家曹火星[J]. 文史精华,2007,(S1):39.

民的心声表达出来，被誉为颂党第一歌的《没有共产党就没有中国》就此诞生："没有共产党就没有中国，没有共产党就没有中国。共产党，辛劳为民族，共产党他一心救中国，他指给了人民解放的道路，他领导中国走向光明，他坚持了抗战六年多，他改善了人民生活，他建设了敌后根据地，他实行了民主好处多。没有共产党就没有中国，没有共产党就没有中国。"

创作《没有共产党就没有中国》时，曹火星只有19岁，但这首歌既蕴含了他对党的满腔热忱，又体现了曹火星高超的音乐技巧和杰出的艺术才华。全曲由十个乐句组成，首尾呼应，每两句之间形成对应关系，特别从三句开始采用了一系列的排比，通过一系列事实列举，将情感推向最高潮，歌词简短有力，列举事实毋庸置疑、无可辩驳。在曲调上，吸收借鉴了河北当地民俗表演"霸王鞭"的音调和节奏，音调热烈，节奏灵动。词曲整体朗朗上口，易唱易记，又是抗战军民的心声流露。[1] 正是由于这些特点，《没有共产党就没有中国》才能在短时间内流传开来。歌曲创作完成后，曹火星召集儿童团员们学唱，这首歌迅速在堂上村及周边村庄广泛流传；1943年冬，晋察冀专区干部冬训学习班上，曹火星第一次正式教唱《没有共产党就没有中国》，并在《群众歌曲》刊物上首次发表，这首歌很快就在平西抗日根据地传唱。随后，剧社走到哪里，就把这首歌带到哪里，这首歌就像长上了翅膀，从地方流传到部队，从晋察冀流传到冀中冀东。在解放战争时期，这首歌又流传到张家口、东北，直至传遍祖国大江南北。中华人民共和国成立后的1950年，毛泽东主席偶然听到女儿李讷唱《没有共产党就没有中国》，毛主席纠正说："没有共产党的时候，中国早就有了，应当改为'没有共产党就没有新中国'。"伟人画龙点睛，为歌词添了一个"新"

---

[1] 杨瑞庆.曹火星创作《没有共产党就没有新中国》[J].文史天地，2019，(06)：81-82.

字，让这首歌焕发了全新的生命力，直至当下仍被人们反复歌唱。[1]关于这首旷世佳作，曹火星说："我写这首歌是动了感情的，抗日根据地的广大人民群众在共产党的领导下，克服种种困难坚持抗战，搞民主建设，使人民当家作主。搞土改发展生产，给人民改善生活……这些活生生的事实是我亲眼所见，人民的抗战积极性，对党的深情，我有亲身体会。党和人民同生死、共患难，人民群众为抗战送儿、送夫参军，支援前线流血牺牲……就我本身来说，一个普通的农村小孩子，不愿意当亡国奴而投身革命队伍，是党培育我成长，是党给了我文化知识，成为一名革命文艺战士……没有党怎会有今天？我讲了真理，说了实话，写了实情，反映了人民的心声。"[2]

抗战胜利后，曹火星跟随剧团前往张家口开展宣传工作。1946年，剧团撤回阜平，根据组织安排，在当地参与土地改革运动，为此，曹火星先后创作了《王老汉翻身》《团结起来把账算》《大伙一起来》等歌曲，以此来发动群众、教育群众。同时，曹火星还与剧社的战友们一道，创作演出了一批反映农民翻身和土地改革的剧目，如歌剧《翻天》，秧歌剧《别上当》《翻身翻到底》《失足恨》《万年穷翻身》《变不了天》《三十块洋钱》《五斗麦子》《发土地证》《白眼狼》《两条街》《农民当家》等，曹火星所在的音乐组还编辑了《翻身歌曲集》。1948年，为配合解放战争转入全面反攻的新形势，剧团先后创作演出了《宝山参军》《东大街班》《全家忙》《李二栓抬担架》等剧目。[3] 1948年4月，正在曲阳县赵城东村排演节目的剧团接到一项光荣任务，立刻启程前往阜平城南庄，为中央首长演出《农民当家》和《宝山参军》两部剧。这两部戏剧较有典型性，其中《宝山参军》

---

[1] 孟红.《没有共产党就没有新中国》：唱出颠扑不破的真理[J]. 党史博采（纪实），2016，（09）：56-57.

[2] 石雅彬."颂党第一歌" 唱出人民的心声[N]. 石家庄日报，2024-06-25（007）.

[3] 穆秀玲. 火星，依然闪耀——曹火星传[M]. 天津：百花文艺出版社，1995：60.

描述青年农民宝山作为家中独子,因思虑参军后家里有困难,故不积极报名参军,后在妹妹和妻子的支持下,改变了只顾小家的落后想法、积极入伍的故事;《农民当家》则描述了农民掌握政权后,发动贫农雇农开展土改斗争的故事。中央领导希望通过这两个戏剧来考察当地的农村土改情况。作为《宝山参军》的主演,曹火星有幸参与此次重要的演出任务当中,在城南庄小学的院子里,他的演出赢得中央首长的肯定。演出结束后,周恩来特意召见了参加演出的剧团成员,在对表演给予肯定的同时,对两个剧本提出了切实可行的修改意见,周恩来的优雅谈吐和博学多才,给剧团成员留下了深刻的印象,曹火星也深受鼓舞,更加坚定了为人民创作的信心和决心。[1]

1949年1月天津解放,剧团跟随部队进入天津城,并以天津市军管会第一宣传队的名义在街头演出。不久,根据组织安排,曹火星调入军管会文艺处音乐科工作,负责筹建音协天津分会,投身于新文艺团体的筹建。新中国成立后,曹火星担任天津音乐工作团副团长,他坚持创作,《我们生长在海河旁》《争红旗》《向毛主席保证》皆是这一时期的作品。1951年,曹火星随中国青年文工团赴柏林参加第三届世界青年联欢会,并在东欧各国巡回演出。1952年回国后,曹火星担任天津人民艺术歌剧舞蹈团副团长,在繁忙的行政工作之余,坚持以旁听生身份在中央音乐学院学习,极大提升了音乐创作水平。这一时期,他创作了一系列歌唱国家社会主义建设的歌曲,如《我们的祖国到处是春天》《在社会主义的道路上前进》《你不要心太急》《迎接祖国的号召》《走上光荣的岗位》《我们是共青团员》《迎接第二个春天》,等等。1958年至1961年,曹火星迎来了又一个创作巅峰,他受到北京舞剧《宝莲灯》启发,以家乡广泛流传的民间故事——石义打柴为原型,创作了大型舞剧《石义砍柴》,开创了天津的舞剧事业。此间,他还先后创作了舞剧《太行红旗》、歌剧《南海长城》、歌舞剧《焦

---

[1] 穆秀玲.火星,依然闪耀——曹火星传[M].天津:百花文艺出版社,1995:61-69.

裕禄》，同时在丁玲女儿蒋祖慧指导下，排演了大型芭蕾舞剧《西班牙女儿》，在全国引起轰动。[1] 曹火星为我国舞剧事业殚精竭虑，无愧于我国舞剧事业的奠基人。"文化大革命"中，曹火星受到冲击。党的十一届三中全会后，曹火星重新走上领导岗位，先后担任天津市文化局副局长、局长，他笔耕不辍，创作了《飞翔吧，祖国》《正是创业的时候》《海上吹来祖国的风》《让青春为祖国闪光》等数十首歌曲。

1986年后，离休的曹火星仍执着于音乐创作，他常不知疲倦地伏案构思，尝试用新的形式歌颂改革开放后中国的新气象，民族的新气质。直至去世前，他还在病床上创作庆祝新中国成立50周年的歌曲《啊，我叫中国》。1999年4月16日，曹火星在天津逝世，享年75岁。

晚年的曹火星在回顾数十年音乐创作时说："这几十年来，使我体会最深的是，要想为党为祖国做出贡献来，就要全身心投入，从创作实践和努力学习中去追求，去拼搏。"[2] 青年时期，目睹祖国山河破碎、百业凋敝，曹火星毅然决然走上革命道路，以一颗共产党员的赤子之心，谱写了传唱至今的著名歌曲《没有共产党就没有新中国》；新中国成立后，他作为文艺团体的创立者和领导者之一，努力工作，任劳任怨，为天津革命文艺事业的发展和中国舞剧事业的发展建立了不朽的功勋；离休后，仍致力于音乐创作，留下大量脍炙人口的经典佳作。曹火星一生创作了1600余首歌曲和数十部舞剧歌剧，无论在哪个时期，他始终秉持为党创作、为国家创作、为人民创作的信念，深入人民群众，寻找创作素材，激发创作灵感，他的作品反映了不同历史阶段的时代风貌，激励了一代又一代的青年。每逢重大节日，祖国的大江南北都会合唱《没有共产党就没有新中国》，曹火星的名字也将与其成名作一道，永远被人们铭记。

[1] 陈平. 人民音乐家曹火星[J]. 文史精华，2007，（S1）：41.
[2] 穆秀玲. 火星，依然闪耀——曹火星传[M]. 天津：百花文艺出版社，1995：序.

附文：

《没有共产党，就没有中国》[1]

今日本报发表了两个极端重要的文献，即《国共两党抗战成绩的比较》和《共产党抗击的全部伪军概况》。这两个文献以铁一般的事实和数字，澈底的粉碎了国民党反动派所散布的无耻的谣言和荒谬宣传，鲜明地证明了这一真理，即如果今日的中国，没有中国共产党，那就没有中国。

近年来国民党反动派在国内外进行之无数次狂妄的荒谬宣传。在国际宣传上，便是拼命宣传国民党抗战的"丰功伟业"，似乎今日反法西斯盟邦一切胜利和成就，都是国民党对日抗战之赐，不信，请看蒋介石先生今年七七告国民书，他大言不惭地说："这一年来，在浙赣、在滇西、在苏鲁、在冀察、在大别山、在太行山、在各战区，以至最近在鄂西的战斗，牵制了日寇凶横的侵略军队，使他不敢窥印度，不敢侵澳洲，也不敢向北跨越阿留申群岛，以切断美苏联络（注意：此处留下了西伯利亚一个缺口，暗示日寇可以进攻苏联），在此时期，我们盟邦圆满执行战时生产的计划，顺利增强各战场的战力，因之（！），纳粹侵略者继斯大林格勒一役败北之后，复大败于北非。"好一个丑表功，好一个大牛皮！原来斯大林格勒与北非的大胜利，竟也是由于国民党牵制了日寇得来的！可是，事实是铁面无私的，查一查看，到底国民党牵制了多少日寇的军队呢，数字告诉你们：总共不过十五个师团，廿五万人，还不到斯大林格勒一个战役所歼灭的纳粹侵略

---

[1] 《没有共产党，就没有中国》原载于1943年8月25日《解放日报》社论，受到该文的启发，曹火星创作了经典歌曲《没有共产党就没有中国》。

者三十三万人的百分之七十三。

跟着这个宣传而来的就是"中国不能赤手空拳作战……中国需要更多的武器和军火""中国既为联合国之一员，自有权利期待美国供给军火""飞机、飞机，更多的飞机"之类叫喊（上引语均系蒋介石夫人宋美龄在美国说的话），不错，谁也不能赤手空拳作战，可是，请问：第一，抗战以来，盟国所供应的军火，算起数目来不可谓少，这些军火难道牵制这区区二十五万敌人就消耗光了吗。第二，中国不能赤手空拳作战，难道八路军、新四军就能赤手空拳作战么？为什么国民政府和军事委员会一粒弹一支枪也不供给呢，八路军、新四军既是抗日军队一部份，亦自有权利要求政府供给军火啊！问题中心不在盟国供给不供给军火，而在供给了的军火用在什么地方去，如果美国飞机不用来轰炸东京、大阪、平、津、沪、冀的日寇，却用来屠杀甘肃、伊盟、贵州、渭南的人民，如果苏联的军火不用来杀敌，却用来武装包围边区的军队，那么，怎能怪盟邦要求中国提出不作内战之用的保证呢？六年来，盟邦将近十六万万美元的接连援助，只不过牵制了敌人十五个师团，而且还天天喊要援助，要军火，要飞机，这不是所谓"三诀吹拍骗，四维礼义廉"么。

在国内宣传上，便是污蔑八路军、新四军为"游而不击"，称之为"奸军""叛军"，辱骂共产党"组织武力，割据地方"，是"新式封建"，是"变相军阀"，称之为"奸党"，并且大肆叫嚣"解散中国共产党"。事实胜于雄辩，两个文献所列举的数字与事实，完全粉碎了这种荒谬绝伦的无耻宣传。

事实证明了：不是共产党领导的军队"游而不击"，而是国民党反动派不游不击。事实指明：在抗战中，中国共产党抗击了日寇二十一个师团，三十五万人，占百分之五十八，国民党仅仅"抗击"日寇十五个师团，二十五万人，占百分之四十二；共产党抗击了伪军五十六万，国民党仅仅牵制伪军六万。两项共计，共产党抗击了敌伪军九十一万，国民党仅仅"抗击"与牵制敌伪军三十一万,但是国民党拥有三百余万军队,相当好的装备;共产党的军队则连游击队在内不过五十万,不到国民党的七分之一,装备尤为落后。国民党抗战以来得到盟邦的援助,计苏联三万万美元,美国七万四千七百八十万美元,英国一万万一千八百五十万英镑的各种借款;共产党则非特毫无外援,而且国民政府不发八路军、新四军一文薪饷、一粒子弹。国民党现在统治的地区(沦陷区不计)尚存十多省、二万万余人口,共产党则其所有抗日根据地除陕甘宁边区外,均在敌后,人口不过二千余万,不仅如此,共产党的军队作战地区,是国民党军队远在五六年前就抛弃了的敌占区,那里据点林立,碉堡密布,而自己却无巩固后方,其所以能坚持者,全赖依靠人民,不惜牺牲,进行昼夜不息的战斗;去年一年,(抗战第六年)八路军、新四军大小战斗计共二万七千五百五十七次之多,每日平均七十五六次。这难道就是"游而不击"么?而国民党军队呢?依凭着战壕工事,依靠着大后方,实行敌进我退,敌退我进,人不犯我,我不犯人。平时全线无战事,发发"无战斗之战报";敌来则仓惶溃退,纷纷投降,敌去则广发捷报,大肆喧嚣,这当然不是国民党军队将士贪生怕死,相反,国民党军队中确有许多真诚卫国的热血男儿,可是由于国民党反动派头子的不游不击政策,以致军心涣散,士气消沉,许多热血男儿,感到英雄无用武之地,这种事实,早已喧腾于国际论坛,敌寇亦毫不讳言,说国民党军队"已逐渐由抗战向内战转移"。这难道还不是不游不击么?

事实证明:不是共产党是"新式封建"和"变相军阀",而是国民党反动派是老式封建和地道军阀,污蔑共产党为"新式封建"与"变相军阀"的无耻妄言,其所持唯一理由为"组织武力,割据地方",但是问题却在组织什么样的武力,割据什么人的地方。共产党组织的是抗日的武力,割据的是日寇占领的地方。中国现在不是在抗战吗,既然在抗战,为什么不要组织抗战的武力?中国不是半壁河山已经沦陷了么,不是要收复失地么,为什么不能从敌寇占领地方去"割据"几块抗日根据地?"地无分南北,人无分老幼，无论何人皆有守土卫国之责任"，这不是蒋介石在一九三七年说过的么？中国人民与中国共产党为反对敌人而"组织武力"，并从敌人手里"割据地方"，这不是实行"守土卫国之责任"是什么？蒋介石排除异己，敌视人民，既不愿意承认人民组织的抗敌武力为国军，又将行政院三百三十三次会议上已经通过的承认边区的决议不予发表，自己不实行诺言，却来骂边区为"割据"。所有抗日游击队与抗日根据地天天请求蒋介石给予委任，他却死也不委任。他却凭借他自己委任自己的权力（人民从来没有委任过什么蒋介石的），扩充军队至三百余万，却总共不过牵制了三十一万敌伪军，不游不击，守土无能，抗战不力，卫国无术，试问在这种情况下，如果共产党不"组织武力"，九十一万敌伪军又叫谁去抗击？如果共产党不"割据地方"，则非但敌后全部沦亡，再没有拓展中华民国国旗的干净土，而且南渡君臣能否偏安巴蜀，不早已成了问题吗？这种"组织武力、割据地方"，关系中华民族的生死存亡，假如没有共产党，假如共产党在政治上犯了错误，不去"组织武力，割据地方"，或者学蒋介石一样，组织庞大武力，割据庞大地方，而守土无能、卫国无术、拥兵自卫、据地自私、抗战不力、遗误国事，那么，中华民国不早已完了么？

蒋介石又称共产党为"封建"，八路军新四军为"军阀"，则试问什么是封建？什么是军阀？以政治表现简单的说，封建是专制独裁、摧残死民权，军阀是把持军队、残民以逞。共产党在抗日根据地实行了民主政治，设立了人民普选的参议会和民选的政府，贯澈了减租减息，废除了封建奴役，人民有抗日的出版、言论、集会、结社之自由，政权是三三制的，努力于抗日、生产、教育，军队是志愿募集，用以打击敌人的，试问这是军阀吗？这是封建吗？国民党呢，在自己统治的区域中，实行一党专政、一个领袖、一个主义、一个政党的新专制主义，实行保甲制度，取消了一切人民应有之自由权利，封建地租，原封不动，苛捐杂税，层出不穷。政治是一党政治、特务政治、专制政治，士兵是捆绑来的，军队是用以铲除异己，镇压人民的、对抗战是不游不击的，是完全消极的。试问这不是封建是什么？这不是军阀是什么？蒋介石所著"中国之命运"公开宣传孔孟道统，曾胡衣钵，难道不是事实吗？所有事实都证明：国民党反动派才是封建，才是军阀。而且是祖述孔、孟、秦始皇以至西太后的传统的老式封建，是承袭中国近代军阀开山祖曾国藩、胡林翼，以至袁世凯、张宗昌（蒋介石曾当过张宗昌的排长）的衣钵的地道军阀，不过还找来了一批"外国"的法西斯主义，充实一番，中西合璧，造成了中国式买办封建的法西斯主义，又名新专制主义，如此而已，岂有他哉！

事实证明了：中国共产党是万万取消不得的，证明了没有中国共产党就没有中国，国民党反动派大骂共产党为"奸党""奸军"，想必他们是"忠党""忠军"了？可是问题是在什么是忠、忠于什么？今日之中国，忠奸之界，惟在抗日，抗日者忠，忠于民族。那么，请看事实：国民党以三百余万大军、十六万万美元之外援，加上全国之财富，仅仅对付日寇十五个师团，还是依靠了共产党的助力，依靠了共产党抗击九十一万敌伪军，否则除抗战初期抗抵了几下之外，恐怕连一个师团也打不了，早已逃之夭夭，变成流亡政府，或者早已降敌，变成了第二个汪精卫。不信，请看事实：国民党在共产党抗击了九十一万敌伪这种绝对有利的条件下，它的高级军官仅仅在两年内，投敌叛国者，竟有五十八人之多，国民党中央委员投敌叛国者，自副总裁以下竟有二十余人之多！全国伪军六十二万，绝大多数是由国民党军队变成的，汉奸吴开先堂哉皇哉坐飞机而来，日谍陶希圣居然校阅蒋著《中国之命运》……此一切，都是"忠"么？"忠"到连三十一石敌伪军也打不了，降将如毛，降官如潮，敌探满朝，可谓"忠"也已矣！至于共产党，以仅仅五十万军队，在全无一点接济之下，与九十万敌伪大军血战，但没有一个当汉奸的指挥员，没有一一个投敌的中委，没有一连一排叛变为伪军的军队，没有一个日谍汉奸能在共产党统治区域逍遥法外……凡此一切，难道是"奸"么？如果是"奸"，那么，这是对昭和天皇东条首相汪精卫委员长的奸，对日本法西斯帝国主义的奸，但对中华民族，对世界人类解放事业，则是继往开来存亡继绝的大忠大孝，这难道还不清楚么？

虽然如此，我们尚不忍说，国民党人都是奸党，因为在整个国民党中，确还有热血爱国忠实于孙中山革命三民主义的人士在内，可是对于国民党反动派，我们却不得不说是准奸党，即近乎汪精卫之党，准备当汉奸之党，因为不仅汪记政府、汪记军队、汪记国民党，均是由这个同一的国民党出身，而且在这个国民党中现在还有人每天由蒋记加入汪记，另有大批人还正在准备着摇身一变，把自己变为张精卫、李精卫。

至于中国共产党呢？那么，事实证明：（让我们套几句"中国之命运"来作本文的结束吧）"如果今日的中国，没有中国共产党，那就没有了中国。如果中国共产党革命失败了，那也就是整个中国国家的失败。简单的说，中国的命运完全寄托在中国共产党。如果中国共产党没有了，或是失败了，那中国的国家就无所寄托，不仅不能列在世界上四强之一，而且要受世界各国的处分，从此世界地图上面，将不见中华民国的名词了。"

附曲一：

没有共产党就没有新中国 [1]

1=A 2/4　　　　　　　　　　　　　　词、曲：火星

```
i 5 | 6 6 5 6 | i i 6 i | 2 - | 3 2 | i 3 2 i |
没有   共产党就  没有中  国    没有  共产党就

6 2 7 6 | 5 - | i 6 | i - | 3 i 6 5 | 6 - |
没有中国   共产  党    辛苦为人  民

3 i | 6 . 5 | 2 i 6 5 | 6 - | 3 i i i | 6 3 |
共产 党他  一心救中  国    他指给了  人民

3 5 5 6 | 6 - | 3 2 i | 2 5 | 6 i 2 | 2 . 5 |
解放的道路   他领导  中国  走向光  明他

3 3 5 5 | 6 6 5 6 | i i i 6 2 | 7 6 5 6 | 2 2 2 i 2 | 3 3 2 i |
坚持抗战  八年多他  改善了人民  生活他  建设了广大  解放区他
```

---

[1] 《没有共产党就没有新中国》是曹火星于1943年在晋察冀边区创作的歌曲。

$\underline{6\ 6}\ 6\ \underline{1\ 1}\ |\ \underline{2\ 1}\ \underline{\widehat{6\ 1}}\ |\ 5\ -\ |\ \underline{1\ 5}\ \underline{6\ 1}\ |\ 5.\ \underline{6}\ |\ \underline{1\ 1}\ \underline{6\ 1}\ |$
实 行 了 民 主 好 处 多   没 有 共 产 党   没 有 中

$\dot{2}\ -\ |\ \underline{\dot{3}\ \dot{2}}\ \underline{\dot{1}\ \dot{3}}\ |\ \dot{2}.\ \underline{\dot{1}}\ |\ \underline{\dot{2}\ 5}\ \underline{\widehat{\dot{3}\ \dot{2}}}\ |\ \dot{1}\ -\ \|$
国   没 有 共 产 党. 就 没 有 中   国

附曲二：

跟着毛泽东[1]

1＝C 2/4　　　　　　　　　　　　　词：血星　曲：火星

6. 5 6 i | 5. 6 | 6 3 2 6 | i － |
花 儿 要 开 好　　需 要 太 阳 照

6. 5 6 3 | 2. i | 6 i i 6 3 | 5 － |
小 孩 长 成 人　　要 爹 娘 来 照 应

3 2 3 5 | i. 2 i | 3 3 2 3 5 |
毛 泽 东　　毛 泽 东　　他 比 那 太 阳

6 i 5 3 | 3 3 2 6 5 | 6 i 5 |
还 要 明　　他 比 那 爹 娘 还 要 亲

3 2 3 | 5 6 5 3 | 3 2 6 5 | i － |
跟 着 毛 泽 东　　跟 着 毛 泽 东

5 6 5 | 5. 3 2 i | 2 2 | i － ‖
我 们 要 长 大 成 人 当 英 雄

[1]　《跟着毛泽东》是曹火星于抗战时期在晋察冀边区所谱曲的歌曲作品。

桂涛声：超越历史的音符

桂涛声（1901年5月—1982年12月），原名桂独生，字仰之，曾用名浩然、翘然，化名吴璧，笔名涛生，云南曲靖人，中国著名抗战词作家。桂涛声创作的歌曲《在太行山上》激励了无数中国人投身抗战，保家卫国，成为自抗战以来表达中华民族不屈不挠、英勇奋斗精神的代表之作。而今它已化入民族血脉，成为广泛传唱的音乐经典，成为激发无数中华儿女为中华民族伟大复兴不懈奋斗的精神动力源。

桂涛声1901年5月5日出生于云南省沾益县菱角乡卡郎村一个回族农民家庭，其父桂培英因吸食鸦片成瘾，致家道衰败早逝。留下两岁的儿子桂涛声和年轻的妻子保氏相依为命，务农为生。桂涛声从小就经常跟随母亲到地里干农活，到了识字的年龄，母亲保氏就请清真寺的阿訇教他识字。阿訇看他机灵聪颖，经常鼓励他：你只要用心念书，就会去很远的地方。桂涛声五岁时入村中私塾，学习《三字经》《千字文》《弟子规》等。1914年，桂涛声入本村阿文小学读书。由于他聪明好学，在班里成绩一直名列前茅。[1] 1916年，在沾益县立小学当教师的伯父桂培根将他带到该校读高小，从此，桂涛声离开了山乡卡朗，一直漂泊在外，越走越远。

1919年，五四运动席卷全国。这年，桂涛声以优异成绩考入了学制5

---

[1] 王人天.抗日战歌激荡的烽火岁月——记《在太行山上》词作者桂涛声[J].文史春秋，2020，（03）：55-57.

年的云南省立曲靖师范公费学校预科七班读书。桂涛声学习刻苦,才艺出众。他不仅在学习上表现出色,还展现出对音乐美术的浓厚兴趣,很快得到老师和同学们的认可和赞誉。桂涛声如饥似渴地在知识的海洋里遨游,书籍为他打开了一个具有极大吸引力的世界。读到郑和下西洋故事时,他激动不已,激励自己长大后要当郑和一样的民族英雄;读到沈心工[1]先生编辑的《学校唱歌集》,书中《男儿第一志气高》《从军歌》《革命必先革人心》《军人的枪弹》《爱国》《黄河》等名篇对他未来的志向产生了潜移默化的深远的影响。[2]桂涛声在曲靖读书期间,深受反帝爱国思想和新文化运动的熏陶。他初步接触了马克思主义、俄国革命等先进思想,他与进步青年结成兴趣小组,秘密阅读进步书籍,萌发了改造社会的强烈愿望。

1923年8月,桂涛声考入云南省立美术学校绘画科,新的学校为他展开了一个绚丽的舞台,桂涛声开始了人生新征程。桂涛声在校期间,正值第一次国共合作,轰轰烈烈的大革命唤醒了他的革命热情。桂涛声一面广泛阅读进步书籍和新文化运动刊物,一面积极参与云南进步青年学生组织的云南青年努力会活动,为进步刊物《滇潮》撰写文章,逐渐和昆明的进步青年学生融为一体,成为云南青年学生运动的积极分子。1926年3月,北京爆发三一八惨案,云南爱国学生立即走上街头,开展声援抗议活动,反对段祺瑞政府镇压学生的暴行,公开揭露反动当局的黑暗与腐败。因桂涛声在学潮中的积极表现,他被校方告发为"赤化分子"并开除学籍。1927年8月,桂涛声被云南省立第三师范学校聘为美术教员,这时的桂涛声,已淬炼成为具有先进思想武装、反对腐败统治的热血青年。在教学过程中,他不失时机地在学生中间传播马列主义、组织讨论会,启发青年学生的革命意识。同时,桂涛声还借庆祝元旦之际,编写并主演了富有反封建思想的

---

[1] 沈心工(1870—1947),原名沈庆鸿,字叔逵,笔名心工,上海人,中国音乐家,学堂乐歌的代表性人物。出版《学校唱歌集》等,为学堂乐歌运动做出过突出贡献。

[2] 张建刚.歌者涛声——桂涛声小传[M].昆明:云南大学出版社,2017:32.

剧目《钟国魂》。剧中揭示了当时社会的种种不公，批判了封建礼教对青年思想和婚姻自由的压制。这个剧目引起学生的共鸣，得到他们的热烈支持，深受学生的拥护和好评。桂涛声还和几位志趣相投的进步青年秘密研读《共产党宣言》《国家与革命》等马列经典著作，以及《社会主义史》《劳农俄国》《共产主义 ABC》等宣传俄国革命的进步书籍，深受革命思想启发。他们歃血为盟，义结金兰，立誓推崇赤色革命，为民族解放、国家独立而奋斗终身。[1]

桂涛声的行为引发学校当局注意，学校指责他的言论为异端邪说，1928 年 2 月将他解聘。[2] 面对失业的打击，桂涛声并没有气馁，反而更加坚定了走向革命的决心。1928 年 5 月，桂涛声与好友丁升堂取得联系，投笔从戎，进入国民革命军第十六军参谋处，担任上尉书记。十六军中有共产党建立的秘密党组织，桂涛声受中共党员吴登云影响，经常参加党的秘密活动，进一步坚定了革命信仰，他目睹了国民党军官、军队的腐败，毅然向党组织提出申请，经中共地下党员吴登云介绍和党组织考察，1930 年 5 月，桂涛声光荣地加入了中国共产党，并在郴州城东街 22 号一个小馆子里，秘密进行了入党宣誓。[3] 入党后，桂涛声主动肩负起党的重大使命，在国民党军营中策动官兵加入革命。尽管这项工作任务艰险，但他工作起来细心细致，先后发展多名官兵加入革命队伍。

1931 年 4 月，根据党组织的安排，桂涛声离开了军队，赴上海参加清理"立三路线"短期学习班，之后再转江西中央苏区红军工作。5 月 15 日，英国巡捕突然闯入桂涛声在上海的住所，搜出一些马列书籍和文件，随后逮捕了桂涛声。在狱中，桂涛声经受了严酷刑讯和威胁利诱，始终没有暴露自己和一起被捕同志的身份。最后，国民党江苏高等法院以"危害民国"罪名判处他 5 年有期徒刑，监禁在上海提篮桥监狱。从此，桂涛声与党组

---

[1] 张建刚. 歌者涛声——桂涛声小传[M]. 昆明：云南大学出版社，2017：43.
[2] 刘大明.《在太行山上》的词作者桂涛声[J]. 炎黄春秋，2003，（09）：68-69.
[3] 张建刚. 歌者涛声——桂涛声小传[M]. 昆明：云南大学出版社，2017：47.

织失去联系而脱党。1934年10月刑满后，又被国民党送入苏州反省院反省，1935年10月获释。[1]

1937年2月，桂涛声被上海读书出版社经理黄洛峰聘到编辑部工作。他见到了老友艾思奇，在云南读书时他们曾一起组织学生运动，突然相遇，令桂涛声激动不已。在此他结识了李公朴、柳湜、郑易里等人，李公朴为他提供了一个充分展示文艺才干的大舞台，为桂涛声铺平了发挥音乐才干、谱写抗日歌曲的道路。7月，七七卢沟桥事变爆发，全面抗战开始，当桂涛声知道李公朴先生准备到山西劳军时，他把跟随李先生北上抗日前线的想法告诉了黄洛峰。经黄推荐，李公朴先生同意桂涛声加入，一起奔赴抗日前线劳军。

1937年8月10日，在李公朴先生带领下，桂涛声、柳湜、周巍峙等到达山西抗日前线。桂涛声以"战总会"宣传部工作人员名义参加了陵川县牺盟会民众干部训练班。他穿行在太行山区抗日前线，被太行山雄伟的山势壮丽的景色所震撼，被踊跃参军上战场的民众所感染，被抗日前线八路军子弟兵英勇杀敌的场面所感动，正是这段难忘的经历，激荡起他胸中汹涌澎湃的爱国热情，创作灵感油然而生。10月，桂涛声随李公朴回到武汉，参与了胡绳负责的《战斗》《救中国》两个杂志的工作。武汉天气渐凉，汉口文艺界发起了为平型关大捷八路军捐棉衣活动，广大民众自发地拿出家中的棉衣支援前线战士。当时还盛传，武汉一对新婚夫妻把结婚用的棉被改做成棉衣送给前线将士。[2]桂涛声当年在上海就目睹过上海民众为抗日的十六路军将士送棉衣的情景，他的情感一触即发，顺势写出了诗词《做棉衣》，登载在《救中国》杂志上。冼星海看到之后，立即以民歌形式为诗谱曲，很快在武汉民众中广泛传唱。这首歌不仅反映了人民群众为抗战付出的辛劳与热情，还表达了民众与士兵并肩作战、共同御敌的坚定决心。

---

[1] 王人天.抗日战歌激荡的烽火岁月——记《在太行山上》词作者桂涛声[J].文史春秋，2020，（03）：55-57.

[2] 张建刚.歌者涛声——桂涛声小传[M].昆明：云南大学出版社，2017：71.

1938年2月，桂涛声任"第二战区行营游击队第一支队"政治代表，4月同冼星海、洪荒等人组建陵川儿童抗日宣传队，跟随游击队转战于太行山的崇山峻岭之中。5月4日晨，他们登上了太行山之巅王莽岭，恰逢一轮红日喷薄而出，千沟万壑雄伟壮丽、层峦叠嶂辽阔无际，充满了蓬勃的生机与力量，仿佛坚不可破的铜墙铁壁。在太行山这片被战火洗礼的土地，到处是雄伟的山势，密集的森林，到处是报名参军为国捐躯的场面，到处是奋勇杀敌的激烈战场。桂涛声被陵川军民的抗日热情所感染，眼前的风景在头脑中形成强烈共鸣，一首宏伟的诗篇应运而生。一时找不到纸，他就随手摸出香烟包装盒迅速记下歌词，题目为《我们在太行山上》。[1]1938年5月回到武昌后，桂涛声对歌词又作了修改，送给冼星海请他谱曲。冼星海谱曲时，建议将歌名中的"我们"二字去掉，因为将来唱此歌者，不仅有太行山上的将士和百姓，更会有全体中华儿女。不出预料，在随后的武汉纪念抗战一周年群众歌咏大会上，来自太行山的《在太行山上》一唱即红，首演获得巨大成功，迅速传唱于广大的敌后抗日根据地。

《在太行山上》这首歌，以其雄浑的力量，唱出革命者的豪情，歌词表达了全中国军民上下一心不屈不挠的抗战决心。歌词铿锵有力，歌曲震撼人心，铸就了中华民族的时代强音，它所蕴含的民族精神如冲锋号，鼓励、鼓舞、激励了千千万万抗日军民奔赴抗日战场。朱德总司令听过这首激昂的歌曲后，深受感动，赞不绝口，他亲自抄录了歌词，还要求全军将士学唱这首歌，作为八路军的军歌。《在太行山上》成为中国军民在抗日战争中的精神象征，激励着全中国人民坚持抗战到底，奋勇杀敌。这首歌不仅在战场上振奋军心，更成为抗战历史上的经典之作，几代人都在这首歌中找到了力量和勇气。[2]《在太行山上》传递出中国人民坚强不屈的意志，是鼓舞民众、动员全民族

---

[1] 吴志菲.桂涛声与《在太行山上》[J].党史纵横，2015，（08）：26-27.
[2] 洹漳，姜涛，李享.歌曲《在太行山上》的诞生[J].党史博览，2023，（06）：41.

抗战的嘹亮号角声。在抗战前线，桂涛声还创作过《点兵曲》等多首歌曲，均以音韵铿锵、信心满怀，坚定了全国人民坚持抗战到底的决心。

1938年8月，经黄洛峰介绍，桂涛声到国民党第9军47师政治部任少校干事。1939年秋，国民党实行清党政策，要求所有军官必须加入国民党，为形势所迫，桂涛声与几位进步军官集体参加了国民党，得到师长裴昌会信任，委派为师部秘书。尽管身处国民党部队，桂涛声始终没有放弃对革命的信仰。桂涛声利用工作之便，对国民党上级来件中攻击共产党的公文，一律冒险一烧了之。这种活动，显然为被国民党当局所不能容忍。不久之后，当局以"吃国民党的饭，干共产党的事"罪名控告抓捕了桂涛声。[1]但事后也未能查到任何证据，幸得师长裴昌会保释，桂涛声安全出狱。

1941年2月桂涛声脱离国民党军营后，到洛阳中学担任语文教员。在这里，他继续宣传马列主义，倡导革命思想，桂涛声的言论和行动，受到进步学生的喜爱，然而，他的激进立场也引起校内保守势力的不满。由于在学生中间传播进步思想，桂涛声很快成为三青团头目的眼中钉，并被举报给校方。任教仅年余，桂涛声就再次被辞退。1943年4月，随着抗日战争形势发展，洛阳失守，桂涛声奔赴西安，另谋出路。在途中，他被土匪洗劫一空，忍饥挨饿，徒步到了西安，在同事董文潇主办的《大陆图书公司》参与编辑出版《金丝鸟》杂志。1945年2月，他转赴李继谷创办的陕西凤翔进修班高中部任国语教员。1945年10月，陕西凤翔进修班撤销，桂涛声从西安回到上海复兴中学任教，半年后转入上海育才中学。

1948年底，上海育才中学中共地下党支部根据桂涛声的政治表现，派党员与其谈话，准备发展他为党员。但终因他有被捕入狱，在国民党军队工作等一系列曲折经历尚待查证，且当时正值战争时期，入党之事便被搁置下来。虽然桂涛声的党组织关系未能恢复，但他依然保持着热爱共产党、

---

[1] 张建刚.歌者涛声——桂涛声小传[M].昆明：云南大学出版社，2017：107.

热爱人民的初心，为党和人民辛勤工作。[1] 正如他的自传记载："我活这么大年纪，对革命对人民的事，可谓清水一边淌，浑水一边流，出淤泥而不染，灵魂是纯洁的，思想是清白的。[2]"中华人民共和国成立后，桂涛声继续从事教育和文化事业，一直在育才中学教书，对党的教育事业矢志不渝，在讲课中，他特别注重培养学生的正气，潜移默化培养学生爱国家、爱人民。他看重现实生活对创作的重要激励，说："文章写到一半写不下去，就不要硬写，先搁起来，以后生活中遇到有触动的事，再接着写文章就会很轻松，文章也流畅了。"[3] 1950 年至 1977 年，桂涛声一直兼任上海音乐家协会副主席，为党的文艺工作做着贡献。[4]1982 年 12 月 16 日，桂涛声因病医治无效，病逝于上海育才中学，享年 81 岁。

桂涛声是一位深具革命情怀的文学艺术家。他的一生，历经坎坷，百折不挠，追求光明，赤诚报国。他始终将个人命运嵌入民族救亡的宏大叙事中，以艺术家的敏感捕捉个体与时代的共振。他的作品，不仅体现了对祖国深沉的热爱，也展现出对社会公正与人民解放的坚定追求。在抗日战争时期，他以其激烈的笔触和强烈的爱国情感，创作了许多广为流传的战歌，这些歌曲成为时代的呼唤，激励了千千万万中国人民投身抗战，捍卫家园。桂涛声的创作，既是对历史的见证，也是对民族精神的高扬。他的歌词充满了革命的力量和浪漫主义情怀，展现出中华民族顽强不屈的斗志。他的作品不会因为他的去世，也不会因为时代的变迁而失去本有的色彩，就像涛声，一波接一波地扩展，带给人恒久的共鸣和思考。1993 年 6 月 5 日，《歌八百壮士》和《在太行山上》两首歌同时被评为 20 世纪中国音乐经典作品，桂涛声为民族解放所做的贡献，将永远镌刻在中国艺术史的丰碑上。

---

[1] 张建刚.歌者涛声——桂涛声小传[M].昆明：云南大学出版社，2017：116.
[2] 张建刚.歌者涛声——桂涛声小传[M].昆明：云南大学出版社，2017：145.
[3] 张建刚.歌者涛声——桂涛声小传[M].昆明：云南大学出版社，2017：135.
[4] 吴志菲.桂涛声与《在太行山上》[J].党史纵横，2015，（08）：26-27.

附曲：

在太行山上[1]

1=C 2/4　　　　　　　　　　　　　词：桂涛声　曲：冼星海

```
3 | 6. 7 | 1̇. 6 | 3 | 3 - | 3 3 | 2. 1 |
红  日 照  遍 了 东   方,        自 由 之

0 | 0 0 | 0 | 0 0 | 5 3 2 1 2 | 1̇ 0 | 0 0 |
                    照 遍 了 东 方,

7 6 | 3̇. 2̇ | 1̇ 7 | 6 - | 6 1̇ | 6 0 |
神 在  纵 情  歌 唱!        看 吧!

0 0 | 0 0 | 4 3 2 1 2 | 3 3 | 3 0 |
            纵 情 歌 唱!

1̇ 1̇ 7 | 6 6 0 | 5̇ 5̇ 4 | 3 3̇ 0 | 2̇ 2̇ 1̇ |
千 山 万  壑,  铜 壁 铁  墙,   抗 日 的

6 6̇ 5 | 4 4 0 | 3 3̇ 2 | 1̇ 6 0 | 5 5 6 |
```

[1] 《在太行山上》是桂涛声于1938年在太行根据地所作词的歌曲作品。

桂涛声：超越历史的音符

山高林又密，兵强马又壮。马又壮。

敌人从哪里进攻，我们就要他在哪里灭亡，敌人从哪里进攻，我们就要他在哪里灭亡。

灭亡。灭亡。灭亡。

贺绿汀：中国音坛不倒的旗帜

贺绿汀（1903年11月—1999年4月），原名贺楷、贺安卿，湖南邵阳人。1926年加入中国共产党。抗战爆发后，参加新四军，1943年奔赴延安。中国杰出的音乐家、教育家。曾任上海音乐学院院长，中国文联第四届副主席，中国音乐家协会第二、三届副主席。第五、六届全国政协常委。

1903年7月20日，贺绿汀出生于湖南省邵阳东乡马王塘一个普通农民家庭。贺家祖辈都是背负晴天，脚踏红土，安分守己，以农为生。其父贺生春，头脑灵活，除了干得一手好农活外，还擅长经营，先后开办过小煤窑、纸行，过着吃喝不愁的小日子。贺生春比村里人见世面大一些，知道读书的重要性。[1]因此，他早早就把儿子贺绿汀送进本村私塾读书。贺生春是个祁剧迷，经常会情不自禁地哼几句祁阳戏。贺绿汀受父亲的影响，从小也对祁剧发生兴趣。1912年，他进入循程学堂读书，一直读到初中毕业，再无力升学，1912年就回到本乡小学当了音乐、绘画教员。1924年，贺绿汀以优异成绩考入长沙岳云中学艺术专修科，攻读音乐与绘画。在岳云中学，贺绿汀如饥似渴地学习和声、作曲、钢琴、小提琴及民间音乐。他不仅学到更多的音乐专业知识，也深深为音乐艺术魅力所吸引，毕业考试中，他获得第一名的好成绩，留校任音乐教员。[2]岳云学校是长沙一所开风气之

---

[1] 史中兴.贺绿汀传[M].上海：上海文艺出版社，1989：2.
[2] 李凌.贺绿汀同志周年祭[J].中国音乐，2000，（03）：9-13.

先的现代学校，学校以数理化著名，又重视体育和艺术教育。学校民主意识浓厚，各种新思想传播及《新青年》文章的观点在贺绿汀心里激烈碰撞，他经常白天和同学们讨论人生、前途、时代命运、青年使命，晚上掩卷沉思、忧国忧民，沉思自己未来的人生之路。1925年上海爆发了反帝爱国的五卅运动，迅速席卷全国，形成全国规模的反帝浪潮。五卅运动也波及岳云学校，全校师生群情激奋，积极参与运动之中。五卅运动进一步提高了贺绿汀的思想觉悟，他逐渐认识到，对一个音乐老师来说，钢琴就如一件新式武器。钢琴是音乐家与现实生活联系的桥梁，而不是横亘在其中的路障。[1] 火热的革命斗争形势，使贺绿汀无法再苟安于岳云那舒适的环境，贺绿汀深感应该利用自己的知识，投入轰轰烈烈的革命斗争，为民众服务，报效国家。

1926年秋，贺绿汀毅然离开岳云，返回家乡邵阳中学任教。他经常带领学生为北伐军演出，支持北伐革命，同时还积极参与邵阳本地的农民革命运动，成了一个浑身澎湃着革命激情的热血青年。在三哥贺培珍引领下，贺绿汀担任了邵阳县总工会宣传部代理部长。是年，由总工会委员长向暄介绍，贺绿汀光荣加入了中国共产党。1927年，蒋介石背叛革命，疯狂镇压农民革命运动，贺绿汀被迫离开邵阳，南下广州，参加了广州起义。[2] 起义失败后，他调到东江特委宣传部当宣传干事。工作任务主要是创作歌曲，画宣传画，走街串巷向群众宣讲革命形势，深入农村宣讲打土豪分田地的道理。在海丰，他还见到了农民革命运动领袖、传奇英雄彭湃，聆听了彭湃在大会上的演讲。[3] 贺绿汀被海丰人民的斗争精神所感染，心中高昂的旋律也跳动起来，迅速创作出《暴动歌》，反映了海陆丰地区轰轰烈烈的农民群众运动的斗争现实，抒发了革命群众的战斗豪情，很快在海陆丰地区

---

[1] 史中兴. 贺绿汀传[M]. 上海：上海文艺出版社，1989：20.

[2] 陈霞，杨赛. 论贺绿汀与新中国音乐教育体系的构建[J]. 中国高等教育，2021，（21）：9-10.

[3] 史中兴. 贺绿汀传[M]. 上海：上海文艺出版社，1989：43.

广泛传唱。随着革命形势的发展，群众斗争情绪的高涨，更激发起贺绿汀的创作欲望。由此，开启了他以音乐为武器歌唱革命、反对黑暗统治的音乐生涯。

　　1931年，贺绿汀考入上海国立音乐专科学校，选修钢琴与和声。在这里，他师从音乐大师黄自先生。为了加深对和声的理解与记忆，贺绿汀用课余时间翻译了普劳特的《和声学习理论与实用》一书。初稿交给黄自先生审阅后，得到充分的肯定与鼓励。黄自先生是一位爱国者，他强烈反对日本侵略中国，积极组织抗日救国会和捐款小组，支持东北义勇军。贺绿汀受到黄自先生的偏爱，不仅打下了扎实的音乐理论基础，还被黄自先生的抗日救国热情所感染。他说："我的音乐上的大部分知识，是得自黄金五先生的循循指教，我所译的和声学，经过他几次校改和指正错误，所以他可称是我最大的恩师，是将来的路程的指导者。"[1] 在黄自先生的推荐和影响下，贺绿汀开始在中国乐坛崛起。1934年，在俄国作曲家齐尔品举办的征求中国风味钢琴曲比赛中，贺绿汀的《牧童短笛》和《摇篮曲》分别获得一等奖和名誉二等奖，一举成名。商务印书馆出版了他的译著，百代唱片公司为他的获奖作品灌制唱片，发行海内外。1934年，贺绿汀进入电影界，聂耳介绍他到明星电影公司任作曲股长，[2] 开启了中国左翼电影音乐创作之路，先后为影片《传家女》《都市风光》《十字街头》《马路天使》和话剧《复活》《武则天》等20多部影剧作品配乐作曲，创作了《摇船曲》《背纤歌》《春天里》《怨别离》《怀乡曲》《恋歌》《秋水伊人》等上百首歌曲，脍炙人口，传唱不已。贺绿汀为影片《马路天使》谱写的《四季歌》《天涯歌女》两首歌被广泛传唱，成为20世纪30年代非常流行的经典电

---

　　[1]　史中兴. 贺绿汀传[M]. 上海：上海文艺出版社，1989：74.
　　[2]　钱彤. 贺绿汀与20世纪早期的中国流行音乐[J]. 黄钟（中国.武汉音乐学院学报），2004，（04）：10-12.

影插曲代表作品。[1]

　　1937年，抗日战争全面爆发，中华民族到了最危险的时候。贺绿汀作为一名音乐家，在这场民族生死存亡的斗争中，态度坚决，行动迅速，他积极加入上海文艺界抗日救亡演剧队，以满腔热血与使命感奔赴武汉、郑州、洛阳、西安等地，为战斗中的将士和百姓带去希望与力量。那段岁月里，贺绿汀将自己的音乐才华与抗敌斗争相结合，通过一场场演出，鼓舞无数人投身抗日洪流。1938年11月，演剧队来到山西抗日前线为抗日军民演出。在临汾刘庄八路军办事处，听取八路军首长讲述的游击战战法，目睹八路军将士运用游击战法创造出的累累战果，贺绿汀深受鼓舞，创作激情油然而生，在刘庄窑洞里，在煤油灯下，震撼人心的《游击队歌》连词带谱，一气呵成，战斗号召力与豪迈的英雄气概，跃然纸上。这首歌，不只是一个简单的旋律，它是那个时代精神的最强音，是对抗侵略、捍卫家园的英雄史诗。在八路军总部的一次晚会上首演后，歌曲获得巨大成功。贺绿汀指挥演唱《游击队歌》时，歌声激荡山河，给在场的每位抗日将士都注入了信心与力量，朱德、任弼时、刘伯承、贺龙等首长纷纷上台祝贺。朱德还特别要求八路军各部队都认真学唱，《游击队歌》迅速传遍整个抗日战场，大江南北、长城内外，《游击队歌》成了抗日军民在艰苦战斗中最强有力的精神武器，是血与火抗战岁月的集结号，是鼓舞抗战军民奋力杀敌的进军曲。[2]

　　1938年6月，贺绿汀赴武汉，加入国民政府军委会政治部第三厅所属中国电影制片厂工作。武汉失守后，贺绿汀随即撤往重庆，尽管时局动荡，他依旧坚守岗位，为中央广播电台音乐组工作，同时还兼任育才学校音乐教师。在重庆，贺绿汀创作了歌曲《全面抗战》《上战场》《弟兄们拉起

---

[1] 曾长秋.人民音乐家贺绿汀[J].党史博采，2023，（23）：41-44.
[2] 徐科锐.为"新音乐"而"音乐"——作为抗战时期的批评家贺绿汀[J].东北师大学报（哲学社会科学版），2016，（05）：52-57.

手来》《保家乡》《中华儿女》《胜利进行曲》《还我河山》等，一首首慷慨激昂的歌曲，极大地鼓舞了全国人民的抗日斗志，成为激励全民族奋勇前行的战斗力量。1941年，蒋介石制造了震惊中外的皖南事变，贺绿汀所在的育才学校也成为国民党特务的目标，贺绿汀毅然向八路军驻重庆办事处提出请求，去延安。在组织的安排护送下，冲破国民党军队的重重封锁，克服种种困难，辗转抵达华中新四军军部，受到刘少奇、陈毅等领导人的热烈欢迎。鉴于敌人马上就要开始"扫荡"，对根据地实行了严密的封锁，陈毅建议贺绿汀先在新四军军部住下来，待形势好转再赴延安。他说："我们这儿也有个'鲁艺'，这段时间可先在华中鲁艺任教，为我们培养一些音乐人才。"[1] 贺绿汀欣然接受，很快就投入工作。一方面为学员讲授音乐课程，一方面还不知疲倦进行音乐创作。1941年，贺绿汀创作出《1942年前奏曲》大型合唱曲，歌颂中国人民的反法西斯斗争，歌曲磅礴气势，在新四军根据地广泛传唱，成为鼓舞新四军士气、战胜日本侵略者的强大动力。

  1943年7月，贺绿汀在组织安排下，历经千辛万苦，千难万险，终于来到延安，见到了毛泽东等中央领导人。毛泽东对贺绿汀的作品给予高度评价，特别是《游击队歌》，毛泽东称赞它"写得好"。这不仅是对贺绿汀创作才能的充分认可，更是对他在抗战中的巨大贡献的高度肯定。在延安鲁艺的日子里，贺绿汀讲授音乐课的同时，继续保持旺盛的音乐创作力。[2] 他创作的《好日子》《七月的边区》《歌唱南泥湾》在延安边区广泛传唱；他编写的秧歌剧《烧炭英雄张德胜》《徐海水锄奸》《打松沟》极受边区人民喜爱，广泛演出；他创作的器乐曲《森吉德玛》，编排的混声合唱《东方红》由宣传队演出，受到边区军民广泛好评。这些音乐作品在延安的文

---

[1]　史中兴.贺绿汀传[M].上海：上海文艺出版社，1989：132.
[2]　周晓岩.生成与延传：贺绿汀民族音乐观阐释[J].文艺论坛，2023，（04）：119-122.

化艺术氛围中得到广泛传播，成为鼓舞士气、激励人心的重要文化力量。[1]

1946年10月，贺绿汀被任命为中央管弦乐团团长、华北人民文工团副团长，并担任中央音乐学院副院长。贺绿汀的音乐作品继续发挥着巨大的激励作用，他创作的歌曲《前进，人民的解放军》《新民主主义进行曲》《新中国的青年》等，响彻解放战争各个战场和各地解放区。这些作品不仅在解放战争的历史背景下形成了浓厚的时代气息，也在未来几十年里成为一代代中国人心中最响亮的歌。

1949年，中华人民共和国成立，贺绿汀回到他曾求学和成长的母校上海音乐学院任院长。[2]当年，他在这里奠定了音乐艺术基础，如今，他已经成为一位历经风雨、声名显赫的音乐家。作为新中国的音乐教育家，贺绿汀投入全部精力和智慧建设这所高等学府，从学校的校舍建设到教学设备的完善，从聘请教师到选拔学员，他都亲力亲为，确保每一个细节都能达到最高标准。为了培养更多的音乐人才，贺绿汀创建了上海音乐学院附中和附小，还亲自组织编制教学计划，形成课程体系，为新中国培养了大批优秀音乐人才。一系列扎实的措施，推动了上海音乐学院的迅速发展，也为中国的音乐教育事业做出了重要贡献。[3]在此期间，贺绿汀的音乐创作进入一个新的高峰期。作为一位杰出的作曲家，他创作了大量脍炙人口的歌曲，形式丰富，内容深刻，有鲜明的时代特色。贺绿汀的创作不再局限于革命战歌、颂歌，开始探讨更广泛的主题与风格。在全国政协第一届全体会议上，贺绿汀受周恩来总理委托，为悼念冯玉祥将军创作了管弦乐《珍珠倒卷帘》，旋律悲凉，情感沉痛，打动了在场的每一位听众。后来，这首哀乐成为最

---

[1] 周晓岩.生成与延传：贺绿汀民族音乐观阐释[J].文艺论坛，2023，(04)：119-122.

[2] 陈霞，杨赛.论贺绿汀与新中国音乐教育体系的构建[J].中国高等教育，2021，(21)：9-10.

[3] 徐科锐.贺绿汀的音乐民族化思想及其实践[J].文艺争鸣，2012，(08)：144-147.

广泛使用的《哀乐》，在国家级纪念缅怀场合，多演奏此哀乐。贺绿汀的音乐创作涵盖了合唱、交响乐、戏剧等多个领域，他还与人合作了革命历史剧《长征》，成为中国戏剧音乐的经典之一。贺绿汀独立创作的《十三陵水库》《上海第三次武装起义》《人民领袖万万岁》和《军旗颂》等歌曲，弘扬了时代精神，也表现了人民群众建设祖国的火热情怀。

贺绿汀一生创作了260首歌曲，他那动人的旋律和优美的音符传遍祖国大地，深深扎根百姓心中，成为中华民族优秀文化宝库的有机构成。贺绿汀并不满足于音乐创作的单一成就，他还总结了多年音乐创作与教学的经验与心得，撰写出《我对戏曲音乐改革的意见》《论音乐的创作》《民族音乐问题》等理论著作，出版了《贺绿汀歌曲选》《贺绿汀合唱曲选集》《贺绿汀管弦乐七首》《贺绿汀音乐论文选集》。这些著作和论文，既是贺绿汀对中国音乐文化的深刻思考，也包含对中国音乐未来发展的深远谋略。在贺绿汀的推动下，中国的音乐理论与实践融合研究不断向前发展。

1957年后期，随着反右派斗争的逐步升级，贺绿汀因其直言不讳的个性与对艺术创作真理的坚守深陷其中。许多知识分子因敢于表达独立见解而遭遇打压，贺绿汀也未能幸免。在这种复杂的斗争形势中，贺绿汀始终坚持自己对党忠诚、热爱艺术的信念，绝不随波逐流。他的直言与坚持艺术真理，使得他在当时的历史环境中成了被攻击的对象，生活因此充满了艰难和不确定性。[1]1966年文化大革命的爆发，对贺绿汀的迫害进一步升级。在这场没有硝烟的斗争中，贺绿汀极为痛苦，遭受了长时间的肉体和精神折磨。即便如此，他始终没有放弃对音乐和艺术的热爱与信念，始终保持作为一个艺术家的独立性和刚直，谱写出《满江红》等战斗歌曲，获得了"硬骨头音乐家"和"中国乐坛不倒的旗帜"的美誉。

改革开放后，贺绿汀再任上海音乐学院院长，肩负起恢复中国音乐教

---

[1] 李凌.贺绿汀同志周年祭[J].中国音乐，2000，（03）：9-13.

育大业的重任。在他的带领下，上海音乐学院不仅在教学质量上有显著提升，教学设施也作了现代化改造，课程体系进一步大胆创新。贺绿汀大力推动音乐学科的国际交流，邀请外国大师与中国学者合作，中国音乐教育事业焕发出新的生机。同时，贺绿汀更注重培养学生的创造力，倡导自由创作、思维创新，以新的教学理念鼓励学生走出传统框架，挑战常规，开辟属于自己的音乐道路。1983年，在瑞典召开的第20届国际音乐理事会年会上，贺绿汀被授予终身荣誉会员。1993年，贺绿汀荣获"人民音乐家"称号。这些荣誉，标志着他在中国音乐史上的非凡地位，也确证了他为国家和人民做出的巨大贡献。贺绿汀的音乐作品，承载着一个时代的记忆，是国家走向兴盛与百姓安康生活的文化符号。1999年4月27日，贺绿汀在上海逝世，享年96岁。

贺绿汀的一生，如同一曲波澜壮阔的乐章。他从一个贫寒的农家子弟，以天赋与勤奋，借时代潮流鼓舞，终于走向世界舞台，成为享誉国际的音乐巨匠。在总结音乐创作经验时，他提到自己始终走毛主席在延安文艺座谈会上所倡导的道路，将人民性与革命性相结合，扎根于火热的斗争实践，汲取传统文化的精髓，为工农兵创作优秀作品。贺绿汀的音乐创作凝聚了时代风云与国运变迁，从革命歌曲《游击队歌》到钢琴曲《牧童短笛》，每一首作品都充满对人民的热爱与对国家的忠诚。无论是战火纷飞的岁月，还是建设新中国的火热激情，均凝结成跳动的音符。贺绿汀始终坚持用音乐为人民鼓与呼，为民族复兴谱写最强音。作为教育家，他用自己的一生将音乐种子撒向无数学子的心田，培养出一批批优秀的音乐人才。[1] 无论历经多少风雨坎坷，贺绿汀始终不放弃对艺术的追求与对人民的责任，为中国音乐事业孜孜贡献，他的名字，将永远携刻在历史丰碑上，他的音乐作品，也将继续在时代的浪潮中激荡，传承不息。

---

[1] 周晓岩. 生成与延传：贺绿汀民族音乐观阐释[J]. 文艺论坛，2023，（04）.

附文一：

中国音乐界的现状及我们对音乐艺术所应有的认识[1]

贺绿汀

中国人常常自夸"礼乐之邦"，从这一句话我们就可以知道中国过去的统治者对于音乐的重视及其历史的悠久。不过因时代的推移，封建社会制度的几经变换，这些音乐职业家由乐官而教坊乐师而伶工，在社会上的地位一天天变得极其下贱而成为社会的玩物。因之，音乐艺术在文化上的地位也就和其他的艺术相差太远。

目前我们所看得见的中国音乐如京调，昆曲，大鼓，秦腔及古琴，琵琶的曲谱以至于民间的俗乐等，这些东西，一部分是前代的遗物，一部分也许已经蜕化了的东西；虽然历史告诉我们，中国曾有过许多音乐的黄金时代，不过就目前这样纯粹单音音乐推测起来，我们虽然不敢武断中国古代音乐如何幼稚，至少我们可以说不能与现在西洋的得音音乐相比。

自清末民初以来，欧洲文化侵入中国，各地兴办学校，许多留日学生将日本人以东方音阶模仿西洋民歌体材所作的学校歌曲及军歌等整个搬需求量中国来，这些歌曲（当然只有一个曲调而已）极其简单朴素，且利用亚剌伯数字记谱，易于学习，因之短期间内即普遍全国。自国语运动兴起，

---

[1]《中国音乐界的现状及我们对音乐艺术所应有的认识》一文由贺绿汀撰写，刊登在1936年《明星》杂志第6卷第5/6期合刊。

黎锦晖采用此种日本式歌曲的体材，再杂以中国民间俗乐编作小学生国语唱歌教材，接连编了"葡萄仙子"等"儿童歌剧"多种，风行全国，有完全取日本歌而代之之势；民间俗乐本来类多靡靡之音，黎氏更乘机尽量编作关于男女间情欲的歌曲，以投一般人所好，因之知识浅陋意志薄弱的青年男女被其麻醉，甚至小学生都唱"妹妹我爱你""嗳呀你的心"，有意使一般儿童早熟。教育家及教育当局看到了这一点，认为关系国家社会前途太大，所以设法禁止。

这时候真正的西洋文化渐渐深入中国，对于西洋音乐的输入也渐有眉目，北方如旧友梅杨仲子刘天华等，提倡西乐并整理国乐；南方如李叔同傅彦长吴梦非等，分任各美术学校老师，灌输西洋音乐。不过实际讲起来，这时候西洋音乐在中国不过是萌芽时期，因为大部分的倡导者少深刻研究，在作曲方面即无所建树，而其生徒亦不过能唱些普通歌曲，或弹几首 Sonatina 或几首 Violin 小曲，各种演奏技术都极其幼稚。不过在这种幼稚的状况之下，音乐艺术确已渐渐引人注意，即在内地各处亦常有小小音乐会举行，唱些简单的合唱曲或其他独唱独奏或合奏等节目。

以上是几年以前中国音乐界活动的情形，到现在，国立音乐院已有八年的历史，在其他各公私大学或专科学校亦有音乐系的设立；自从有声电影及无线电风行之后，音乐——包括中国的，外国的，好的坏的，高尚的，下流的，爱国的，颓废的……都在内——在各大城市中几乎到处可以听到，从事于音乐活动的人也分别向各方发展起来，成为一种极其混乱的现象。在这现象中，许多人由于政治的社会的及商业的各种背景不同，各树一帜，常以个人偏激的立场攻讦异己，中国音乐假如永远在这种状态之下持续下去，前途将会永远是悲惨的，所以在这时候我们不得不努力反省，将目前音乐界的现状作个客观的分析，得一个结论，然后根据这个结论去确定我们的方向。

要分析中国音乐界的现状，必须先理解各种社会层的人对于音乐的见角。先从劳动阶级说起罢：劳动阶级的人总是很可爱的，他们不知道音乐是什么，但是他们实在是最好的作曲家，农夫牧童的山歌，以及各种工人工作时的吭唷声，都是临时从口里唱出来的，这些曲调总是极其单纯美丽朴素而有力，同时又将他们整个的劳动生活从歌声里表现出来。

小高层与一般知识分子以为音乐就是歌曲，比如京调昆曲大鼓以至于孟姜女五更调，都是用个调门儿将故事做诗唱出来；他们根本否认音乐艺术本身可以独立存在。他们还有一个见解，就是以为这东西是那些公子哥儿吃饱饭没事作就干些这样的玩意。当然，他们对于其他艺术的见解也是如此的。

现在我们要看这些都市的摩登人物，这些人也可以分为几种：一种就是上述的公子哥儿小姐太太们，吃饱饭无事干，成天里讲究服饰，尤其是那些女人们，擦得怪难看的一副嘴脸，穿的奇装异服，招遥过市。他们整天过着堕落的生活，中国新起的这些淫荡歌曲以及美国的 Jass 音乐就是他们的日常功课，当然他们对于音乐的见解可想而知。另一种摩登人物，也许可以算是破落的小有产者罢，他们无以谋生，学会了这一套本领，到处播音，弄得街头巷尾除了滩簧京戏以外就是这一类肉麻的猫叫的声音，和一些杂乱无章的临时凑上去的伴奏。

电影圈里的人对于音乐大概可分为两种看法，第一种是生意眼，他们觉得影片上需要音乐的地方就将唱片摆上去，不论是甚么音乐都可以，等到一有了对白，唱片又从中切断了。至于歌曲呢，随便一着歌词加上亚剌伯数字就行，这种人对于音乐虽然不一定了解，可是他们这种看法，站在他们自己的立场看起来也有理由，他们觉得中国的听众本来就顶幼稚，分不出甚么好歹，何必在这上面去费功夫呢？第二种是艺术"眼"，这一种电影制作家当然自以为极懂音乐的人，他们将音乐分为 Classic 与 Jass 两种，他们以为除了现在流行的美国式 Jass 音乐以外都算是 Classic，即古典派，所以如 Debussy, Ravel, Stravinsky, Schonberg 等近代作家，在他们看来都是古典派，换方之即是些落伍的音乐，在一九三六年的影片上决不能再有这些东西。假如要请你作一首古歌的话，总是说"要 Jass 化一点"，"要 Jass 化一点"，"为甚么这样太 Classic？"

现在要谈到那些国粹主义者了，他们的意见是：中国是古文明国，是礼乐之邦，几千年的历史，反而抛弃自己的音乐，让夷狄之音乱我中华，这不是亡国之兆吗？

还有一种洋音乐家，他们也许会弹一手好钢琴，会拉几曲小提琴曲，或者会唱几段歌剧里面的咏叹调，便神气十足，他们渺视一切中国音乐，他们以为中国音乐根本就是代表堕落的落后的民族的音乐，这种人当然是以高等华人自居，对于音乐艺术的见解也是先入为主的观念论者，和上述的国粹论者没有两样。

以上所举示的人物的意见，除劳动阶级以外，都是些偏激的论调，我们虽然不能说全中国的人的见解都是如此，然究竟是代表了大多数人的意见。因为这种原因，更加上中国特殊的政治经济及社会的环境，音乐界的现状更加混乱。无论牛鬼蛇神都一齐在摇旗呐喊。

在音乐教育界，虽然有少数学校尚有些良好的教授，然大多数都是为一不些学无术的人所盘踞，把持操纵，垄断一切，不惟徒耗国家社会如许金钱，且空费整批学生数年的光阴，混得一张文凭，再回到各处去毒害其他的学生。

作曲方面虽然和以前不同，但是在社会上仍兴不起很大的浪潮，社会经济等环境固然是有原因，但作曲者自己也不得不负点责任。近年来因为国难日亟，社会情形一日紧张一日，有些爱好音乐的热血青年，与文化界救国运动者发生联系，编出许多关于爱国运动及社会运动的歌曲，为一般爱国大众所欢迎，在音乐方面固然和以前日本式歌曲差不多，而且在作曲技巧上许多地方都显得幼稚甚至生硬，但是他们利用简单的民谣曲，鼓起民众爱国的热潮，且在民族运动及社会运动的观点上看来，我们却不能否认他们的功绩。但是这时候有许多人认为这就是中国新兴音乐的突起，中国音乐可以从此走入一个革命的新的阶级，这就未免过于夸张；我们要晓得，一个新兴音乐运动的开始，决不是偶然的，而且领导新兴运动的人，必须对于已有的音乐有极其深长的研究和修养，才能以新的立场加以客观的批判和"扬弃"，然后从而建立起他自己新的音乐，过去在西洋如 Monteverde，Berlioz，Wagner，等，都是极其有修养的音乐家，对于他们同时代以及其以前的音乐都有极其精深的研究，所以他们的革命并不是将已有的完全革去，而是将旧的东西经过扬弃作用，再用新的方法，新的技巧去处理，用新的意识与热情去创造他自己新的艺术。像我们这些新兴的歌曲，事实上都是些短短的民谣，没有对位，也没有和声，曲体的结构也是散乱的，有一部分的曲子与其说是音乐，不如说是一些朽上了亚剌伯数字的革命诗歌或口号。和西洋音乐比较起来，至多只能算是对谱音乐以前的希腊罗马时代的音乐。有人说，我们这时候根本不需要 Beethoven，Mozart，在某立场上讲这是对的，就是说：在我们这样狂风暴雨的时代，民众所需要的是一些容易上口的热情的歌曲，他们无暇去欣赏 Beethoven，Mozart，而且也不能理解他们的作品，换言之，他们的鉴赏力还是古代的单音音乐时代，虽然在社会的立场上讲，我们的民众的思想也许超过 Beethoven 时代，但是在音乐的立场上看来，我们民众的理解力与古典派的 Beethoven 时代相差尚远。

在这时候有人提出"打倒古典主义的学院派"的口号，这当然是指国立音乐院，听了这个口号，本文作者只能深为惋惜，一个历史这样短的音乐院，人材又是这样贫乏，规模又是这样小，教育当局不把他放在眼里，而且在社会上他也几乎抬不起头来，居然也已经成了"派"，而且是古典主义。我们假如说国立音乐院实在太不行，我们应该将他扩充若干倍，聘请世界第一流近代派作曲家及演奏家唱歌家作教授，尽量培植中国新的音乐人材，那真是中国音乐界前途无限！若要将这仅有的小规模的音乐院还要打倒，那么我们只能说他是有意摧残中国的音乐文化。假如说音乐院的人能作曲而不尽力产生救亡歌曲应该群起而攻之，这是对的，假如说我们这时代不需要这样的学校，那么该打倒的东西太多了，也不单是一个音乐院。

不过话又说转来，国立音乐院之被人攻击当然也有他的原因，音乐院在救亡歌曲的创作方面数量也不在少数，这是表示在这样狂风暴雨时代他们并没有放弃责任，然而他们是孤立的，既不接近上海文化界，又不接近群众，简单通俗的歌曲固然也有，但有些过于艰深，不易普遍。最大的缺点是歌词的内容太空虚。所以以后危亡我们音乐院的作曲教授们及同学们多和前进的上海文化界接近，多作些为一般民众最易唱的通俗的爱国歌曲，以尽一份国民的责任。

好在音乐中的古典主义并不是去翻老古董，也并不是复古，而是专门讲求音乐形式与其本身内容的美，所以并不是十分可怕的东西；况且音乐院的课程和其他任何国家音乐院的课程都差不多，苏俄不能例外。里面所学的也并不单是古典的东西。所以无论在音乐的立场或社会的立场看来，音乐院不应该是我们攻击的目标；值得我们严重注意的却另外有两种人，一种是继续编作淫荡歌曲的人与无线电播送淫荡歌曲的人，他们是变相的卖淫妇，专门以毒害社会为能事。另一种就是一些无耻的音乐商人，口口声声提倡大众音乐，实际上却利用他们特殊的地位尽量贩卖下流的音乐以毒害中国大众。像这两种人，我们应当群起而攻之。

以上所写的是本文作者一时所痛感到的现状，本文作者绝对不愿意站在任何派别上说话，目的只是危亡每一个读者看了之后有一个深自反省的机会；话说到这里为止，关于音乐艺术本身问题，我们在此地也略加讨论。

音乐艺术也和其他一切艺术一样，在他过去的历史中，也因为时代的不同而反应出古典派，浪漫派，印象派，民族派，未来派等等流派。

在表现的手段上虽然各各不同，其结构的方法及组织内容都是一样的，拿绘画来说罢，首先有一个主题，其次计划画面的布置，远景中景近景的安排，然后计划着色，应如何注意调子的统一及画面的变化，这些都是在技术方面所应有的过程。至于内容方面，作画的人首先要明白了解他的对象是什么东西，一个艺术家不仅对于他的对象有极浓厚的兴趣，能触发他极其热烈的感情，同时要有极正确的观察，与严密的分析，然后可以抓住他的要点，用具体的方法表现出来。音乐艺术也是一样，比方一首极简单的歌曲罢，我们首先就得研究歌词的内容，要抓住其中主要的意思，作曲的人应该将歌词反复吟诵，将他整个的精神为歌词的内容所占据，然后在他的下意识的脑中浮现出他的音乐来。在曲体的结构方面，本来唱歌曲是没有一定的曲体的，好像现代画的画面一样，不过不懂曲体结构法的人，写出来就会不知道段落的分配，与结束音的效用，更不知道句读的连续与排列及乐想的发展方法。于是将许多音乐意义不相连贯的音符都一串连接起来，这样的东西，与其说是音乐，不如说是一笔滥豆腐账，所以即令一首极短的歌谣，对于曲体的结构，结束音的布置，转调的方向及全曲顶点（Climax）的处理以至于歌词字句音咏平仄的表现法，字数的支配等等，都是为有经验的作曲家所必须注意的事情。

  从此我们可以知道艺术家对于假造艺术品时的苦心。一个成功的艺术家，必须有极其敏锐的感觉，对于客观的现实所给与的一切刺激必须能有极其迅速而正确的反应；他的感情必须极其热烈丰富，对于一切事物的分析观察必须极其正确精密而具有超人的理解力。不惟对与其当时社会政治情形有深切的认识，而且其本人的社会生活亦须丰富，然后他的作品不致过于空虚。除此以外，他必须有成熟的技巧，超人的组织力，然后可以满意地创造出他的艺术品来。因为这样的原故，一件成功的艺术品，往往不易为鉴赏者所理解，这并不是作品本身的不好，而是他的作品已超过当时鉴赏的能力范围以外。譬如一部好的电影不一定为大众所接受，同样为大众所接受的电影也不一定就是有艺术价值的电影。音乐是极其抽象的艺术，所以理解更难，平常假如你弹一曲钢琴或拉一曲小提琴曲给人听，听者也许会回答你说:"你弹的我一个'字'不懂,为什么没有字句一同唱出来?"从此我们可以知道,这是大众音乐教育问题,而不是音乐本身问题。

最后关于Jass音乐与中国音乐两问题,我们也略加讨论。Jass音乐在节奏及乐器配合上也许有点贡献,但是他的内容却完全是代表美国资本主义社会下所产生的极端的肉体的享乐主义,他所活动的地方是跳舞厅,酒排间,咖啡馆;假如中国人采取他作为大众化音乐的基础,无异教中国人学下流。

关于中国音乐的问题,最好可以拿中国画来作比拟,比如中国画重线条,西洋画重色彩。中国音乐重曲调(Melody),西洋音乐重和声。中国音乐成人之美是有他的特点,也像中国画一样,可是中国音乐一直到现在还是没有一个有系统的科学化的研究,所以到现在还是停留在单音音乐的陷阱中,全没有走出一步。

中国音乐在各特殊民族音乐中确实是足以代表东方民族色彩的最出色的民族音乐。这是须待我们来发掘的一个宝藏,我们尽可以利用西洋一切作曲的技巧,创造出新的中国民族音乐而能在世界乐坛上放一异彩。我的意思并不是一种狭义的民族主义,而是说在世界音乐的园地里,这里还有一个尚未发掘的宝藏须待我们的努力。

综合以上所讨论的问题,我们可以作一个结论:

第一,在目前民族危亡的电动机,凡属作音乐运动的人都应该赶快起来尽量产生许多极有力量而通俗的爱国歌曲,以鼓动民众的热血,向民族革命运动的路线迈进。

第二,在这时候,我们可籍这个机会渐渐提起民众的音乐趣味,渐渐提高他们鉴赏音乐的能力,组织民众合唱队,此外还可以将民众所熟悉的歌曲编成铜乐队的爱国朝廷曲,分发各军队及各铜乐职业团体。

第三,作音乐运动的人应该组织联合阵线,统制所有的播音台,驱逐以播送淫荡歌曲为业的播音团体。并打倒以贩卖毒害民众的音乐为业的音乐商人及音乐买办。

第四，中国音乐，是有他的特殊性，我们应将他发挥光大起来，这并不是保存国粹，再搬一些老古董去骗骗人，而是将这有特殊性的东方音乐用新的方法新的技巧新的意识，发展到他最高的形式，而成为世界上极有价值的民族音乐之一。

第五，我们除了努力发展中国已有的音乐之外，应该和全世界音乐界发生联系，尽量有条件地接受一切外来的音乐文化。

新中国的青年音乐家们，大家努力罢，前途是有无限的光明在等候着！

九月十五日

附文二:

新中国音乐启蒙时期歌咏运动 [1]

贺绿汀

还在满清末年废科举兴学校的时候,各学校里就有音乐一门功课,那时所谓音乐就是唱歌,而且这所有的歌曲都是从日本来的,当时日本音乐也是在萌芽时期,一般写歌曲的人模仿西洋简单的歌曲形式而用五声音阶写出为学校与军队所用的歌曲,这些歌曲的特点是节奏呆板,旋转单调,常喜用一音反复多次,记谱法不用五线谱而用亚刺伯数字代替。

当时中国的留日学生把这些歌曲原原本本贩到中国来,填上各种与原词意义不相同的中国歌词,这些歌曲流行到中国之后,马上就普遍到全国的学校与军队中,甚至流行到民间,有取固有的民间歌谣小调而代之之势;这种势力一直支配了很长的时间,到民初国语运动兴起之后,黎锦晖模仿这种日本歌的形式,而采用中国民歌情调的内容,写了许多儿童歌曲,一时风行全国各学校,后来他们的作风渐渐转变,专门写下流的歌曲以迎合一般堕落青年男女之所好,一时全国各地街头巷尾到处充满了这一类麻醉的声音,给与社会的影响其毒害有甚于鸦片。

不过在另一方面,初具雏形的艺术学校已在各大都市设立起来,其中也各附有音乐课程,介绍初步的西洋音乐的理论及作品,上海工部局管弦音乐

---

[1] 《新中国音乐启蒙时期歌咏运动》一文由贺绿汀撰写,刊登在 1939 年《中苏文化》杂志第 3 卷第 8/9 期合刊。

队也成立了相当的时候，此外英美教会所办的许多学校，对音乐也相当重视。

这以上两种势力在不相同的社会阶层另与文化阶层中各自活动，于是，纯粹的日本歌在这时候虽没有完全被人们忘记，但已有被这两种新势力取而代之之势。

像黎锦晖等所写的这些歌曲，无论站在音乐的立场或文学的立场上看来都没有价值可言，不过是一种投机的社会麻醉剂，因之也无所谓进步，当时代一步步转变了之后他的命运也不得不步日本歌之后尘没落下去，而为人们所遗忘。

反之西洋音乐文化有她久远的历史，有他博大精深的范围，中国的青年一接触到之后，自然不会轻轻放过，所以虽然常常受到纯粹的工利主义者，无罪的国粹派等等方面的攻击和歧视，他自己也会慢慢地成长起来，在全国各地，纯粹中国人或中外人联合所举行的小规模音乐会也常常可以看到了，国立音乐专科学校也于一九二七年成立，一位最值得我们纪念的导师就是于去年五月九日逝世的黄自先生，他是美国奥伯林音乐院，及耶鲁大学音乐系音乐学士，为中国留外学生专门学音乐理论作曲的第一人，归国后任国立音专教务主任垂十年，在这十年中，先生以其全力培养新的音乐人材，建立新的中国音乐理论基础，以及新作品的创作，目前全国各地青年音乐家及歌咏运动者大都直接间接出自先生门下。对于新的中国音乐，先生以为在内容方面当然可以尽量发挥中国固有的民族性，在技术，理论以及乐器种种方面则应借助于西洋音乐，专门把自己埋在中国的故纸堆中，绝不能将新中国音乐建立起来的。先生之死使幼稚的中国音乐蒙受极大的损失，但是在先生短短的时间中已替新中国音乐奠下了新的基础，指示了青年音乐家应走的方向，这是值得我们永远纪念的。

以上是西洋文化进入中国以后在音乐方面所起的反应和新兴中国音乐的萌芽。

中国音乐确实是有一种和西洋音乐完全不同的特殊的东方民族的色彩，

世界上第一流近代作曲家如法国的 Debssy Ravel 以及许多俄国的作家都曾用中国的主题（M.live）写出许多惊人的新鲜作品，中国人自己所写的器乐及乐队作品也曾在国内外音乐会上得到很好的批评，所以新中国音乐是有他极远大的前程的，问题是在青年音乐家的努力如何。

在这新兴音乐萌芽时代，东亚大陆，由于日本帝国主义疯狂的侵略，掀起了伟大的民族革命的怒潮，把整个文化界都卷进去了，音乐文化在战争开始以后受到了无情的摧残，属于音乐之一部分的歌咏运动却在这时候生长起来，在革命的浪潮中掀起了汹涌的波涛。

这种运动的兴起是有使他必然的客观的环境的，日本帝国主义对中国民众长期的欺榨压迫，使得每一个中国人长期的忍气吞声，咬牙切齿过着屈辱的生活，每一个人的胸中都燃烧着愤怒的烈火，无处发泄，所以歌咏运动的出现正好似荒山里一把野火，顷刻之间便漫延起来成为燎原之势，许多从来原本反对音乐的人或从来就不会唱歌的人，这时候也要唱他几声；在每一个群众大会或游行示威运动中到处响彻了抗战歌声。

歌咏运动的开始是在九一八事变以后，当时一般作曲家深感着都须尽力创作爱国歌曲，写得最早最多的要算是黄自先生，他的爱国歌曲出版以后在各处音乐会及学校会上常常被人们演唱，后来中国有声电影事业渐渐发达，每部影片里总要插一两首歌曲，有许多爱国歌曲也就是这样被介绍到广大的民众面前。

敌人给我们政府的压迫，一天紧似一天，而民众所感受的压迫和愤怒也是日甚一日，因之这些爱国歌曲也就在极不顺利的环境之下传播得愈广，于是渐渐形成歌咏队的组织，这种组织渐渐由小的救亡团体扩展到各种职业团体中去，于是歌咏运动便成为救亡运动中一支最大的生力军，激起了□□民族抗战的情绪，动员了无数的同胞直接或间接参加抗战工作。

歌咏运动开始的时候，各地都风起云涌，新的歌曲大量的产生，作这些歌的人大概可分为两种人，一种对于音乐有都当修养的人，一种是那些努力救亡工作而缺少音乐修养的人,这两种作者都有他们的特点和短处,这些音乐家们写的歌曲音乐本身是好的,不过太不通俗,歌词多空洞,所以除了在音乐会及学生知识阶级中活动以外,很难打进工农兵士群中去,而这另一种作者们,他们有他们的工作经验及高度的政治认识,可是缺少音乐的素养,所以他们的歌曲虽然比较能接近大人,然音乐本身极其幼稚,甚至有些歌曲好像记流水账一样,毫无组织,可拿些日本调或其他外国歌曲改头换面,再填上中国文歌词。从以上情形看来,就这些歌曲本身讲是不够掀起这样雄大的歌咏运动的浪潮的,然其所以竟能如野火之燎原者,客观的环境实在是主要的原因,有些人不一定懂得这些音乐或歌词的内容是些甚么东西,只知道是爱国歌曲,就够使他们兴奋乱吼也要吼他几声以表示他胸中的愤怒。

战争是进步的,这句话在歌咏运动中也可以找到他的真理,在八一三战争初起的时候,这些在城市中的救亡工作者艺术家等等,改变他们从来的工作方式和生活方式,一群群出发到内地各省到战争的最前线到敌人的后方,参加实际动员宣传鼓励等等工作,在这不停的努力工作中,对于真正的客观的现实,有了更深切的认识,痛切地意识到在工作上,缺点和应走的方向,他们不停地改变他们工作的方式,不停地学习,不停地在现实生活中创作许多真正为工农兵士大人所需要的歌曲。

在音乐方面,多半采取各地民歌体材,而曲体结构也较 pfgk.d 歌词方面,大都通俗简单有力,充满着战斗精神,而且大家都已感觉到过去纯粹空洞的口号或过于抽象的理智的词句不是最理想的歌词,所以他们大都能从兵士及各层民众实际斗争生活中去找寻他们的材料。

同时由于歌咏运动的展开,一般民众对于歌曲的要求的水准也一步步高起来,于是简单的二部三部或四部合唱曲,中国风或西洋风都时常在歌咏大佬或音乐会中出现,而为大众所欢迎。这是说明了:由于整个民族进革命情绪的歌□,展开了伟大的歌咏运动;同时由于歌咏运动本身不停的进步,提高了普遍民众音乐文化的水准。

日本帝国主义疯狂的侵略，不惟不能根本摧毁我们的文化，反而使我们文化的各部门，扬弃了旧日的形态，以战斗的姿态作飞跃的进步！以前仅限于少数知识阶层的，新音乐运动，现在可以因为歌咏运动而展开在整个各阶层民众的面前。

同志们，新中国音乐的前途有无限的光明，我们要抓住伟大的时代，在实际战斗生活中，不停的学习，不停地努力创作新时代的歌曲。

使我们新中国音乐运动的基础建筑在整个民族的全体民众上面。

使歌咏运动能动员全团同胞为民族的生存，为伟大的新中华民国的建立而与残忍的日本法西斯野兽作决死的斗争。

一九三九，二月廿八日，于重庆

附曲一：

游击队歌[1]

1=G $\frac{4}{4}$

词、曲：贺绿汀

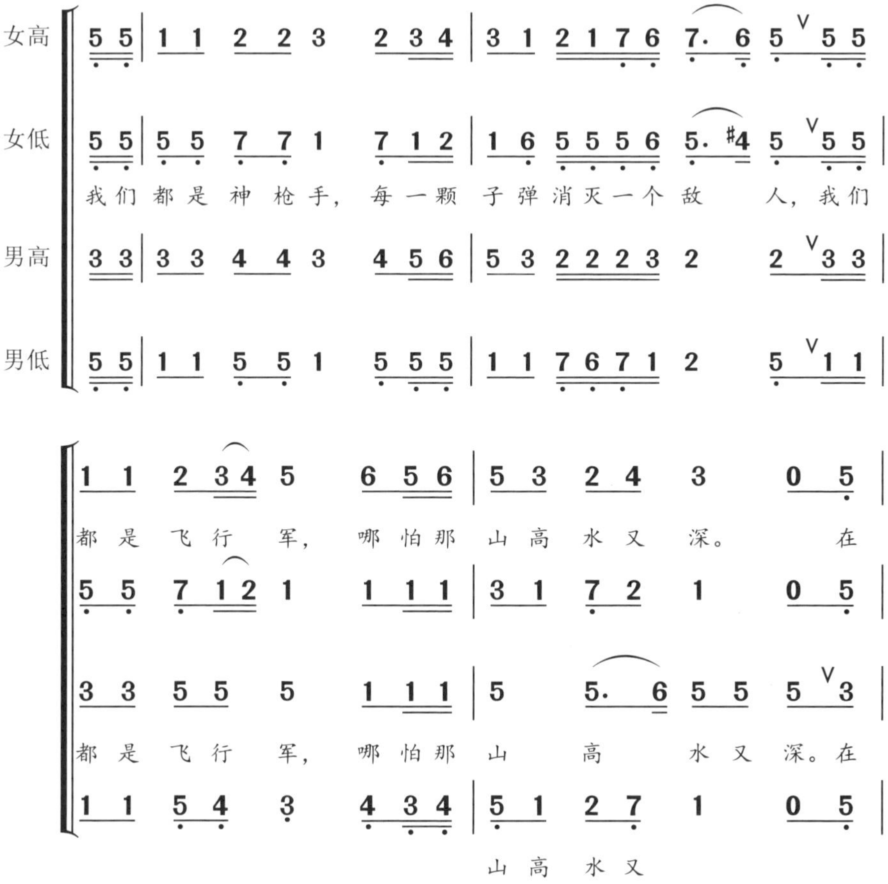

[1] 《游击队歌》是贺绿汀于1938年在山西临汾刘庄八路军办事处创作的歌曲作品。

```
1 1 1  2 2  3    2 3 4 | 3 1  2 1 7 6  7. 6  5  ⌵5 |

5 5 5  7 7  1    7 1 2 | 1 6  5 5 5 6  5. #4 5  ⌵5 |
密密  的  树 林  里, 到  处  都  安  排 同 志 们 的 宿   营  地, 在

3 3 3  4 4  3    4 5 6 | 5 3  2 2 2 3  2. 2  2  ⌵3 |

1 1 1  5 5  1    5 5 5 | 1 1  7 6 7 1  2. 1  7  ⌵1 |


1 1 1  2 3 4 5    2 3 4 | 3 1 1  2 7  1  —  |

5 5 5  5 5  1    7 7 7 | 1 1 1  5 5  5  —  |
高 高  的  山 岗  上, 有 我 们  无 数  的 好 兄 弟。

3 3 3  4 4  3    4 4 4 | 5 4 3  2 4  3  —  |

1 1 1  7 1 2 3    2    | 5 5   5 5 5 1 1 1 |
                 有    我 们   无 数  的 好 兄弟。
```

没有吃,没有穿,自有那敌人送上前,
没有吃,没有穿,自有敌人送上
没有吃,没有穿,自有那敌人送上前,

没有枪,没有炮,敌人给我们造。我们
前,没有枪,没有炮,敌人给我们造。我们
没有枪,没有炮,敌人给我们造。我们

生长在这里，每一寸土地都是我们自己的，无论谁要强占去，我们就和他拼到底！

附曲二：

胜利进行曲 [1]

1=G 4/4

词：锡金　曲：汀绿

（雄壮）

歌词：

1. 看我们庄严的旗帜，在美丽的晴空里乘风飘扬，我们的战斗是持久而坚强，攻取了每一个城堡，敌人都狼狈奔
2. 看我们击倒了侵略者，永不许他再占在我们土地上，要把那正义和道理来伸张，谁夺去我们的自由，宁死都决不甘
3. 看我们大踏步向前进，让敌人尽有飞机和毒气机关枪，什么也没能力把我们阻挡，我们人人都是英雄，铁的队伍和心

---

[1]　《胜利进行曲》是贺绿汀于抗战时期所谱曲的歌曲作品。

| 3 - - 5. 5 | 3 - 3 2 3 2. 1 | 1 7 0 2 2. 2 |

逃， 弟兄们， 昨日的艰难困苦， 今日已
休， 弟兄们， 像一个能干的猎人， 我们来
胸， 弟兄们， 挨过了漫漫黑夜， 明天要

| 2. 3 2. 1 7 6 | 6 5 0 1 2 3 4 | 5. 5 6 #4 5. ♮4 3 2 |

有了最大的报信， 我们要把胜利的歌儿高
消灭凶暴的豺狼， 今天要来算算这笔无理的血
迎接灿烂的阳光， 让我们把胜利的歌儿高

| 1 - - 0 | 5. 5 1 5 1 3 3. | 1 2 3 4 5. 5 5 0 5 5 |

唱！ 这是胜利的开始， 我们更要大踏步， 走向
账！
唱！

| 6 5 5 4 3 2 0 1 1 | 1 6 1 4. 4 6 - | 6 0 5 5 5 4 4 0 3 3 0 |

胜利的明天， 我们越战斗越英勇， 呵， 中国的独立 自由

| 2 2 0 6 6 6 | 5. 4 3 2 | 1 - - 0 ‖

幸福 招展在我们眼 前。

李劫夫：音乐是时代的声音

劫夫（1913年11月—1976年12月），原名李云龙，吉林省农安县人。1937年，劫夫怀着抗日救国的决心奔赴延安，1938年加入中国共产党，历任延安人民剧社教员、西北战地服务团团员、冀东军区文工团团员、东北野战军第九纵队文工团团长。1948年后任东北鲁艺音乐部部长，东北音乐专科学校校长，沈阳音乐学院教授、院长，中国音协第一、二届理事和辽宁分会主席。

劫夫祖籍河北丰润，先辈闯关东来到农安县，靠做木匠活起家，成为农安县有名的富户。劫夫出生时，家里有房27间，整整占了农安半条街，仅凭房租，李家就过着衣食无忧的生活。[1] 劫夫自幼聪慧勤奋、热爱艺术，富有天赋和激情，他从小就受到家庭艺术氛围的熏陶。大哥李云路是燕京大学中文系的学生，擅长诗歌创作，二哥李云阁受教于东北讲武堂，酷爱画芦雁，还会拉二胡。大姐、二姐、三姐都擅长绘画和书法。在这样的环境中，劫夫很小便显露出艺术才华。三岁时，他就能用泥土捏出小猫小狗。稍大后，他能即兴编唱乡间的"唱唱本"[2]，深得乡邻喜爱。劫夫的幼年是幸福的，后来其父李瑞春热衷于票友，办戏院、吃喝嫖赌，很快就败了家业。正当劫夫小学毕业时，母亲去世了，家庭生活雪上加霜，他终于失学，变成了

---

[1] 霍长和. 红色音乐家—劫夫[M]. 北京：人民出版社，2003：3-4.
[2] 有固定曲调，临时发挥编造语句，称唱唱本，在东北地区广泛流行。

没人管的街头流浪儿。辍学两年后,二哥从讲武堂回到农安县当了小学教员,在二哥李云阁资助下,劫夫又重新回到农安县县里中学读书。

1931年,"九一八"事变爆发,日本侵略者霸占了劫夫家的房子。反动当局认为他二哥李云阁与东北抗日义勇军有来往,遭追捕的二哥逃亡他乡,劫夫顶替二哥到小学代课,维持一家人的生计。第二年4月,劫夫经二姐夫潘国成介绍到长春第二监狱做录事[1]。他本想在这儿混口饭罢了,没想到在这里遇到了中共地下党长春特支负责人刘作恒(公开职业为监狱教诲师)。劫夫自传里说:"在他那里,我读到一些进步的文学书籍,同时他还跟我讲了很多关于革命的问题,使我了解了旧社会之所以黑暗、日本帝国主义之所以侵占东北的很多问题,从此我就知道了将来世界的趋向、我自己的出路。"[2]1933年春,劫夫在二姐夫接济下,重返农安县立中学读书。这时的他更加自觉地宣传抗日、鼓动学潮,引起当局关注,险遭逮捕。他意识到自己无法在家乡继续生活,于是在亲友帮助下悄然离乡前往青岛。这一离开,不仅是为了避开险境,更是为了追求更广阔的天地,奔着抗争的希望而去。从此,劫夫开始了他辗转漂泊的人生,也踏上了一条充满风雨却愈发坚定的革命之路。[3]

劫夫的人生转折点始于1933年,当时他背着破旧的行装,搭乘下等舱与逃难的难民一道来到青岛。在民众教育馆找到一份助理员工作。尽管生活艰难,劫夫却视此为人生的学校。他利用工作之余刻苦学习,阅读大量书籍,同时继续练习小提琴,学习国乐,进一步拓展艺术视野。这一时期,劫夫开始使用"李劫夫"这一名字,塑造新的身份,这一改名,无疑是他个人经历和思想转折的标志。几年后,他的名字最终定格为劫夫。

---

[1] 所谓录事,就是把监狱教诲师写出的讲稿重新誊清,再交给教诲师审查。
[2] 霍长和. 红色音乐家——劫夫[M]. 北京:人民出版社,2003:8.
[3] 郦雯. 大时代的歌者——记李劫夫抗战时期的音乐作品创作[J]. 党史纵横,2000,(07):19-23.

1934年，劫夫前往北平，计划报考中山中学或北平美术学院，但由于经济困难，不得不放弃学业，返回青岛工作。劫夫在民众教育馆的生活虽然简单，但学习热情不减，创作动力十足。他常到码头写生，用画笔描绘社会底层的生活。也正是在这年，他又意外遇到了老朋友中共地下党员刘作恒。劫夫特别高兴，便和刘等人住在一起，受刘作恒等人影响，劫夫的注意力逐渐从关注文学艺术转为关注社会现实。他积极参与进步文学活动，为《诗歌季刊》设计封面，并在《青岛时报》上发表漫画、木刻和评论文章，表达对民族命运和社会现实的深切忧虑，坚定了以艺术启示时代、服务社会的人生方向。

　　从1935年5月至1936年7月，劫夫先后以捷夫、劫夫、基衣叶夫、李劫夫、李云龙、捷间等笔名，在《青岛时报》发表漫画、木刻和文章。他发表的漫画有《挣扎》《国货童军之草帽》《后方》《纯国货的运动》《暴风雨中南海沿速写》《世界舆论》《和平曙光》，木刻有《永别了！伟大的高尔基》《黑夜的流氓者》等，另发表文章34篇。[1]在这些作品中，集中反映了他当时的政治态度和艺术观点。1936年春，李劫夫进黄台路小学做教员。当年10月，鲁迅逝世的消息传到青岛，劫夫和青岛文化界进步人士共同策划了鲁迅追悼会，并积极参与成立"青岛文化界抗敌协会"。这些活动引起了国民党当局的注意，镇压、逮捕多名参与者，并强令劫夫等进步教师辞职离开青岛，劫夫被迫逃往南京。1937年5月，劫夫在南京的吉林同乡会住了5个月，这段悠闲却茫然的日子，让他不断思索自己的前路。从北京朋友袁勃信中得知延安需要艺术人才后，他眼睛为之一亮，每天都去书店专门收集延安的信息，最终得出结论，延安是中国真正的抗战中心，是进步青年向往投奔的地方，到那里去，肯定会大有作为。主意一定，劫夫毫不犹豫背起小提琴，在无人介绍的情况下，孤身投奔延安。到延安后，

---

[1] 霍长和.红色音乐家—劫夫[M].北京：人民出版社，2003：19.

劫夫以多才多艺被分配到延安人民剧社当教员。[1]

延安人民剧社，全名中国工农红军延安人民剧社，由一、二、四方面军和陕北红军的文艺人才联合组成，是陕甘宁边区唯一的剧社，受中宣部领导。在这里，劫夫很受大家欢迎，结识了很多朋友，他的美术和音乐才华得到充分展现。由于共同爱好，劫夫和剧社的抗日军政大学学员陈明成了莫逆之交，建立起深厚的友谊。陈明发现劫夫才华横溢，对革命事业充满热忱，因此在筹建西北战地服务团时，他极力向团长丁玲推荐了劫夫。然而，由于劫夫来自沦陷区且没有抗大背景，中宣部的领导有所顾虑。经陈明和丁玲一再坚持，劫夫最终如愿加入了西北战地服务团。这是劫夫政治生活的一次重要机遇，他迅速融入西北战地服务团，与陈明丁玲共同经历了血与火的考验，从一个有正义感的进步青年成长为坚定的革命者。作为一名作曲家，他从这里起步，写出了许多令世人震撼、传唱不衰的经典旋律。

1938年3月，西北战地服务团（简称"西战团"）奉命进入国民党统治区陕西西安，以文艺为武器宣传抗日。团员们身着统一的白色列宁装，以极高的热情开展工作：举办记者会，参与三八节纪念活动，教唱抗日歌曲，书写抗日标语，慰问伤员及举办震撼全城的文娱演出。短短时间内，"西战团"的活动便在西安引发轰动，广受各界民众欢迎。同年7月22日，"西战团"完成既定任务后返回延安。9月，由于劫夫在"西战团"的工作表现，经受住了对敌斗争考验，经陈明、王玉清介绍，中央组织部副部长李富春批准，劫夫光荣地加入了中国共产党。劫夫在入党前写的自传中说："我是一个很小就受着黑暗社会压迫着的人，我是个受到帝国主义法西斯的迫害最深的人，我是抱有正义感的忠实于艺术的艺术工作者，我乐意在铁的党里、铁的纪律及严肃的工作里，克服我的弱点、完成我的志愿，我

---

[1] 郑巧,郑弘.从延安到鲁艺：李劫夫文艺思想研究[J].文艺争鸣,2023,(02): 87-90.

要做一个坚决的无产阶级的战士。"[1]自传充分表达了劫夫积极要求进步，要求加入党组织的迫切愿望和心情。劫夫在"西战团"初期担任美术组组长，为了工作和斗争形势需要，他自觉向民族民间音乐学习，走上音乐创作之路。当年丁玲主编的9本《战地丛书》里，《战地歌声》册中收有29首歌曲，劫夫一人就创作了歌曲13首。《战地歌声》第二册共收入23首歌曲，更是有21首均为劫夫所创作。这时的劫夫，已成为"西战团"最全面、最多面、最有才华、大家公认的艺术家。[2]

　　1938年10月，中央决定"西战团"深入敌后晋察冀根据地开展工作，劫夫随"西战团"出发，历时44天，途经陕西、山西、河北，顺利抵达河北平山县。1938年至1941年，是劫夫创作的高潮期，他不断从民族民间音乐中收集材料，创作出许多符合时代要求、满足人民群众需求的新歌曲，如《庆祝胜利》《五台山》《快搭起我们的舞台》《太行山》《天上有个北斗星》《大秋小唱》《两个民兵的故事》，等等，鼓舞抗战军民的斗志。1942年，抗日战争进入最艰苦阶段，侵华日军在冀中平原和冀西发动大规模"扫荡"，以"铁壁合围"和"三光政策"给根据地制造了巨大的灾难。困难时期，"西战团"成员化整为零，分赴各地，与群众并肩开展反"扫荡"斗争。劫夫也深入冀西村庄，与当地军民同生死，共患难。他目睹了敌人的暴行，决心用文艺唤起更多的抗争和勇气，1942年12月的一天，劫夫和著名诗人方冰一起讨论如何反映反"扫荡"中的英雄人物、英雄事迹，方冰遏制不住创作激情，很快拿出《歌唱二小放牛郎》歌词交给劫夫，劫夫立刻开始创作。[3]曲子写完，方冰十分满意，觉得很感人，当时就印了歌页散发开。《晋察冀日报》副刊也马上登载。很快，这首歌就在整个晋察冀边区以及陕

---

[1] 霍长和.红色音乐家——劫夫[M].北京：人民出版社，2003：71.

[2] 郑巧，郑弘.从延安到鲁艺：李劫夫文艺思想研究[J].文艺争鸣，2023，（02）：87-90.

[3] 郦雯.大时代的歌者——记李劫夫抗战时期的音乐作品创作[J].党史纵横，2000，（07）：19-23.

甘宁边区和敌占区的保定、北平青年中广泛传唱开来。

1943年春季，反"扫荡"斗争结束后，劫夫调离"西战团"，赴晋察冀三地委任宣传干事及冲锋剧社副社长。[1] 在艰苦的战地环境中，李劫夫的创作始终未曾停歇，他结合当地民间音乐风格，创作出大量贴近实际、易于传唱的革命歌曲。随着抗日战争进入相持阶段，晋察冀边区的战斗更加激烈。为了打破敌人的封锁，李劫夫与文艺工作者一道冒着生命危险深入敌后，通过音乐鼓舞士气。他的创作不仅仅是对战斗场景的描写，更融入未来必胜的信念。他认为，音乐必须贴近人民，反映他们的真实生活和感情，只有这样，才能真正为抗战服务。

1946年5月，劫夫被任命为"尖兵剧社"社长。这个剧社成立于艰苦的抗战环境中，以灵活的战术在险恶的敌后展开工作，始终肩负抗日宣传的重要使命。然而，剧社在战斗中屡屡重创，尤其是1945年杨家峪战斗中，剧社社长黄天等多名骨干壮烈牺牲，剧社元气大伤。

劫夫在冀东地区早已声名远扬，尤其是他的歌曲，激励了无数抗日军民。无论是部队战士还是当地百姓，都熟悉并传唱他的作品。劫夫的歌不仅是艺术，更是鼓舞士气、凝聚力量的锐利武器。从1943年到1946年，他写了《忘不了》《李勇对口唱》《望见了北斗星》《歌唱李殿兵》《滦河曲》《唐河怨》《刘二高》《八月十五》《坚决打他不留情》等歌曲，这些歌曲或揭露敌人制造骇人听闻惨案，或歌唱八路军战胜敌人的英雄壮举，或宣传军民鱼水情，成为时代的留影，百姓的心声。劫夫用手中笔，凝聚百姓情绪化为歌声，记录了中国人民艰苦卓绝的斗争生活，颂扬了中华民族大无畏的牺牲精神。在血与火的锤炼中，劫夫逐渐成长为伟大的人民作曲家。

1948年，李劫夫被任命为东北鲁迅艺术学院音乐工作团副团长。在这个培养革命文艺人才的摇篮中，他的任务不仅是艺术创作，更是为新中国

---

[1] 李劫夫年表[J].人民音乐，1997，（04）：8.

培养音乐人才，推动革命文艺发展。彼时，东北地区不仅是解放战争的重要战场，也是文化建设的前沿阵地。劫夫以实际行动响应时代号召，他提出音乐教育必须紧扣时代脉搏，服务社会，强调音乐创作要与民族特色和革命精神相结合。在鲁艺期间，劫夫一方面开设课程培养青年音乐人才，另一方面以身作则投身创作。他主张音乐教育要结合解放区实际，将课堂搬到群众中去，用音乐激发抗敌斗志，宣传革命理念。劫夫倡导理论与实践相结合，强调音乐家的社会责任感。他鼓励学生从民间音乐中汲取灵感，创作出贴近生活、鼓舞人心的作品。

1949年，劫夫参与创作了反映东北抗联题材的大型歌剧《星星之火》，负责整个歌剧的谱曲。这部歌剧通过音乐展现了东北抗联的英勇斗争和人民群众的革命热情，在哈尔滨演出后引起社会各界广泛关注。之后在哈尔滨、沈阳、大连等地也演出了数百场，这是劫夫唯一一部参与创作并面世的大型歌剧。剧中歌曲《革命人永远是年轻》一直传承传唱至今，成为传世经典。2015年，歌剧《星星之火》复排后登上国家大剧院舞台，再次唤起人们对那段难忘革命历史的记忆。

中华人民共和国成立后，劫夫将更多精力投入音乐教育事业。1953年后，他先后被任命为东北音乐专科学校校长、沈阳音乐学院院长，并兼任辽宁省文联副主席、中国音乐家协会辽宁分会主席。特别是在他担任沈阳音乐学院院长时，提出了一整套音乐教育办学思想，他主张扎根优秀传统文化，振兴民族音乐教育，组建起中国第一个民族音乐系，从课堂教学、课程设置、民族音乐研究等方面提出系统的办学理念。他认为，要认真学习西方专业音乐教育的优点，在音乐教育过程中，要充分利用和发挥西方专业音乐教育的优势，使专业建设走向兼容并包、融会贯通的发展之路。劫夫坚持服务人民大众的理念，他说："音乐是时代的声音，音乐家应该成为时代的号手，群众的代言人。"《劫夫歌曲选》前言中他写道："我决心一定要当一个小小的党的宣传兵，甘心做文艺的普及工作，歌颂革命，歌颂人民，养成一种为政治、为人民服务的习惯。"[1]劫夫的教育思想、教育理念、教育实践为中国音乐教育的正规化、科学化做出了重要贡献，与此同时，李劫夫的音乐创作也达到了新的高度。1958年，他开始为毛泽东诗词谱曲，创作了《沁园春·雪》《蝶恋花·答李淑一》等广为传唱的作品，将革命诗词与民族旋律完美结合。这些作品不仅是音乐艺术的典范，更成为新中国成立初期人民奋斗精神的象征。1962年，劫夫以《我们走在大路上》再次证明了自己的创作实力。这首歌旋律铿锵有力，歌词充满斗志，成为新中国音乐史上永恒的经典。

1966年3月8日，河北邢台发生大地震，劫夫第一时间赶赴灾区，用音乐为抗震救灾服务。在灾区，他创作了19首歌曲，《自力更生斗天灾》和《爹亲娘亲不如毛主席亲》广为传唱，为灾区人民注入了战胜困难的信心和力量。5月，"文化大革命"开始后，劫夫写了大量语录歌。语录歌是那个疯狂年代的疯狂产物，劫夫创作的语录歌，正是那个疯狂年代的一个缩影。[2]

1976年12月17日，劫夫突发心脏病去世。[3]

劫夫是中国革命音乐的杰出代表，他的作品始终与时代和人民的斗争紧密相连。在战争时期，他不仅深入前线，与战士们同吃同住，甚至亲临火线参与战勤，还以此为基础创作了一大批脍炙人口的革命歌曲。1947年，中共中央在嘉奖令中高度评价他"能深入部队与战士生活在一起，战斗时并能出入火线，参加战勤，细心收集材料"，并号召文艺工作者向他学习。这种将音乐与实际斗争紧密结合的创作理念，使他成为革命文艺工作的榜样。他的战友们对他的才华与精神更是赞誉有加。著名作曲家吕骥在1962

---

[1] 程远.李劫夫音乐教育实践中的核心办学理念[J].音乐艺术,2019,（04）.

[2] 乔全龙,冯毅.人民音乐家李劫夫的革命歌曲创作[J].兰台世界,2015,（01）:119-120.

[3] 梁茂春.歌曲的"异化"——论李劫夫的"语录歌"创作[J].中央音乐学院学报,2004,（02）:9-17.

年为《李劫夫歌曲集》撰写的序言中高度评价他在创作中的深度与探索，指出劫夫始终以群众斗争生活为创作核心，并在调式、韵律、曲调构成和语言处理等方面进行了大胆创新。这种对艺术的不懈探索，使他的每一部作品都能精准反映不同时期人民斗争的精神面貌。李劫夫的作品不仅深受群众喜爱，也得到了中央领导的高度肯定。

劫夫的一生，致力于用音乐记录时代、表达人民心声。他秉持革命精神进行创作，以作品反映历史、鼓舞大众；他长期从事音乐教育，培养音乐人才，对音乐教育规范化作出了贡献。他的作品和精神，在中国音乐史上的地位是举足轻重不可或缺的。李劫夫一生坚持"艺术为人民服务"信念，在音乐创作和教学中，他不仅追求技艺的精湛，更注重思想的深度与情感的共鸣。他将个人的艺术探索与国家民族的前途相联系，用音乐传递对民族的热爱和对未来的期许，以其鲜明的创作风格、深厚的教育理念和真挚的爱国情怀，传达对中国音乐事业的热爱与追求。他是一位杰出的作曲家，也是一位投身于时代洪流的知识分子；是一位受人尊敬的音乐教育家，其艺术生命深深扎根于他所生活的时代。他的实践表明，音乐不仅是艺术的表现形式，也具有重要的社会功能。

附文一：

对歌唱艺术应如何认识[1]

李劫夫

一、练声法不过是声乐艺术的一部分

无论新的声乐工作者和旧演唱艺人，都要进行练声，应为自己的声乐表现准备下起码的条件。过去中国旧艺人的练声法有的是不科学，有的则没有加以系统地整理所以直到现在还没有一本可以供我们使用的教课的书。在这方面，西洋已有了可供各国应用的现成教本，一般地说来，这是比较科学地，有系统有步骤地循序渐进，它可以帮助我们把声音唱得响亮、圆润，也可以帮助我们把音阶唱得准确，还可以使我们能够科学地运用横膈膜进行气息的控制，在我们还没有更加适合我们的练声教本之前，西洋的练声法是可以拿来用的；但有些人对这种做法抱着怀疑的态度，他们怕一用西洋练声法练出的嗓子就"洋"了，表现不了民族的风格来。这种现象也确实是有，而且很多，但这是为什么呢？我想不外是因为这些人把练声法当作了音乐艺术的创作，以为把练声法精通了，就可以唱任何歌曲或戏曲；有人认为用西洋练声法练出的嗓子唱二簧、昆腔、梆子都能得味，我认为

---

[1] 《对歌唱艺术应如何认识》一文由李劫夫撰写，刊登在1950年《人民音乐》第4期。

这未免把声乐艺术创造简单化了。事实上，一个只学会了西洋发声法的人，他事先如不能研究二簧、梆子等的特具的风格和唱法，也未能很好研究需要用什么情感就去唱（这种唱法就是请一个西洋人来唱也是能办到的），我可以断言，他是一定唱得不得味的。假如说学会了发声法就可以唱任何歌曲而应付自如，那就等于说每一个会写字的、懂得修辞学的人都可以写出很好的文章一样地可笑。

二、直着脖子喊好不好？

所谓直着脖子喊的唱法，是指的我们通常所谓"真嗓子"的唱法，过是在秧歌运动中提倡起来的唱法。过种唱法，在当时秧歌运动中确其起了很大的作用，它的优点是容易把词唱得清楚，音量较大，适合广场演出；但我们也应该承认，它是极其自然形照的一种唱法，很少有艺术上的加工，而大多数演唱者都是既没有受过严格的西洋发声法的训练，也没有认真研究民间的演唱方法。过种音乐创作的路子是狭窄的，假如用它来演唱一般的小秧歌剧尚可，但用它来演唱大型的歌剧，恐怕就表现不了更多样的情感上的缓化，我认为它如同那退一步进两步的秧歌舞一样急需提高，我们决不能认为它就是唯一的我们新中国的唱法。

那么到底用一种什么样的唱法，什么样的风格去唱呢？我的意见是主张多种多样的发展。事实上现在还不能用一种唱法与风格概括多样的形式：北方人听不惯广东戏，广东人听不惯梅兰芳的京剧的现象，不足以作取消各种不同唱法与风格的慰藉；相反地这说明我们需要保持这些不同的风格，因篇音乐的不同的风格，是由于不同地区的人民语言及艺术习惯所造成的，高亢豪放的蒙古民歌，决不能产生在桃红柳绿的江南，而江南优美纤细的情歌，也不能生在蒙古草原上，只有重视这些才能丰富我们将来的声乐艺术。

现在苏联是把传统的西洋唱法与传统的民族唱法同时发展、齐头并进，这种办法是正确的。本质上我们若单单用西洋传统的唱法与传统的中国唱法，都不能把所有的歌曲（或戏曲）唱好，我们必须根据歌曲的风格与情意的不同善自选择。假如我们用"洋嗓子"硬唱"陕北道情"，或者用唱"陕北道情"的嗓子唱一唱"黄河颂"，那就一定会使我们产生一种滑稽之感。

三、我们的歌声不需要"美"吗？

我们在声乐艺术上，曾反对过资产阶级学院派所谓的"美声"，只是因为他们所提倡的不过是声音的所谓"美"，而把声乐艺术中最重要的东西——思想情感的表现与艺术风格的掌握（包括人民的趣味与艺术习惯）忽略了；但却并不是说我们不需要"美声"，因为任何一种艺术也不能脱离了美，只不过我们所主张的美，不是抽象与空洞的美，而是经过了现实主义的创造，为恰当地表现人民的思想情感而提炼出来的艺术的升华。

假如我们的歌唱家不能用他的声音的美的形象给听众以感染，触动他们的心弦，鼓舞他们的热情、他们的聪明与勇敢，只是一味地狂喊乱叫，那首先就是侮辱了我们的人民大众，另外也把我们声乐基础丰富创造的道路毁灭了，因为人民喜欢的是"好听"（美声），反对的是噪音。

四、人民建设时期声乐艺术需要提高一步

过去在战争时代，由于战争的环境，人民大众当时的要求是简单的，只要唱，只要唱得整齐而有力就行了；但到了现在人民建设时期，人民要求我们有更高级的声乐艺术的创造，而声乐艺术创作之路又是艰巨而复杂的。这需要我们声乐专业工作者们的苦心研究。我们应向西洋（尤其是苏联）学到更多的东西，更应该从我们过去艺术界中天才的旧艺人那里，把民族的宝贵遗产接受过来，郭兰英的成就我们应该加以重视，更深入地体会人民的生活情感，逐步地丰富我们声乐艺术创作的条件，以创造为我们广大人民所喜闻乐见的声乐艺术。（转载《东北歌声》第三期）

附文二：

实践和改造的过程[1]

李劫夫

这些年来，我接到了好多群众来信，问我是怎样写歌曲的，这并不是一个很好回答的问题。首先是因为我并没写出多少好的歌曲，也没有积累多少值得介绍的创作经验，这里只能谈谈我是怎样在毛主席的文艺思想指引下，向工农兵学习、进行自我改造的经过，以此作为对来信者的回答。

我是在一九三七年春天到延安之后开始学习写歌曲的。那时延安群众的歌咏活动异常活跃，好像并没有开展什么运动，大家除了工作、劳动、学习、练兵以外就是唱歌，到处都在唱歌，从早到晚歌声不断。唱的歌子有红军从江西等老革命根据地带来的歌曲（其中有江西、湖南、陕北的填了新词的民歌，也有苏联的革命歌曲），还有从上海等地传来的抗日救亡歌曲。当时延安还没有一个作曲家，甚至连一个能把民歌正确记下谱来的人也不易找到，所以当时就不能在创作歌曲中表现延安的革命生活。那时我在延安唯一的一个专业文艺团体人民剧社工作，所以就异想天开地起了个想试验写写歌曲的念头。记得曾和几个抗大的同志打算为我们可爱的抗大写个歌曲唱。歌也写出来了，但是没敢拿出去唱。很难想象那时会写出一个什么样的歌子。"七七"事变以后，我由人民剧社调到为适应抗战形势需要

---

[1] 《实践和改造的过程》一文由李劫夫撰写，刊登在1963年《人民音乐》第12期。

而成立的西北战地服务团工作。为了准备到前方去服务，我们大家赶排节目，责成我写个团歌。当时我的作曲本钱只是能把曲调大致不差地记下来，要写歌就知道先写出词，按词的情感哼哼个曲调，定了就记下来。我接受了任务把团歌硬写出来了，然后我们大家也就硬唱了起来。记得那歌子一开始先"哒哒哒、轰轰轰"地唱了一阵枪炮声，然后才出来旋律："战争的炮火在前方怒吼，我们踏上了抗日的征程……"这样的歌子虽然也唱了好久，但还是不顶用的，那么多要宣传的抗战内容，那么多英雄事迹，那么沸腾的群众革命热情，还是不能反映在我们的歌声中。为了达到宣传抗战的目的，我们就用了当时行之有效的"旧瓶装新酒"的办法，我作了不少记谱配词的工作，把许多陕北、山西、河北和东北的小调配上了新词。这些抗战小调曾受到广大群众的欢迎，流传很快。当我们第一次听到群众唱这些小调，真是兴奋得不得了。那些旧小调原本大部分是反映民间爱情传说的，但一经填上抗战的新词，群众唱起来就能表达他们新的情绪，有了好大的变化和创造性，特别是集体唱起来更有一番新的气魄和新的精神。在这时候我们主要的还是靠着民歌吃饭的。后来才在这个基础上慢慢地摸到一点点作歌曲的门路。

在太原我们遇到了周巍峙同志，在临汾又遇到了贺绿汀同志，回延安又遇到了冼星海和吕骥等同志。当时他们都是很有经验的作曲家了，从他们处也学到了好多东西。由于抗战的需要，这以后除了仍旧沿用着"旧瓶装新酒"的办法，搞小调填词外，也开始大胆地写起歌曲来了。

我过去在文工团里，还不是搞音乐工作，主要是写标语、画宣传画，其次写剧本、导演、演戏、吹喇叭、弹弦子、拉提琴等，几乎什么都干。在音乐上连两个月的训练班也没上过，在作曲上更没有受过科班训练，没有投过师。其实也不是"无师自通"的，我想民歌、民间音乐总该是我的第一个老师。从那里我学习了一些劳动人民过去如何在他们的民歌中表达他们的思想情感的方法，学习了词与曲怎样水乳交融结合在一起。就是我幼时学到的那些民歌、说唱、戏曲，也对我以后写歌曲起一些作用。记得在儿童时代，念唐诗、古文、四书都是唱着念，特别是在家乡每逢年节有一种唱唱本的习惯，乡里的老大娘们常常要我去坐在炕上给她们整天地唱唱本。唱唱本虽然有一个固定的调子，但怎样处理情感，怎样处理长短乐句，却得自己临时去即兴编选。由于那些听众都是文盲，我当然也必须尽量把语言交代清楚，特别是那些比较难懂的和关键性的词句。同时我也必须尽量把曲调唱得好听，满足他们的起码的审美要求。对于我这个缺乏基本功的歌曲作者，这或许也应算做一种基本功。我的第二个老师就是当时我们整天在歌唱的由聂耳、星海等同志创作的抗战救亡歌曲，它使我学习到一些怎样用歌曲的形式表现抗战的内容，表现群众的情绪并学习了怎样掌握群众歌曲形式的特点。我的第三个老师就是当时我们所接触到的仅有的几十首苏联和其他外国的革命歌曲，从那里我学习了如何在歌曲中表现革命人民的思想感情。因为在三十年代，苏联的革命作曲家们已经能在自己的歌曲中，比较正确地表现人民、表现时代了。

一九四二年毛主席在延安文艺座谈会讲话的发表，给了我极深刻的教育。在那篇讲话中，毛主席提出并解决了革命文艺工作的全部根本问题。他指出文艺工作者必须解决立场问题、态度问题、工作问题和学习问题。毛主席的这篇讲话像一盏巨大的明灯，照亮了我的心，打开了我思想的天窗，打开了我走向真正的革命文艺创作的大门，解决了我过去对文艺工作的一些错误看法和糊涂观念。

毛主席指出文艺工作者必须首先解决立场和态度的问题，要求革命文艺工作者必须站在无产阶级和人民大众的立场。对于共产党员来说，也就是要站在党的立场，站在党性和党的政策的立场。这是一个十分重要的问题，应该说这对于一个小资产阶级出身的，过去受了许多资产阶级思想影响的文艺工作者，并不是一件很容易的事，或许是在口头上容易解决，而在实际上并不容易解决，或不易彻底解决。必须认真学习马克思列宁主义、毛泽东思想，不断地进行思想改造，坚决地克服资产阶级思想，不断地抵制它的侵蚀。还必须身体力行，在群众斗争中间，在艺术实践中，坚决地不断地提高觉悟，提高认识去求得解决，我决心以行动来响应毛主席的号召。不管能力怎样差，水平怎样低，一定要当一个小小的宣传兵，甘心做文艺的普及工作，歌颂革命、歌颂人民，养成一种为政治服务为人民服务的习惯。虽然没有做出什么成绩来，但还是一直坚持了下来。我写的歌曲，几乎绝大部分都是为配合党的方针政策和各种政治运动而写的。我觉得一个革命文艺工作者具有强烈的社会责任感是十分必要的，假如有哪一个重大的方针政策和政治上的重大事件没有在我的歌曲中有所反映，我总觉得这是一件非常遗憾的事。如果有人责怪我的歌曲水平很低，没有写出什么出色的东西，这只能归咎于我自己没有很好地遵循毛主席的教导，没有很好地遵循马克思列宁主义的观点去观察、体验、反映生活，没有很好地遵循文艺创作的规律，没有按照音乐和歌曲的特点去从事创作，而不在这种做法本身。记得在一九四二年我们曾为晋察冀边区军民誓约运动进行文艺创作，当时我写了好多歌曲。我曾把整个军民誓约的全部誓词一条条都编成歌词了，似乎是一个内容也没有忽略。但写出来的歌曲，却没有人去唱，并不是人民群众不喜欢这些内容，是他们认为"这样我们去看标语就行了"。他们要求在歌曲中为他们创作活生生的英雄人物形象和深刻的思想感情。所以，当时我创作了那么多歌曲，只是《歌唱二小放牛郎》《王禾小唱》《狼牙山五壮士》这样的歌曲得以流传，才对军民誓约运动起了些配合的作用。

我常想，假如不是配合党的各项政治运动，便不能产生这些歌曲。因为党的各项政治运动，集中表现了当代我国人民群众生活和斗争中的重大事件，千百万群众意气风发斗志昂扬地跟着党创造了史无前例的奇迹，涌现了无数的可歌可泣的英雄人物。假如我的歌曲创作不去表现他们，不能对他们壮丽的革命事业起一点点作用，那还有什么意义呢？毛主席号召我们："中国的革命的文学家艺术家，有出息的文学家艺术家，必须到群众中去，必须长期地无条件地全心全意地到工农兵群众中去，到火热的斗争中去，到唯一的最广大最丰富的源泉中去，观察、体验、研究、分析一切人，一切阶级，一切群众，一切生动的生活形式和斗争形式，一切文学和艺术的原始材料，然后才有可能进入创作过程。"这段话，对我教育最为深刻。在毛主席《在延安文艺座谈会上的讲话》发表之前，从"七七"事变之后，我一直在前方，每天都和战士、农民群众在一起，不能说对他们毫不了解，也应该说是愿意为他们服务的。同时也可以说是爱他们、同情他们的。在参加革命之前，当我接受了一些革命思想之后，曾经为看到在三座大山压迫下的我国劳动人民的悲惨景况表示极大的不平，甚至伏在床上痛哭失声，也还承认劳动人民是历史的创造者。但认真地说，还是没有正确地看待自己，看待劳动人民，所以还是没能真正认识到劳动人民的伟大，没有真正认识到人民生活的大海是文艺创作的取之不尽用之不竭的源泉。在自己的灵魂深处还存在一个小资产阶级的王国，对这个王国寄予希望，甚至顽固地保护它，内心深处总还认为小资产阶级可爱一些，总认为自己与劳动人民的关系，还是对他们"输出"的多，而收入的少。这是那种小资产阶级的自视过高，自我夸大狂。所以说虽然整天都与劳动人民相接触，但是向他们学到的东西不多不深刻。经过学习毛主席《在延安文艺座谈会上的讲话》，我受了很大的教育。这之后，我曾调到地方党委做了一段时间的实际工作，有较多的机会接触实际、接触群众，特别在敌后反扫荡期间出去单独行动，和群众一起生活一起战斗，对我的教育很大。我发现几乎每一个劳动人民都有一个非常丰富的历史，他们具有的优良品质是小资产阶级知识分子所没有或缺乏的。我永远忘不了那些在战斗年代与和平建设中我所接触的、对我国革命做出巨大贡献的劳动人民，那些英雄的战士和劳动能手。

记得在一九四三年我刚刚到地方党委工作以后，就遇到日寇在晋察冀边区完县野场村制造的野场惨案。我们的一百一十八位同胞，为了保守军事秘密，在敌人的机枪和刺刀威胁下，毫不屈服、英勇斗争，全部壮烈牺牲。

这样的英雄事迹,若不去纪念不去歌颂岂不是罪过。激愤和感动促使我写了《忘不了》。当年日寇对边区进行了连续三个月的疯狂残酷扫荡,仅阜县平阳一个区,敌寇就杀害了一两千人,粮食抢光、房屋化为灰烬,人们住在野地用茅草搭的棚子里。当我们英勇的八路军粉碎了敌寇的扫荡,要庆祝反扫荡胜利的时候,人民从草棚里出来,穿上没有被敌人抢去的新衣服,唱歌子,扭秧歌,到晚上还热情地邀我们去教他们唱歌。这是多么坚强、充满革命乐观主义的人民啊!由此我想到在小资产阶级知识分子中,却常有人因为看到一片浮云遮住了半边月亮,看到秋风吹落了几片树叶也会感伤得不可自制——那种脆弱的灵魂。彼此相比是何等悬殊,简直一个是黄金,一个是粪土。这样生动的对比,给我的教育是十分深刻的,使我认识到劳动人民的真正伟大,也从此看到了自己——一个小资产阶级出身的知识分子,假如想成为一个革命的文艺工作者,必须认真彻底地改造,取得无产阶级的思想感情是多么必要。在唐县我遇到一位老人:他在反扫荡中和一个骑着洋马的日本军官遭遇了,日本军官向他问路,他不答应,日本人马上一刀把他的左臂砍断。老人一怒之下,用右手一镰刀把日本军官砍倒马下,又与日本军官搏斗了一阵,终于把日本军官打死,最后老人也几乎死过去,被我们八路军救了回来。我当时就给他编个歌子,教给附近老乡唱。老人知道了,兴奋感激得不得了,见人就说有人给他编了歌子了。我当时想,作出了那些惊天动地的事迹的人们从来不骄傲,我们只不过跟在他们后面写个小曲算得了什么。

  毛主席教导我们到斗争生活中去,分析一切人、一切阶级。这就是叫我们用阶级分析观点去观察生活,一个文艺工作者必须具有明确的阶级观点,爱憎分明。在我深入生活中遇到了两个不同阶级的人物,他们对待帝国主义显然有着不同的态度。我在易县遇到一个老农民,他在小时就跟着他父亲在山上用石头抗击过八国联军的德国侵略军,父亲终于战死,临死告诉他:"孩子,你要记住这个仇,你将来一定要打洋鬼子,决不能叫洋鬼子欺负咱们中国人。"可是清朝政府却很快地和洋鬼子妥协投降了。这个老头从小盼到老才盼来真正打洋鬼子的八路军，他有许多热爱革命热爱八路军的生动故事，使我对他产生了尊敬。而就在当地，我又接触到个地主老头，他向我们讲起八国联军德国兵的事就不同了，他讲德国军官住在他的家，他怎样"支应"他们，德国人是怎样赏识他的"聪明"，怎样教给他德国话，临走还要带他到德国去的故事，洋洋得意地向我们陈述，竟不以此为耻。把那些反动地主和日寇、国民党反动派特务相互勾结，阴谋破坏边区、破坏抗战的罪恶事件，与我们基本群众劳动人民对革命的热爱、对抗战的巨大贡献和牺牲对照起来看，就给了我深刻的教育。文艺为谁服务，当然必须为我们的工农兵服务。

过去我们有些文艺工作者，老实说还是爱接触所谓有文化的人，也就是说爱接触小资产阶级出身的知识分子，对他们可以做到情投意合，而对工农兵大众以及工农兵出身的干部，则不愿意接触。当我们在紧张残酷的斗争环境遇到了敌情，或被敌人包围了，我看到好多工农出身的干部，他们镇定如常以应付当前的危急情况。在这里我必须提到我们光荣的人民军队所给予我的培养与教育。他们在中国人民解放事业中作出了惊天动地的贡献，始终保持着革命军队的光荣传统（其中包括军队文艺工作的传统），在她的教育下，出现了无数的英雄人物。我们的战士——拿起武器的工农群众，是最有觉悟的群众，他们真正是最可爱的人。我常常回忆起和他们相处的日子：我想起在下连队时和战士们住在一起，和他们盖着一条被子彻夜深谈，他们对旧社会的深恶痛绝，他们的觉悟，他们为革命而战斗的决心，都给了我许多教育；特别是他们那种顽强的战斗和勇敢牺牲的精神，深深地感动着我。他们的英雄事迹，促使我写了《狼牙山五壮士》《王禾小唱》《刘成耀跳崖》和《刘二高》等歌曲。

日寇投降后，国民党阴谋篡夺人民抗战胜利的果实，他们承袭了日本帝国主义的衣钵，同样惨无人道地向解放区人民进攻，奸淫抢掠，无所不为。

当我们随着解放大军前进，去回击敌人进攻的时候，我在路上看到被蒋匪杀害的人民、烧了的房屋，再看到我们汹涌前进为了保卫人民胜利果实而奋不顾身作战的解放军，我感动得流出了眼泪。我在想，我们人民解放军总是和那些残害人民的家伙为敌的，一种革命者的骄傲感和对敌人的深恶痛绝的仇恨，促使我和诗人邢也合作写了《坚决打他不留情》那首歌曲。我永远忘不了那些在战争期间给予我莫大教育的劳动人民和他们的英雄战士，忘不了那里的山山水水。一九五八年我又背着背包访问了过去曾经给我完成了生活大学教育的老革命根据地，那里的人民又一次给了我深刻的教育。我看到那些老党员，当年的农会主任现在已经是年近七十的老人了，但他们还是那样热爱革命、热爱公社，他们过去对革命做出了很多贡献，现在，甘当一名饲养员，全心全意地喂养着公社的牲畜。讲起话来总是把公社把革命当作自己家的事去看待。他们再次提醒我不要忘了本，不要脱离人民。

我国劳动人民，不仅为我们创造了取之不尽用之不竭的艺术源泉，使我得以写作，他们在艺术上给予我的教育也是非常珍贵的。我永远不能忘记和他们同乐的场面：在战争期间，我们行军到一个地方，群众知道我们是文工团的人，常常拿着乐器来看望我们，我们常常和他们唱到深夜，他们不知向我们传授了多少民歌和乐曲。我以为在斗争中、在人民生活中去直接向劳动人民学习民间音乐，要比我们在学校在自己屋里听唱片学要深刻得多，好像那时学习的民间音乐是渗透到自己血液里来了。因为从他们的歌声中你可以充分地体会到他们的情感、他们的呼吸、他们的脉搏，你可以充分地听到和看到他们表达情感的方式，了解到他们的美学观点。我们也常常把创作的歌曲唱给或教给他们，请他们提意见。他们认为满意时就会眉飞色舞地称赞，马上要学；假如他们不大喜欢，接受不了，那他们也不客气地说"听不入耳"，客气点的人就会说"倒很优雅……"我感到作为一个革命的音乐工作者，如果你真的是全心全意为人民群众服务，想在你的音乐中表现人民的心声，想让群众接受你的音乐，我认为这一课是必不可少的。

经过劳动人民的教育，我的思想情感有了许多变化，所以我在一九四二年以后写的歌曲，一般说反映人民生活和思想感情比以前深了一些，我的美学观点也起了好多变化，放弃了过去某些近于孤芳自赏和不健康的东西，有意识地学习捕捉能够生动具体地表现时代、表现人民的音乐形象。为了追求为群众所喜闻乐见，我较多地接触了民歌、地方小调和民间戏曲，从这时我开始写了不少类似民歌的英雄叙事歌和带些表演的小剧种。一般说这些东西较容易为群众所接受。

在这以前，对寻求群众喜闻乐见这个问题有过曲折的认识过程。抗战开始时，我们为了迫切向群众进行文艺宣传，曾想尽各种方法采用容易为群众接受的形式，利用了民歌填词、小调戏和拉洋片等形式。等到后来，有一个时期，产生了一些脱离实际脱离群众的所谓"提高"的想法，认为过去那种做法是"迁就"群众，而今后应该是"提高"他们了。当时的所谓"提高"不是在群众基础、普及基础上的提高，实际上是拿那一套自己偏爱的东西或者是洋味的东西去"提高"。我曾一度有过错误的想法，认为写洋味的歌曲，虽然群众不易听懂词，但他们可以从音乐中得到感染，得到情绪上的鼓舞。这种思想曾支配我写了一个"歌活报"。虽然内容是好的，但形式上却不能得到群众的喜爱，演一次也就无声无息了。在学习了毛主席的《讲话》之后，开始认识到一个文艺工作者必须追求群众喜闻乐见，按照群众的欣赏习惯和趣味去进行创作。普及工作并不是"迁就"群众，这对文艺工作者来说也还是个提高改造的过程，不如此则不能熟悉群众的思想感情，不如此则不能了解群众的审美观点，不如此则不能建立我们艺术创作的群众观点，不如此则不能创作出真正的人民大众的民族形式的音乐，我感到必先实行"雪中送炭"而后才能做到"锦上添花"。这以后我就认真地学习音乐的民间形式，在音乐创作上更重视民族风格。所以后来我又写了一个"歌活报"（表演唱）《八月十五》就不同了，演出后受到群众的欢迎，为许多村剧团演出了。从此我认识到音乐的民族形式问题，比之其他艺术样式更具有特别重要的意义。严格地说它不仅是个形式问题，它牵连着生动、具体、准确地表现内容的问题。特别是在为歌剧谱曲时更加显明：歌剧要求用音乐表现各种各样人物的各种各样的思想情感，假如你叫我们的农民出台唱西洋歌剧咏叹调式的歌曲，那岂不滑天下之大稽？见其貌听其声，就会使我们感到不是中国人，更谈不到能否正确地表现他们的思想情感了。

我认为一个艺术工作者要真正解决艺术创作的民族形式问题，必须首先到人民生活和斗争中去学习和改造，首先了解人民，再了解人民的艺术创作，然后才能寻求到正确表达他们生活的相应形式。当然生活在变化，人民的欣赏水平也不断变化提高，不能永远限制在一种固定不变的框框中。

在社会主义革命和社会主义建设时期，由于搞音乐学校的行政工作，接触群众的机会相对少了，但从几次深入生活中，他们都给了我许多教育。我始终不能忘记和鞍山钢铁公司的工人同志们相处的日子，他们的劳动热情深深使我感动。他们热情地给我讲解钢铁生产的过程，教我如何用铁锹投送矿石和补炉壁。当我学会了一点方法，能把矿石送到炉里的时候，我真是高兴极了。我以和他们一起劳动为荣，我看到工人们出入在浓烟烈火之中，真是挥汗如雨如临火海，他们花费了巨大的劳动，为国创造宝贵的财富，但是每块钢锭上并没有刻上他们的名字。我所接触到的鞍钢英雄人物如老英雄孟泰等，他们的思想和劳动热情都给了我深刻教育。我永远不能忘记一九六〇年除夕在平炉车间看到他们炼出这一年最后一炉钢、与他们共度新年的场景。我感到我们应该为他们谱写歌曲，为英雄的钢铁工人创造音乐形象，这是需要我们今后去努力完成的任务。

最近我们到一个人民公社去演出，在那里看了和听了许多农村人民公社的新鲜事物。我们看到农民是那样拥护和热衷于经营集体经济，看到党的政策在农村贯彻以后的许多新气象,事实证明只有集体经济才能使农民富裕起来,那里敬老院的幸福生活,证明只有集体经济才是最关心人的。我们看到农民们是那样如饥似渴地欢迎音乐,有许多节目都给予热烈的掌声和叫好声,演完节目还站在那里经久不散。他们对音乐的欣赏水平已比过去的农民有所提高,应该说他们是最好的音乐欣赏者,他们有权享受最好最美妙的音乐。让歌声伴随着他们去创造粮食。参加这次农村音乐会,使我兴奋得彻夜未眠,立志今后应多写一些反映农村题材的歌曲。

  我们亲爱的党、毛主席、人民群众所给予我的教育是不能在这篇短文中道尽的。每当我提起或写起这些,我总是感动得流下热泪。我常想:若不是毛主席的文艺思想指引我们为工农兵服务、向工农兵学习,象我这样一个先天不足、缺乏必要训练的音乐工作者,能有什么作为呢?虽然只是写了这点水平不高的歌曲,但说实的还不是我的创造,而是党和人民群众把着我的手教我写出来的。作为一个毛主席文艺思想教导出来的音乐工作者,对俄罗斯伟大音乐家格林卡所说的"创造音乐的是人民"这句名言,应该有更深的体会和解释,并赋予更加丰富的新的内容。

  在我的实践中,我实认识到工农兵群众的伟大。他们具有人类最崇高的思想品德,他们的灵魂是美丽的,应该尽一切努力用最美的旋律去表现他们。我深深地体会到毛主席所断言的"革命的或不革命的或反革命的知识分子的最后的分界,看其是否愿意并且实行和工农民众相结合"这句话的真理。文艺工作者必须经常保持和他们的联系,深入生活和他们结成知心朋友,和他们一起斗争、一起生活,用第一手材料去进行创作。虽然间接生活有时也可以拿来用一用,但是它决不能做到深刻生动具体地表现活生生人物的思想情感,而且在艺术上还免不了产生模仿、因袭或缺乏创造性。所以那种借口音乐的特殊性,认为音乐工作者不需要深入生活或者"最多体验一下气氛就行"的看法是错的。正因为音乐是以表现人们的思想情感为特长的艺术,那么对于了解人的思想情感、了解他们的心声,只用耳听目看还很不够。所以我常以为音乐工作者对于生活必须和人民群众同劳动、同斗争、共呼吸、共命运，用全副身心，甚至应该张开所有的毛细血管去摄取，然后你才能把它提炼成音乐，而后才可以期望你的音乐能够感动人。

我们的时代是人民当家做主的时代，他们不仅是国家的主人翁，而且是一切艺术财富的主人翁。假如抗战以前在大城市的歌咏运动参加者主要是学生、店员和一小部分工人，那么在抗战以后在解放区里就是全体工农兵群众。歌咏运动之和广大的群众相结合，就给我们的歌声带来了新的气派和新的风尚。

对于过去我经历过的宏伟壮丽的革命现实，我反映的太少太差，应该检讨。今后必须进一步学习和体会毛主席的文艺思想，更好地做党的宣传兵，更好地提高歌曲创作质量——这是非常迫切的。在为毛主席诗词谱曲中，毛主席诗词在思想内容和艺术方法上都给了我许多启发和教育，也深感自己的水平不足以谱好这些诗词。特别是在毛主席诗中所表现出来的与其思想内容相称的"革命浪漫主义和革命现实主义相结合"的艺术方法，非常值得我们学习。

我深感必须进一步提高思想水平、艺术修养和艺术技巧，怎样能更准确、更集中、更鲜明、更生动地反映我们伟大的时代和绚丽的革命现实，使他更富于光彩，更能打动人们的心弦，对人民群众更有教育意义，让我们的歌声去鼓舞他们革命和建设社会主义的热情，这是我们歌曲创作的艰巨任务。

真理是我们的，未来是我们的，我们今后要歌唱的革命事业将更加丰富、更加辉煌。不管工作怎样忙，身体怎样坏，只要心脏还在跳动，我就要高声地歌唱我们的党、我们的毛主席、我们的人民、我们的革命事业。假如我的歌曲能对我们的革命起一点点作用，那将是我的最大幸福和愉快。

附曲一：

歌唱二小放牛郎[1]

1=♭E 2/4

词：方冰 曲：劫夫

```
6̲ 6̲ 5 | 6̲ 6̲ 1̇ 3̲ 2 | 3 5̲ 3̲ 5 | 6 — |
```

牛　儿　　还　在　山　坡　吃　　　草，
九　月　　十　六　那　天　早　　　上，
正　在　那　十　分　危　急的　时　　候，面
二　小　他　顺从地　走　在　前　　　尖，全
敌　人　把　二　小　挑　在　枪　　　
干　部　和　老　乡　得　到了　安　　　
秋　风　　吹遍了　每　个　村　　　庄，

```
5̲ 3̲ 5 | 6̲ 1̇ 6̲ 5 | 3̲ 5 3̲ 2̲ 1 | 2 — |
```

放　牛　的　却　不　知　哪　儿　去　了，
敌　人　向　一　条　山　沟　扫　　　荡，
敌　人　快要　走　到　我们的埋　伏　圈，
把　敌　人　带　进　大　石　头　的　上　面，
摔　死　在　　　　　冰冷的　山　　　间，
他　却　睡　在　动人的　故　事　传　扬，
它　把　这

[1] 《歌唱二小放牛郎》是李劫夫于1942年在晋察冀边区所谱曲的歌曲作品。

不是他贪玩耍丢了牛，那
山沟里掩护着后方机关，
昏头昏脑地迷失了方向，
四下里乒乒乓乓响起了枪炮，
我们那十三岁的王二小，
他的脸上含着微笑，
每一个老乡都含着眼泪，
放牛的孩子王二小。
掩护着几千老乡。
抓住了二小要他带路。
敌人才知道受了骗。
可怜他死得这样惨。
他的血染红蓝的天。
歌唱着二小放牛郎。

附曲二：

庆祝胜利 [1]

1=C 2/4

词：田野　曲：劫夫

快板

```
5 5 3 | 6 i 6 | 5. i | 6 5 3 5 | (6 5 3 5) |
```
1. 庆　祝　　胜　　利　　过　新　春，
2. 军　队　　爱　　护　　老　百　姓，
3. 庆　祝　　胜　　利　　去　劳　军，

```
5. 3 | 5 6 | 1. 3 | 2 1 6 5 | (2 1 6 5) |
```
家　家　结　　彩　　挂　红　灯，
人　民　拥　　护　　子　弟　兵，
家　家　蒸　　馍　　又　烙　饼，

```
1 1 6 | 5 6 1 | 5. i 6 3 | 5 - | 5 5 i |
```
东　街　上　演　习　又　跳　舞，　　西　街　上
冰　天　雪　地　反　"扫　荡"　　　建　立
南　庄　抬　来　肥　羊　肉，　　　北　庄

```
6 5 | 3 2 1 | 2 - | 2. 3 5 | 6 i 5 |
```
锣　鼓　不　住　声；　全　村　民　众
惊　天　大　战　功；　表　功　祝　捷
送　到　白　菜　葱；　边　区　人　民

---

[1]《庆祝胜利》是李劫夫于抗战时期在晋察冀边区所谱曲的歌曲作品。

```
3 2 3 5 6 | 3. 2 | 1 6 5 1 | 2. 3 5 3 | 2. 1 |
开   大   会，  欢  迎  胜   利   归  来
开   大   会，  庆  祝  反 "扫 荡" 的 胜  利
真   踊   跃，  慰  劳  胜   利   归  来。
```

```
    |1.                      |2.
    6̣  1 6 | 5 - :|| 6  1 6 | 5 - ||
    八  路 军。      八  路 军。
    喜  盈 盈。
```

吕骥：中国民族音乐的丰碑

吕骥（1909年4月—2002年1月），湖南湘潭人，作曲家、音乐理论家和教育家。1930年入上海音乐专科学校学习，1931年在上海加入中国左翼戏剧家联盟，1935年加入中国共产党，1937年赴延安，参与筹建鲁迅艺术学院。解放战争时期奔赴东北，任东北鲁艺院长、东北音乐工作团团长。中华人民共和国成立后，历任中央音乐学院副院长、中国音乐家协会主席等。2001年获得首届中国音乐金钟奖颁发的"终身荣誉勋章"。

1909年4月23日，吕骥出生于湖南湘潭一名门望族，为家中幼子。吕骥的父亲吕鑫早年参加同盟会，主张废除帝制、教育救国、妇女解放，并在长沙明德中学等学校任教，在他的倡导下，吕氏家族的人读书蔚然成风。吕骥母亲易宗英亦出身当地书香门第，自幼受到良好教育，先后在湘潭四德小学、醴陵女子学校教书。然而，当吕骥还在母亲腹中的时候，其父不幸患病离世，家庭的重担全部压在母亲身上。纵然生活窘迫，吕母仍遵照丈夫"要培养孩子做人民公仆"的遗志，供两个女儿和吕骥读书。6岁时，吕骥进入湘潭的新式小学私立自得女子小学读初小。受家庭影响，吕骥对音乐兴趣颇浓，在母亲和姑妈指导下，他学习了笛、箫、琵琶、扬琴等民族乐器，接受了最初的音乐启蒙。初小时，母亲易宗英因肺结核不幸病故，吕骥与两个姐姐相依为命。[1]1919年，吕骥进入湘潭县立第一高等小学，

---

[1] 乔书田. 中国革命音乐的先驱——吕骥[J]. 音乐生活, 2014,（01）: 34-36.

时值五四运动爆发，学校的进步教师常把运动情况告诉学生，吕骥在思想上接受着爱国主义教育。高小毕业后，吕骥报考湖南省立第一师范学校未果，后辗转于楚怡甲种工业学校、长沙长郡中学读书。在长郡中学，吕骥受到国文老师黄衍仁和音乐老师黄醒的影响，他阅读了鲁迅、茅盾、叶圣陶、冰心等新文学作家的作品，接受新思想的洗礼，同时学习新的唱歌方法。1924年秋，吕骥再次报考湖南省立第一师范学校被录取，在这里，他过着愉快的学习生活。在音乐教育家邱望湘指导下，吕骥开始接触西方歌曲和抒情乐曲，并在有限的条件下学习钢琴演奏，同时他还积极参与学校合唱团，学习世界语。1926年秋，吕骥聆听了李维汉讲授的"帝国主义是资本主义最高阶段"等理论学说，开始接触马克思主义思想。[1]

然而，政治形势的风云变幻使吕骥的求学之路被迫中断。1927年至1930年，吕骥过了一段颠沛流离的生活。1927年蒋介石在上海发动"四一二"反革命政变，湖南的反动势力也蠢蠢欲动，恰在此时吕骥因故返乡。归校途中，偶遇旧友邓荃，从邓荃口中得知，长沙军警以吕骥是无政府主义者而发出通缉令，为免不测，吕骥转而前往武汉投奔两位姐姐。此后三年中，吕骥辗转武汉、湘潭、上海、扬州、泉州等地，做过文书，做过教师，也试图通过翻译工作维持生活。[2]持续失业和穷困并没有磨灭吕骥的志向，这一时期，他大量阅读马克思主义学说，心中更加向往共产党组织，同时他仍为自己的音乐梦想而不断努力，翻译学习了《音乐史教程》《和声学》等，并创作了《五月之夜》《北方有佳人》《落梅风》等作品。

为实现音乐梦想，1930年夏，吕骥成功报考上海国立音乐专科学校。仅过了一年，即因经济困难辍学。回到武汉后，他在汉口方城小学和立信会计学校教音乐，同时继续开展音乐研究。此时，吕骥开始关注音乐创作

---

[1] 伍雍谊. 人民音乐家吕骥传[M]. 北京：中国文联出版社，2005：4-5.
[2] 李业道. 吕骥评传——第一部分 1909—1937（上）[J]. 音乐研究，1995，(03)：19-22.

问题，研究了舒伯特、肖邦、萧友梅、赵元任等国内外音乐家的作品，他认为当时的音乐创作与革命的需要关系疏远，应寻求一条新的音乐创作道路。1931年7月，吕骥二次考入上海音专。9月18日，日本帝国主义悍然发动对东北三省的侵略，"九一八"事变爆发，侵略者的野蛮行径和蒋介石的不抵抗政策，激起全国人民的愤慨，目睹现状的吕骥更加坚定地投身革命，思想进步的他认定只有按照共产党的主张才能挽救民族危亡。经与好友商议后决定，要找到党的组织，在党的领导下开展抗日救亡工作。同年12月，在好友盛家伦介绍下，吕骥加入了中国共产党领导的中国左翼戏剧家联盟（简称"剧联"）。1932年1月，日本侵略者在上海发动"一·二八"事件，深感国家已到生死存亡之际的吕骥决定离开学校返回武汉，参加革命活动。吕骥在武汉反帝大同盟负责人的指导和帮助下，组织成立了中国左翼戏剧家联盟武汉分盟，并以码头工人子弟学校教师身份为掩护，与张庚、陈荒煤、盛家伦等人一起开展革命宣传。他们以"鸽的剧社"为根据地，公演进步话剧。以《时代日报》文艺副刊《煤坑》为阵地，发表进步文学作品。还开办"时代书报流通社"，通过出借进步书籍方式团结青年学生。[1]然而，在当局白色恐怖高压之下，武汉"剧联"的工作屡屡受挫。1933年，由于武汉反帝大同盟负责人被捕，武汉"剧联"失去了与党的联系，在坚持工作半年多后，吕骥被迫前往上海，请求"剧联"指示。考虑到当时的严峻现实，"剧联"决定吕骥留在上海参加左翼剧联音乐小组工作。

1934年至1937年初，在国民党反动派和帝国主义在华势力的残暴统治下，吕骥坚持在上海开展革命音乐运动。进入剧联音乐小组初期，吕骥与聂耳等人将电影歌曲作为传播进步思想、反抗黑暗统治的武器。这一年，聂耳成功创作了《大路歌》《开路先锋》《毕业歌》《码头工作》等电影歌曲，在国内引起极大反响。为将这些歌曲传播到工人当中，吕骥在多个

---

[1] 伍雍谊. 人民音乐家吕骥传[M]. 北京：中国文联出版社，2005：10-12.

女工夜校教唱歌，这项工作不仅使他深入了解到工人生活和思想情感，更让他看到了革命音乐所展现出的强大力量。[1]回忆这段经历时，吕骥说："这些以现实主义为指导而创作的反映劳动人民生活的歌曲，真正和劳动人民中的重要组成部分——产业工人结合了，引起了他们强烈的反应，成为他们的心声。"[2]1935年，吕骥开始关注群众歌咏运动的重要意义，受在"民众歌咏会"[3]工作的启发，他与沙梅筹备建立了业余合唱团。在反动势力的严密监视下，他们克服重重困难，坚持学习演唱，传播了《救亡进行区》《大刀进行曲》等抗日救亡歌曲和《祖国进行曲》《青年战歌》等苏联歌曲。由于业余合唱团的成员多为上海其他群众歌咏团体的负责人，该合唱团也成为上海群众歌咏救亡运动的核心阵地，大量进步歌曲从合唱团中传播出去，产生了深远的影响。同年10月，在吕骥的组织下，上海各群众歌咏团体在北四川路精武体育会礼堂举行了第一次群众性救亡歌咏音乐会，演唱了救亡歌曲和苏联进步歌曲，受到社会各阶层人士的热烈欢迎，促进了救亡歌咏运动的发展。也就在这一年2月，吕骥光荣地加入了中国共产党。1936年1月，根据党组织决定，左翼戏剧家联盟解散，在吕骥的倡导组织

---

[1] 魏艳. 吕骥与救亡歌咏运动[J]. 人民音乐，2005，（08）：27.

[2] 吕骥. 回忆左翼剧联音乐小组//吕骥文选·下集[M]. 北京：人民音乐出版社，1988：99.

[3] 1935年2月，上海爱国宗教界人士刘良模在基督教青年会成立"民众歌咏会"。该歌咏会以职业青年为主要对象，开展经常性的歌咏活动。吕骥受邀参加歌咏会工作，起初他主要教唱一些浅显易唱、富有情趣的外国歌曲，后来在参会群众的建议下，开始教唱进步电影中的歌曲，产生了很大影响。同时，吕骥还多次在民众歌咏会发表演讲，联系抗战形势评述聂耳创作的《义勇军进行曲》等作品，提出中国新音乐的发展方向。在吕骥的努力下，参加民众歌咏会的人迅速增加，在社会上引起强烈的反响，由此吕骥看到了民众歌咏运动所蕴含的巨大能量。

下，先后成立了"词曲作家联谊会"和"歌曲研究会"[1]，继续开展抗日救亡歌曲创作，参与救亡歌咏运动领导工作。当年12月27日，为声援绥远抗战[2]的胜利，由吕骥发起的援绥音乐会在上海商会礼堂举行，演出集聚了上海各类演出团体，展现出音乐界的空前团结、同仇敌忾态度，是救亡歌咏运动的又一个高峰。在领导上海救亡歌咏运动的同时，吕骥在这一时期创作了大量经典作品。他于1934年创作了《活路歌》和《示威歌》，这是他为抗日救亡运动创作的最早的作品，两首歌以昂扬的曲调，表达了人民群众反抗压迫、争取独立的战斗精神，是其音乐与革命事业相结合思想的最初实践。1935年，吕骥创作了电影歌曲《自由神》，以熟练的音乐创作技巧展现为民族自由解放而斗争的历史图景，是其第一首成功的、广泛流传的作品。这一年，吕骥还为纪念聂耳不幸逝世创作了歌曲《聂耳挽歌》及街头剧《放下你的鞭子》中的唱曲《新编"九一八"小调》等。1936年，在"歌曲研究会"活动过程中，吕骥创作了著名的《保卫马德里》，该歌曲以西班牙内战为背景，以昂扬激烈的音调和气贯长虹的号召性旋律，展现了国际纵队和西班牙人民并肩作战、反抗法西斯势力的英勇事迹，歌曲发表后在各地群众中热烈传唱，后被翻译为多国语言，在世界各国流传。

---

[1]　1936年1月，在中国共产党的组织下，于上海成立了具有统一战线性质的"词曲作家联谊会"，又名"歌曲作者协会"，成员包括当时各方面从事救亡歌曲的词曲写作的诗人、作家陈子展、龙沐勋、柳倩、任钧、塞克、关露、周钢鸣等，音乐家冼星海、贺绿汀、刘雪庵、江定仙、孙慎、丁珰、吕骥、任光、张曙、孟波、麦新、周巍峙、沙梅等人。从此，团结范围更广、工作内容更丰富的抗日救亡歌咏运动进一步开展起来了。为了深入研究创作问题，同时让思想观念更加一致，吕骥又发起成立"歌曲研究会"，该会的成员多是从业余合唱团吸收的，主要成员有周钢鸣、孙慎、孟波、麦新、联抗、华嘉、张恒等十多人。研究会初期的活动主要是学习作曲理论和技术，后期活动偏重于讨论歌曲创作，《牺牲已到最后关头》《大家看》《只怕不抵抗》《大刀进行曲》等经典作品皆是"歌曲研究会"成员在活动中所创作。

[2]　绥远抗战，1936年3月，在日本帝国主义策划操纵下，伪"蒙古联盟自治政府"成立。11月，日军伙同蒙军进攻绥远，驻绥远的傅作义三十五军立刻反击，收复了百灵庙。这一局部抗战胜利振奋了人心，得到全国人民的热烈声援。

这一年，吕骥还创作了《鲁迅先生挽歌》及《我们要做一个新的英雄》《妇女大众战歌》《中华民族不会亡》《民众救国歌》《妇女大众战歌》《射击手之歌》等十余首救亡歌曲。领导群众歌咏救亡运动和歌曲创作的实践，使吕骥对音乐创作的相关理论产生新的见解和看法，三年间，他陆续发表了《反对毒害音乐》《论国防音乐》《音乐的国防动员》《新音乐的现阶段》《中国新音乐的展望》《伟大而贫弱的歌声》等文章，阐发了国防音乐的必要性和重要性，鲜明地提出新音乐是争取解放的武器、是表现大众思想情感的手段，肩负着唤醒教育大众的使命，有力地指导了当时的新音乐创作事业发展。[1]

1937年1月，为慰问抗战前线的将士，同时为进一步推动救亡歌咏运动在全国发展，吕骥随新安旅行团[2]参加"上海、北平文化界慰问团"奔赴绥远前线。途经北平时，慰问团受到清华、燕京大学"民先队"[3]的热烈欢迎，吕骥帮助北平市学联组织起学联合成团，并在当地开展了多项歌咏救亡活动。3月14日，吕骥一行抵达归绥，参加了绥东抗战阵亡将士追悼大会，并受到傅作义将军的款待。不料吕骥因水土不服和多日舟车劳顿，突患急性肠胃炎，病情十分严重，在傅作义的关照下于4月下旬痊愈。此后，吕骥短暂回到北平工作后，再次返回归绥，在当地积极开展宣传工作，他在35军部队中教唱歌，指导部队军乐队演奏军乐，到绥远新生活运动委员会组织歌咏队，还在蒙藏师范学校承担音乐教学工作，此一时期，他也记

---

[1] 韩萌萌.吕骥的中国新音乐探索之路[J].名家名作，2021，(11)：98.

[2] 新安旅行团，是在中共党组织指导下建立的一个宣传抗日救国的少年儿童文艺团体。最初由江苏淮安新安学校的17名少年儿童组成，后发展至100多人。该团在国民党统治区开展流动宣传，历经18个省市。1941年进入苏北敌后抗日根据地。

[3] 1936年2月，参加"一二·九"运动的进步青年在北平成立了中华民族解放先锋队，简称"民先队"。这是在中国共产党领导下的进步青年团体。后来，全国各地相继成立了"民先队"。

录整理了多首绥远民歌。[1]"七七事变"后，全面抗战爆发，绥远的气氛高度紧张，国民党政府也加强了对驻绥远部队的控制，吕骥的各项活动和正常生活受到特务的严密监视。因此，他在友人陈明介绍下，到山西太原山西牺牲救国同盟会总部开展歌咏活动，使抗战的歌声响彻太原城。在这一过程中，一首响彻祖国大江南北，激励无数仁人志士奋勇抵抗外来侵略的歌曲由吕骥创作出来。9月27日，牺盟会第一次全省代表大会在山西国民师范礼堂举行，周恩来参加了此次会议，他在政治报告中提出，要建立抗日民族统一战线，广泛发动群众投入抗日救亡队伍，实现全民抗战。周恩来的讲话让吕骥深受鼓舞和震撼。恰在此时，山西青年抗敌决死队准备奔赴前线，队员夏川找到吕骥，希望他能为自己创作的歌词《武装保卫山西》谱曲。看到令人振奋的歌词，吕骥深受鼓舞，一气呵成完成谱曲。该曲以沉重铿锵的曲调痛斥日寇犯下的累累罪行，以紧凑有力的节奏鼓舞群众拿起武器、奋力反击，同时借鉴绥远民歌词组连叠的手法，形成了紧迫而又坚韧不拔的气势，把全曲推向高潮。《武装保卫山西》从决死队传到整个山西，更传遍了全国，各地的音乐工作者以此歌曲为范本，通过改变地名、替换词语的方式，二次创作了《武装保卫河北》《武装保卫河南》《武装保卫山东》《武装保卫家乡》《保卫武汉》等，版本多多，这些歌曲同《武装保卫山西》一道，激发起无数中国人的抗日救亡热情，促使无数英勇的战士走向对敌斗争最前线。[2]9月底，得知上海已经沦陷的吕骥决定前往延安，经数次与时任八路军驻太原办事处主任彭雪枫谈话，吕骥起程奔赴革命圣地。

1937年10月底，吕骥辗转吉县过黄河入陕，终于抵达延安。作为第一

---

[1] 乔书田.中国革命音乐的先驱——吕骥[J].音乐生活，2014，（05）：36-38.

[2] 侯晋哲.《武装保卫山西》：从山西唱响全国的抗战强音[J].文史月刊，2021，（07）：70-75.

个抵达延安的专业音乐工作者，吕骥受到延安文化界的热烈欢迎。根据组织安排，他先后在抗日军政大学、陕北公学承担音乐工作，并在当地组织开展歌咏运动。1938年2月，吕骥参与了鲁迅艺术学院的筹备工作。同年4月10日，鲁艺正式成立，吕骥担任音乐系主任，后兼任教务主任，走上革命音乐教育新路。鲁艺是在抗战烽火中诞生的文艺学校，在这样的学校当中如何办好音乐系，成为吕骥思考的首要问题。他按照"培养为抗日战争服务、为革命文艺建设服务的文艺干部"的总目标总任务，提出了音乐系具体的教育方针："研究进步的理论与技术；推动抗战音乐的发展，培养抗战音乐干部；研究中国音乐遗产，接受并发挥之；组织、领导一般音乐工作。"[1]这一方针契合了抗战需要，表现出革命性、实践性和民族性，开拓了我国专业音乐教育的新道路。在吕骥的艰辛探索和不懈付出下，鲁艺音乐系集聚了冼星海、向隅、杜矢甲、任虹、李元庆、张贞黼、唐荣枚、李焕之、瞿维、寄明、郑律成等教师，培养了一大批革命音乐人才。1937年底至1939年间，吕骥也创作了一批反映延安革命工作和生活的音乐作品。其中《抗日军政大学校歌》以昂扬奋发的旋律，将黄河作为英雄意象，体现了我党的优良传统，展现出庄重、坚强的革命精神。该歌曲在边区和各根据地广泛传播，中华人民共和国成立后经修改成为经典军乐，1998年该歌曲被确定为中国人民解放军各军事学院共同的校歌。《陕北公学校歌》则以进行曲为体裁，以宽广舒畅的节奏展现了爱国青年为抗日救亡而努力奋斗、为民族解放事业而献身的壮志豪情。[2]此外，吕骥还创作了富有陕北民歌特色的《大丹河》《开荒》等。

1939年7月，党中央根据抗战形势的发展，决定以陕北公学部分师生、鲁迅艺术学院部分师生、延安工人学校、安吴堡战时青年训练班等联合组成华北联合大学，开赴晋察冀抗日根据地办学。吕骥担任了华北联大文艺

---

[1] 伍雍谊. 人民音乐家吕骥传[M]. 北京：中国文联出版社，2005：5-9.
[2] 李哲文. 吕骥抗战时期的音乐创作[J]. 当代音乐，2022，（10）：67-69.

学院副院长，随学院赶赴前线。在晋察冀根据地，华北联大在艰苦的条件下开展教学工作，坚持对敌斗争，培养了大量抗日干部。吕骥在敌后积极工作，先后创作了《华北联合大学校歌》《向着列宁斯大林的道路行进》《团圆》等宣传鼓动性歌曲，以及《参加八路军》《民主政权歌》《新文字运动歌》等富有当地特色、贴近民众生活、宣传党的政策的歌曲。1940年5月，吕骥根据中央安排回到延安鲁艺，再次担任音乐系主任兼教务主任，在继续做好教学和宣传工作的同时，开始关注中国民间音乐的继承和发展问题。1941年2月，吕骥担任"中国民间音乐研究会"会长，并发表了《如何研究民间音乐（研究纲领）》一文。该文明确提出人民生活与民间音乐的关系，民间音乐来自人民生活，表达人民的思想感情；研究其发展过程，必须研究人民生活历史衍变过程；研究某个民族的民间音乐，还必须研究周围与其关系密切的民族的民间音乐，了解其相互关系。这是我国第一部系统阐释继承民族音乐传统和音乐遗产的纲领性文献，不仅有效指导了抗战时期各根据地民间音乐的搜集整理和研究工作，同时对后世发扬民族音乐优秀传统产生了深远的影响。[1]1941年秋，为祝贺郭沫若五十寿辰，吕骥决定为郭沫若的代表作长诗《凤凰涅槃》创作大型声乐作品。《凤凰涅槃》是一部既充满浪漫主义色彩又带有浓厚现实主义色彩的经典诗作，为将长诗的情感完整表达出来，吕骥采用了合唱、男女高音独唱、多声重唱、二重唱等多种声乐表现形式，以变化音旋律进行、复调手法、对比鲜明的调性变化等创作手段，营造了富于浪漫主义色彩的神话境界，体现了其在音乐创作上的纯熟技巧和探索精神。[2]同年11月，大合唱《凤凰涅槃》在延安举行的祝贺郭沫若五十寿辰音乐会上盛大演出，成为此次活动中的一件

---

[1] 周皖萍. 解读吕骥《中国民间音乐研究提纲》[J]. 柳州职业技术学院学报，2010，10（04）：98-100.

[2] 魏艳. 论吕骥大合唱《凤凰涅槃》[J]. 乐府新声（沈阳音乐学院学报），2010，28（04）：127-133.

盛事。

延安文艺座谈会之后，鲁艺师生为了更好地为群众服务、为革命斗争服务，掀起了深入生活、深入工农兵、向民间学习的热潮。在吕骥的组织领导下，鲁艺师生成立秧歌队，进一步发展了陕北民间音乐，先后创作了《拥军花鼓》《兄妹开荒》《夫妻识字》《动员起来》《牛永贵负伤》《周子山》等新秧歌剧作品，赢得了边区群众的广泛欢迎。这既是鲁艺对延安文艺座谈会"艺术为人民服务，首先为工农兵服务"指示精神的具体实践，又是其传承和发展传统民族音乐形式的新探索。在回忆延安时期的工作时，吕骥说："鲁艺音乐系在延安八年的时间，可以说进行了两方面的探索。以文艺整风为分水岭，前一阶段主要探索了音乐教育方面如何建设新的体系，这个探索是有成效的，培养了一大批有实际工作能力的干部和一批创作干部，后来大多数人成为各地区音乐工作的领导骨干和创作的主要力量。后来的三四年中，则主要在艺术创作上进行新的探索，如何利用民间艺术形式，加以改造，创造新的人民艺术，以适应广大的农村群众、新战士和干部的欣赏要求。"[1]

1945年8月14日，日本宣布无条件投降，抗日战争取得了全面胜利。同年9月19日，党中央发出指示，规定了"向北发展，向南防御"的战略方针。11月，根据中央指示，已属于延安大学一部分的鲁艺迁离延安，奔赴东北解放区。在沙可夫和吕骥带领下，鲁艺队伍首先抵达张家口，在当地开展了声势浩大的文艺宣传活动，使革命文艺在新解放区发挥了很好的宣传教育作用。1946年6月8日，在吕骥和张庚带领下，鲁艺师生继续向东北解放区挺进，经过近一个月的长途跋涉，抵达齐齐哈尔，后根据组织安排，分兵哈尔滨和佳木斯，开展宣传和土地改革工作。1947年后，为适应解放战争东北战场的新形势，鲁艺师生先后在牡丹江、佳木斯、哈尔滨、

---

[1] 吕骥. 关于鲁艺的回忆与思考[N]. 光明日报，1988-05-19.

辽南地区成立四个文工团，吕骥任文工团总团长，随第一文工团在牡丹江地区开展宣传工作，因恶劣的生活条件和长期劳累，吕骥生病咯血，但他仍带病坚持工作，指导各工作团开展创作演出，在当地戏曲团体、工厂、部队中开展文艺辅导工作。1948年1月，吕骥为配合东北局宣传部"文艺要为解放战争服务，要把为兵服务放在首位"的号召，抽调骨干力量组织起创作组，亲自带队前往东北野战军第一纵队。在"一纵"，创作组观摩了战士们苦练杀敌本领的训练场景，参加了控诉日军罪行与恶霸迫害的诉苦会，以真切的情感投入创作出《攻大城》《人民爆破手》《孤单英雄》《钢铁部队进行曲》等系列歌曲，受到战士们的喜爱，极大地鼓舞了部队的士气。特别是《钢铁部队进行曲》成为"一纵"（后转建为中国人民解放军三十八军）的军歌。5月，已回到哈尔滨的吕骥为解决当时歌曲创作较少、独立音乐工作比较薄弱的问题，筹建了东北音乐工作团，主要开展新歌曲创作及经典歌曲、东北民间音乐和管弦乐曲排练、演出。7月间，在吕骥组织下，东北音乐工作团举行了演唱革命歌曲专题音乐会，沦陷了14年的哈尔滨同胞第一次集中聆听到体现中华民族正气的豪迈歌声，在东北解放区激起了新的群众歌咏运动。1948年底，东北全境解放，东北局决定在沈阳成立"东北鲁迅文艺学院"，吕骥任院长。东北鲁艺坚持延安鲁艺的办学方向，并有新的发展。[1] 1949年5月，吕骥奉调前往北京参加第一届全国文代会筹备工作，自此开始了又一段新的征程。

1949年后，吕骥为新中国音乐事业的发展竭尽辛劳，先后担任中央音乐学院党组书记兼第一副院长，第一届、第二届、第三届中国音乐家协会主席，第四届中国音乐家协会名誉主席。通过中国音协这一在全国有广泛影响的群众性、学术性团体，全面推动了我国社会主义音乐文化事业的建设和发展。在音乐创作方面，吕骥组织词曲作家深入群众生活，开展创作

---

[1] 李业道.吕骥评传第二部分 1937-1949（下）[J].音乐研究,1997,（02）：30-37.

实践；以新作品音乐会、音乐作品评奖、全国音乐周等形式多样的活动，促进音乐创作的繁荣。在音乐表演方面，吕骥对"土洋唱法"之争作了科学论断，推动了民族传统唱法大发展；举办了独唱独奏音乐座谈会，促进独唱独奏艺术进步；挖掘培养少数民族声乐人才，让少数民族歌唱艺术绽放异彩。在音乐理论方面，吕骥先后组织创办《人民音乐》《音乐译文》《戏曲音乐》《歌曲》《音乐创作》《儿童歌曲》等刊物，打造了音乐理论研究的重要阵地；组织召开中国近现代音乐史学术讨论会，解决了认识上存在的分歧；开展了音乐美学的体系化等主题讨论，拓展音乐理论研究的深度和广度。在音乐教育方面，吕骥领导组建了中央音乐学院，确立了学院的教育目标和方针，建立了完整的教学科研体系。在民族音乐方面，他提出"为发展、创造而继承"的发展方针，引导民族音乐健康发展；组织编写《中国民间歌曲集成》，建设规模宏大的民族音乐宝库；推动中国古代音乐研究，让古琴音乐重放光彩，强化音乐考古文物保护和研究，揭示《乐记》的丰富内涵。吕骥的工作，事无巨细，涉及新中国音乐事业发展的方方面面，他无愧于新中国音乐文化事业坚强的领导者和忠实践行者。[1]

2002年1月5日，吕骥因病在北京逝世，享年92岁。

晚年的吕骥在总结自己音乐生涯时说："我的观点，集中起来，中心就是为人民。"这句话深刻概括了他一生的追求。吕骥的一生，是为人民而歌的一生。青年时期，颠沛流离的生活让他看到底层劳动人民的苦难，一心向党的他坚决在国民党的白色恐怖之下开展工作，掀起了轰轰烈烈的群众救亡歌咏运动。革命年代，他认真贯彻实施党的文艺政策，组建延安鲁艺音乐系，培养了大量音乐人才，创作了一系列传唱至今的经典佳作。中华人民共和国成立后，他将全部心血投入新中国音乐事业发展当中，为中华民族优秀音乐文化的发展和社会主义音乐事业建设作出了巨大的贡献。

---

[1] 伍雍谊. 人民音乐家吕骥传[M]. 北京：中国文联出版社，2005：53-144.

吕骥的革命实践和音乐实践对中国近现代音乐发展产生了深远影响，他不仅是中国革命音乐的奠基者，也是中国民族音乐研究和音乐教育体系化建设的开拓者，他的音乐创作始终与中国人民的命运紧密相连，他的音乐作品不仅是时代的见证，更是历史的丰碑，他的音乐思想，至今仍激励着后人继续探索音乐与人民、音乐与时代的深刻联系。

附文一：

伟大而贫弱的歌声 [1]
——一九三六年的音乐运动的结算

吕　骥

在随着北平学生运动成为全国一致的救亡运动当中，中国新音乐运动意识地开始了它底新活动。为民族解放而斗争是现代中国文化的特色，也是今年的新音乐运动之主要内容；过去的新音乐活动虽然也具有这特质，却没有这么鲜明。同时必须指出的是它底战斗性，不只因为义勇军朝廷曲，打回老家去以及其它国际歌曲在各地实际上组织了争取民族生存的战斗，而音乐会的开催，也真是凭着民众的伟大战斗力量才得实现的。杂志上发表歌曲播音团体播送歌曲常常遇到一些意外的阻碍，这就足够说明这些音乐底内容和它底力量。

所有这些事实都不是去年所能看到的。自然这些事实之形成主要地是由于敌人侵略之激化，和反×情绪之一般地高涨所致，然主观能力之增加却也是不可否认的事实。总之，不论就事实之发展和音乐作品底本身说，我们都认为较之去年有显着的进步。

虽然到我们也还看到有人怀疑新音乐之前途，并且以为一般人对新音

---

[1]　《伟大而贫弱的歌声——一九三六年的音乐运动的结算》一文由吕骥撰写，刊登在 1936 年《光明》杂志第 2 卷第 2 号。

乐之估价过高，更至于以为这种音乐只是一种具有教育意义的民众音乐，而另外还存在着睛种斥为纯正艺术的音乐。这无疑地是从一种机械论的观点所得的结论。实际上我们并不否认垧中国音乐和西洋音乐之历史价值，只不过就新音乐对于目前社会之意义，和它底广大的前途而给它以应得的地位而已。自然新音乐也还得从我们自己底或西洋音乐去学习，目前也还只有新极低的成就。不过它决不会永远停留在这阶段上是可断言的。

我们底敌人却看得很明白，他们深知新音乐具有极大的教育意义和组织能力，他们认为如果不在它还未长成之时给以极大的打击，是不会致它于死命的；要是它既已长成以后，它会唤醒全国的民众，教育着他们，组织起顽强的反抗队伍，那对于他们是太不利了，所以在过去一年中，他们以各种巧妙的手段，尽可能地直接或间接地取缔或禁止新的音乐之演奏，播音和出版。

另一方面，他们也还以更毒辣的手段，假借文化提携之名，要求我国政府命令各学校歌唱专为麻醉我们民众而作的所谓大亚细亚赞歌；更以虚伪的荣誉奖励我国作曲者离开现实的主题如浔阳渔火之类的作品。虽然他们不惜过度地称颂说浔阳渔火好到简直可以挤入欧西最高艺术作品之列，为东方文化生色不少，在我们看来，只不过是他们底一种鬼蜮伎俩而已。要是中国作曲家真正产生了忠于自己民族的战斗的新的伟大作品，怕不仅不能在他们自己底巢穴里演奏，就在我们自己国土上演奏，许也将同样地要遭受禁止吧。

虽然在敌人千方百计，威胁利诱，直接间接取缔禁止之下，新的音乐运动还是以神奇的力量获得了惊人的开展，经无数作为战士的新音乐底工作者与爱好者的坚韧不拔的努力终于结成了坚固的国际音乐阵线。那被他们认为在文化上具有伟大意义的大亚细亚赞歌并没有震动过我们底耳膜。浔阳渔火大概也因为曲高寡和，并不能在我们底国土上获得一个知音，恐怕也只能产生于异国的乐土上吧，而我们却只能产生一些作为匕首的短小的一二八，三一八，五卅等纪念歌曲。

八月间，拥有将近一千多会员的民众歌咏会在种种原因之下被迫解散，不能不说是新音乐运动遭遇到的一个严重的打击，然而新音乐运动却并不会因此停顿，这只要举出各地民众音乐运动之兴起，上海市民，学生，店员，工人，农民，妇女，儿童唱歌团体之组成的这些事实就可以证明。新的音乐运动不仅没有蒙受到损失，反而因着形式之改变，更普遍地开展了，最近各唱歌团体内与团体间举行的技术竞赛指挥和唱歌技艺研究会的成立，更说明了新音乐运动在目前有着如何调整的进展，因为只有社会要求提高以后，才有要求较高技术的需要，而较高的技术自然会获得更大的效果。而现实主义的指挥法和唱歌方法之建立正是针对着目前技术上的缺点的非常有意义的提示。

随着唱歌运动之开展，新的歌曲作者自然活动了起来，在这一年中我们不仅看到许多旧人底作品，更发现不少新作家的作品，更使人兴奋的是在许多有力的作品当中新作家的作品几乎占有二分之一的比数。在这些新的作品当中如救亡行进曲，中国你还不怒吼，不仅具有极热烈极诚挚的情感，就在技术上也是非常优秀的，从这里我们可以看到在我们新乐坛上是有着多少已经认清了他们底责任的歌曲作者在刻苦地学习，工作。这决不是那些自命为音乐天才或逃避现实的宥于旧的世界观之中的人们所能做到的。虽然从这些新的作品当中看出它底作者还缺少丰富的生活经验，对于主题之把捉和处理，表现的方法还没有十分把握，这是不难从生活中工作中获得的。

在这一年中，我们原有的歌曲作者似乎并没有作成如何惊人的成绩，虽然在上半年大家都很活动，一到下半年就不知为什么消沉了下来，尤其是近一两个月来我们简直没有看到几个反映绥远事变的歌曲，就在抵私运动当中也没有产生过有力的作品。虽然救国军歌和民众救国歌都是产生于下半年，可是跟目前严重的形势对照起来，我们就会觉得这是不够的。

在新歌曲创作活动上，除了数量太少是个很显然的缺憾以外，歌曲本身所有的缺点颇不少，一般地说，歌辞常不免概念化，公式化，不能根植于生活中；而形式之疏忽，流于累赘，冗长，这缺点是只要拿其他各国新歌曲底歌辞比较一下就很显然。而乐曲之趋于口号化，也是很明显的事实。如中华民族不会亡可是我问你，结果是枯燥无味，这可说是新音乐的最大缺点，需要作曲者以最大的自省与努力来克服的。另一方面如迷途的羔羊主题歌所表现的感伤主义，也决不是新音乐所需要的。因为它不仅没有培养唱者和听众之奋斗的情绪，反而使唱的人和听的人迷惑了在它底感伤之中而不能自拔。有一种与此相反的倾向便是见之于扮禾歌中的自然主义，它是以民歌所特有的一种由声音构成的自然主义的美把听众和歌唱者引导入一种非现实的境界中去，享受着作者所追求所创造的美，这自然也是为新音乐作者所不应当选取的一种方法。现实主义的新音乐应当指出现实社会生活的真实状态，并且肯定地指出可乐观的前途，使唱的人和听众明白他们应走的道路，快乐地一齐走上前去。自然，我们也决不是劝新歌曲作者去模仿任何过去的伟大作家底作品如从最近几张影片中所听到的歌曲那样。我们应当学习过去一切伟大的作品所有的优点，这是为了要创作我们现在所需要的新的作品。

我们底新乐坛虽然有了从事学术研究的歌曲作者协会之组织，却没有把我们底歌曲作者引导到一个平坦的大路上去，或者帮助他们克服这些严重的错误和缺点，反而一声不响地任它们留存发展了下来，不能不说是很大的憾事，可怕的羞耻。可喜的是最近又有了一个新的歌曲研究会之产生，据说他们是在刻苦地研究，学习，我们危亡他们能一扫歌曲作者协会这种容忍的风习，能更实际地从事研究并且创作出更多有力的国防歌曲作品来。

在素被鄙视的游戏场的小调歌者和无线电台滑稽播音在这一年中由于形势之转变，他们在题材的选取上也改变了过去的眼光，尽可能地抓取了国防的主题，最著名的如刘春山的被禁的一二八沪战和不时被听众要求唱的义勇军甚至于像女招待这样的日常生活题材也被他唱得和抗×有关了。记得在最后一段他指出了不要把眼光只注视着日常生活中的事件如性爱问题等因而斗意气，自相格杀，应当看清当前时局的严重性，放下私人意气，共同从事抗敌。自然在他所唱的滑稽小曲中为了要获得广大的听众不免还有一些足以减低效果的噱头，要是能够除去，效果一定更好，价值也更高。此外，如一般唱小曲者，通常也在他们所有旧材料当中加上了。一些具有教育意义的新歌曲作品。这些难得的有正义感的民众艺术家的功绩在救亡运动当中是不可忽视的，因为一般逛游戏场的民众是为一般所谓文化人所鄙弃的，而他们却正是从时调，滑稽小曲中接受教育。

当四月间提出国防音乐之时，同时就有人提到了改编方言小调这问题，到现在我们还只看到揆绥五更调，工人自汉弹词国难记开篇等适用于少数地方的少数作品，无疑地这一年当中在这一方面留下了难以填补的空白。

所有表现于各方面的错误和缺点都说明了理论建设之不够。自然，这是由于大家过去还没有这种要求之故，所以一晌被忽视了；可是当实践走到需要理论来指导的时候，就不免忙乱了起来。最近在本刊一卷十一号上所看到的沙梅先生的新型音乐的体认，就是这现象之最好的说明。

新音乐的理论建立之开始，远在前年穆华先生和汀石先生的一场笔战，自然那时候的理论是粗疏极了。不过在那场笔战中，穆华先生已提出了他对于过去西洋音乐的认识和建设中国新音乐的意见。去年一年在理论方面是沉默着，没有什么论争，也没有积极的建设文字。今年一开头就在生活知识上看到一些零碎的关于新音乐的短论，在到四月间"国际文学""国际戏剧"讨论，争辩开始后，作为新音乐之中心问题的国防音乐问题才开始被理论地提出讨论了。后来在读书生活上也有一篇关于国防音乐的文字，光明也发表了两篇关于新音乐的论文。虽然表面上比较去年热闹一点，实际上这是贫弱得可怜，粗疏得可怜，实在说不上有系统的理论。

表现在沙梅先生那篇文字中的错误和缺点更使我们觉得遗憾。这错误我们在任光先生底近作如迷途的羔羊之配音音乐和狼山冼星海先生最近作的一些抒情歌曲当中，也找到同样的反映，这决不是偶然的事情。这里我们不能详细论列，只能作一简单的批判。

显然地沙梅先生所说及的意大利的鲁索罗的管弦音乐就是音乐中达达主义的产物，而克里斯顿底钢琴曲也只是在 A.Schornberg 影响之下的超现实主义的无调性音乐。无论如何，我们决不能把作为古典主义，浪漫主义以及表现主义之反动的超现实主义的新音乐跟现实主义的新音乐混为一谈，而不加以辨别。虽然我们反对过去一切的创作方法，却不能因此不加思考地接受任何新的创作方法，如向堡尔格所提倡的超现实主义的或鲁索罗所提倡的达达主义的创作方法。

沙梅先生还有一个严重的错误是把新的音乐监禁到一个非常狭小的牢笼中去了，这不仅把新音乐活动范围取消地缩小了，同时也把新音乐底内容简单化了，和对于旧音乐的战斗原始化了，这是非常危险的，要是我们不突破沙梅先生所加给新音乐的桎梏，新音乐将不到明天就要战败，死亡了。

前述的任光先生和冼星海先生底那些作品就是这一错误的理论之形象的表现。我们不仅在欧美资本主义音乐作品中找到同样的例证，就在苏联也出现过这样的事实，真理报社论给予他们底作曲家 Shostakovsky 的批评和剧作家 Olesha 等人底论形式主义，正是他们对于这一倾向的批判和检讨。

我们并不反对新音乐作家用新材料通过新的创作方法去创造我们现在所需要的新的作品，可是我们反对以左倾幼稚的混乱来代替现实的人类的音乐。我们并不反对新的和声之创造，但我们应当是挚诚的，必需采用对于我们自己极其自然而且要为我们底听众所能懂得的语言（和声）如 A.E.HULL 在近代和声学里所说的那样。

无论在理论上，创作上或民众音乐推进上我们都没有精练的强有力的战士，而只让那些幼稚的学徒在工作。国立音乐专科学校广州音乐院和其它美术专门学校的音乐系教授和学生在这一年中一直是保持着镇静沉默的态度。作为国内唯一有力的音乐杂志音乐教育也不会人事对于中国的新音乐运动应有的努力和工作。倒是一些一般的刊物如生活知识读书生活，永生和文艺刊物光明等给了新音乐运动以不少的帮助，尤其是前者的国防音乐特辑之划出更给了国防音乐运动以不小的推动。而最近中苏文化的苏联文艺上形式主义论战的特辑和□青年上 HEisler 底音乐底危机一文之介绍在理论上对于中国新音乐的建设也有很大的帮助。

站在一九三六和一九三七年的分水岭上，我们看到昨天的工作贫弱得如何可怜，可是我们相信那不是徒然的，至少，我们已经意识地开始走上了我们自己底道路。明天的战斗虽然要更甚于昨天一百倍，我们也决不气馁，因为我们已经明白我们底命运，只有在艰苦的战斗里才能获得更顽强的生命。我们不是空想主义者，徒然把一切美梦放在飘渺的未来；我们是现实主义者准备着自己底能力来参加明天的战斗，即使我们今天只有着贫弱的歌声，却坚决地相信明天会有着健康的伟大的音乐震动着世界。

一九三六年十二月三日

本文写得很匆忙，材料也很少，所以只就新音乐运动作了一个简单的结算，要把它当作全部音乐活动之一年的清算是不够的，正因为是以新音乐运动为中心，所以批评的论点不免窄狭一点，严格地说来，对于目前是不很贴切，请读者以批判的态度来读它。 作者附志

附文二：

中国新音乐的展望[1]

吕 骥

由进步的电影如大路桃李劫风云儿女，新女性等所提出的一些歌曲作品，使进行得迟缓的中国音乐加速了它底速度，并且转变了一个完全新的方向；中国音乐到这时候是进到了一个新的阶段。这不仅是说这些歌曲本身具有一种新的内容和新的技巧，更重要的是从此中国音乐从享乐的，消遣的，麻醉的园野中顽强地获得了她新的生命；以健强的，活泼的步伐走入了广大的进步的群众中，参加了他们底生活，以至于成为了他们战斗的武器。无疑的，这是中国音乐发展过程中的一个飞跃。

在这以前，当民国十五六年的时候，虽然也有人介绍了一些世界新的歌曲进来，因为那时候还没有客观上的准备，所以中国新音乐并不会因这些新的激刺而萌芽。那种新的歌曲虽然不久受到外力的压迫不能任人高声地歌唱，却潜伏着在一些年青人的心里，它已经成为中国新音乐的种子，只等着萌芽的春天。

九一八，一二八事变以后，也曾产生了一些具有新的面貌的歌曲，不过并没有发展下去，不久就消沉了，停顿了。因为那些作者对于音乐本身并没有一种新的认识，同时又远离开群众底生活。他们对于当时的群众生

---

[1] 《中国新音乐的展望》一文由吕骥撰写，刊登在1936年8月10日《光明》杂志第1卷第5号。

活和社会情况都只有些模糊的认识，表面的理解，更不曾打算要随着群众走到时代的前面去，所以他们只能汲取一些狭义的爱国主义的主题，没有进一步开展到群众生活中心去，自然作不出表现他们底生活，思想，情感，适应他们底要求的歌曲；因此，他们没有获得新的工作，也不能使他们底工作发展到一条新的道路上去当他们即经把那些狭义的主题为完之后，就感到材料的枯竭，同时对于他们那狭隘的工作也感到厌倦，这必然引导他们后来走向消沉，停顿的终结。

那时期的一些作品里面，歌词多不是口语的，不容易听懂，歌词作者也没有用一种新的创作方法去把握新的主题的中心，这使他们不能把某种特定的思想或情感予以强调，发挥主题的积极性，自然这是使得那些歌曲不能成为有力的作品的一个主要原因；而另一方面，作曲者也没有从这些歌词的本身去寻求一种新的表现方法，依然是拿旧有的技巧和传统的表现手法从事制作。因此，一般地说来，这些歌曲在精神上并没有跟一切其它旧有的音乐不同的地方，虽然主题的内容具有完全不同的质素。它们依然保有为一般群众不能达到的较高的技巧，也依然保有为大多数人完全不熟习的风格。所以虽然他们也曾企图使他们底作品走到广大的群众中去，结果还是飘流在群众的外面，这原因是群众不能改变他们底生活习惯，观念和情感，来适应他们所创制的歌曲。

在这样的情形之下，这些可敬的作者底努力是白费了，主要地是因为他们底新的工作没有获得更深的社会基础，命定地不能获得发展的前途；因此也没有转换中国音乐旧有的道路，所以我们看到当九一八，一二八事变在时间上渐渐远离我们，当时所受的刺激渐渐淡下来，这些工作画过他们底一份责任以后，就渐渐地消沉下来了。而中国新音乐的产生就不得不再等待几年。

新的音乐之诞生，首先就遭受到各种反对论者底轻蔑，毁谤，他们也常用一种冷笑加以攻击。对于这些可笑的行为我们是毫不惊奇的，一种新的变革之出现，常是遭受着旧有传统势力底无情的轻蔑，毁谤和攻击的事实，我们从历史上看得太熟了，如 Monterde.Rumoon，Berlioz，Wagner，不过这些把戏底重演是第一次出现在中国乐坛无疑地这些轻蔑，毁谤，和攻击都将成为滑稽的悲剧而收场，并不能影响到新音乐之发展。事实上新音乐并没有因此而消灭，反而一天一天获得更多的歌唱的人，一天一天更广遍地传播开去，一直到成了千万人的歌声。

这决定的胜利主要地存在于新音乐不是作为发抒个人底情感而创造的，更不是凭了什么神秘的灵感而唱出的上界的语言，而是作为争取大众解放的武器，表现，反映大众生活，思想，情感的一种手段，更负担起唤醒，教育，组织大众底使命。因此，它放弃了那些感伤的，恋爱的题材，同时也走出了狭义的民族主义的圈套，从广大的群众生活中获得了无限新的题材，从打砖歌，打桩歌，码头工人歌，打长江，义勇军朝廷曲到搬无歌，扮禾歌，渔光曲以至于牧童歌，这是有着如何广大的画面，这些歌曲不仅写出了各种生活的正确姿态，更把各种生活底要求传达到了无数歌唱者和无数听众之前。另一方面，在参加争取民族解放斗争中新音乐也产生了不少的歌曲，如一二八纪念歌，三八妇女节歌，三一八纪念歌，五卅纪念歌，示威歌，救亡进曲，民族解放朝廷曲，战歌，这些歌曲更明白地指出了整个民族解放运动的前途，和我们应当采取的道路，在这漫长的行进当中，这些新的歌曲是作为统一大众的步伐，组织大众底阵线，教育大众，鼓励大众，而被大众接受了的。显然跟那些有意或无意避开现实生活，而只讴歌个人底理想和情爱，欢乐或忧伤；或为了想逃避现实的苦闷而到历史的坟墓里去追求已死的幻梦的音乐有着完全两样的内容和意义。

新的音乐之产生不仅在于歌曲作者对于音乐本身具有和传统观念不同的看法，也不仅在于作者对于音乐本身的新的看法所获得无限的新题材，实际上，他们对于形式也具有新的认识，表现的方法也完全脱离了旧的传统。一般为传统的思想所征服的作曲家对于歌曲常抱有一种可笑的见解，以为一首普遍歌曲如果没有具有他们从教科书上所学过的严格的形式决不可以成为歌曲；他们决不会从一首歌词本身去发现它所特有的形式，对于自由体，他们承认了只是少数天才从事艺术歌曲创作时所享有的特权。新音乐作者虽然反对死板的形式，却并不否认形式本身之存在，他们承认形式只是达到艺术最高目的最经济的手段，所以他们底作品都没有千篇一律的固定的形式，却并不是没有形式，他们也不承认有什么艺术歌曲与非艺术歌曲的存在，只要某种形式能达到艺术的最高目的，就采取某种形式。在这伟大的解放之下，新音乐获得了无限的自由，因此能充分地表现出它优越的才能。

由于新音乐作者底世界观和对于音乐本身之新的认识，以及对于题材的选取使他们在创作方法上也有了改变。虽然现在全部新音乐只包含有不多的歌曲，但在这不多的歌曲之中已经显露了一种牧民的精神，这是在历史上任何作家中所不曾见过的。既不像古典主义者一样，如 Mozart 或 Brahms 企求使他们底作品如何典雅，如何庄严；也不像浪漫主义者一样，如 Schubert 或 Schumann 要想造成一个崇高的境界，也不像印象主义者一样，如 Debussy 追求于瞬间所感受的美，也不像旧写实主义者一样，如 R.Strauss 只作一种纤细的心理的刻画；它们是热情的，然而不是盲目的；它也能给你一个境界，然而并不是不可及地崇高的；是明白易懂的，却又不是庸俗的；是有力的，却又不是狂暴的；它能使你感到这时代活跃的律动，使你愉快地随着这律动而前进；是现实的，鼓励的，具有教育意义的，在这些地方却和现代的 Davidenko Kniper, Beley, Szabo 等人底作品有一种共通精神，无疑地在这共通精神的后面存了一个共通的世界观和反映着世界观在他们作品之中的共通创作方法这新的创作方法在苏联是被称作新写实主义，（或译现实主义），在中国新乐坛虽然还没有理论基础的建立，而只是由进步的作者在制作实践中获得的，但我们相信它会随着新音乐的发展坚固地建立起来，也相信只有运用这新的创作方法才能建立中国新音乐强固的基础，才能获得未来更大的胜利。

然而这并不是说中国新音乐就没有缺点，正相反，我们觉得它还具有很重大的缺点，不过决不是如浅薄的技术论者所指摘的新音乐没有和声伴奏。固然，现在存在的中国新音乐大多数是没有伴奏的，我们却并不以为这是怎么严重的缺点，我们所说的缺点是由于另一事实构成的。

虽然中国新的语文运动已经有了一年多的历史，各地方言也成立了好几个有系统的方案，可是新的音乐跟这伟大的语文运动没有好好地联系起来，所以新的语文运动已经打进了工厂，农村无数文盲群众中，而新音乐依然只流行在学生，店员和少数已有较高教育的工农群众中，大多数说着江北话和别地方言的工农群众对于新音乐完全是陌生的，甚至于还有些疑惧。这将不仅是由于语言的不同所致成的，音乐本身和他们底生活形态的悬殊，也使他们彼此不能很快地熟悉；可是另一方面却看到有无数的工农群众依然是在一些为他们所熟悉的有毒害的地方戏底音乐和小调的影响之下，因此，目前对于大多数工农群众，新音乐运动不能不把一大部份力量致力于整理，必编民歌的工作，不过我们更需要的还是用各地方言和各地特有的音乐方言制作的"民族形式，救亡内容"的新歌曲我们不要忘了，如果新音乐不能走进大多数工农群众底生活中去，就决不能成为解放他们的武器，也决不能使他们成为民族解放运动的主要力量。可是如果我们底新音乐不能克服上述两个缺点，就决不能走进他们生活中去，所以如果要使新音乐成为解放他们的武器，目前就必须从事于各地民歌的改编和"民族形式，救亡内容"的新歌曲之创制。

中国新音乐运动的兴起是随着新的电影文化之兴起而兴起的，几乎可以说不是自觉的，可是它已经一步一步地自觉地成长起来，现在已经完全脱离了电影而有了它底单独活动，这只要看近来各地唱歌运动的兴起，和歌曲作品数量的增加就可以明白。当它随着大众参加了民族解放运动以后更迅速地随着全国民众争取民族解放的战线一同强固起来了。

随着其它文艺部门共同负担着国防使命，新乐坛也提出了"国防音乐"

的建立问题。国防音乐的提出，具体地规定了新音乐在这一阶段中的主要课题，同时也决定地影响了它底道路。使它更坚定地参加民族解放运动的战斗，这可说是自它脱离电影以后，意识地开始它自己底活动的一个起点，无疑地这是中国新音乐运动开始以后的一个转变点。对于历史所课给新音乐的这一课题，新的歌曲作者马上提出了他们底一些作品；缺憾的是在理论方面没有广遍地展开更深的讨论。我们知道只有透彻地了解了一种理论以后，才能保证在实践中收得更大的效果，也唯有从事理论的研究和讨论，才能获得实践的正确指导，才能纠正实践中的错误。所以如果要建立起强固的国防音乐阵线，还应当重新广大地展开国防音乐之理论与实践的讨论。

前面我说过，"如果新音乐（目前尤其是国防音乐）不能走进工农群众生活中去。就决不能成为解放他们的武器，也决不能使他们成为民族解放运动的主要力量"。可是国防音乐决不会自己走进他们生活中去，这就需要许多传播的人和传播的唱歌队，以及无数工农商学兵妇女儿童唱歌队的组织者和指挥者。现在在少数大都市虽然有了一些能负担起这伟大的工作的传播者，唱歌队，指挥或组织者，但太少了这必须每个不愿做亡国奴的，能够唱歌，有组织能力的人都来参加这工作，才能保证最后的胜利。

在整个世界新音乐运动中，中国新音乐运动也是主要的一环，虽然在音乐技术上落后得很远，但在民族解放运动实践中它已经毫无畏缩地负担了它应负的重担。从它底发生到现在虽只有两年短促的历史，在这两年当中已经显示了它伟大的才能，同时也选取了它未来的道路。从这里我们坚决地相信，中国新音乐只有成为大人解放自己的武器，在反抗××帝国主义的侵略，争取民族的生存和独立的战斗中才能获得它发展的前途，也只有在这样的发展路线中才能克服一切反对势力——攻击和压迫——坚强地长成起来。

一九三六年七月四日

附曲一：

武装保卫山西[1]

1=G 2/4

词：白炎 曲：吕骥

‖: 5.　6 | 5.　3　1　0 | i　i　2 | 3.　3　3　2 |

起　来，同胞们！起来和鬼子们
起　来，同胞们！起来和鬼子们

i　0　i　2　2 | 3　i.　2　5　6 | 3　0　5 |

拼！他炸毁我们的工　　厂，他
拼！他炸死我们的父　　母，他

i　i　i | 6.　5　3　— | 2　0 :‖

炸毁我们的家　　庭。
炸死我们的弟　　兄。

3.　3　3　0 | 3.　3　3　0 | 3.　3　3　2 | i　2　0 |

只有战，只有拼，才能死里逃生，

3.　3　3　0 | 3.　3　3　0 | 3.　3　i | 2　i　0 :‖

只有战，只有拼，才能死里逃生，

---

[1] 《武装保卫山西》是吕骥于1937年在太原所谱曲的歌曲作品。

$\|: \underline{5\cdot\ 6} \mid \underline{5\cdot\ 3}\ \underline{1\ 0} \mid \underline{1\ 1}\ \underline{2} \mid \underline{3\cdot\ 3}\ \underline{3\ 2} \mid$

起 来，同 胞 们！ 起 来 和 鬼 子 们
起 来，同 胞 们！ 起 来 和 鬼 子 们

$\underline{1\ 0}\ \underline{1} \mid \underline{2\ 2} \mid \underline{3}\ \underline{1\cdot\ 2} \mid \underline{5\ 6}\ \underline{3\ 0}\ 5 \mid$

拼！ 他 杀 死 我 们 的 姐 妹。 他
拼！ 他 强 占 我 们 的 大 同。 他

$\underline{1}\ \underline{1} \mid \underline{1}\ \underline{6\cdot\ 5}\ 3 - \mid 2\ 0 :\|$

杀 死 我 们 的 妻 儿。
强 占 我 们 的 太 原。

$\underline{3\cdot\ 3}\ \underline{3\ 0} \mid \underline{3\cdot\ 3}\ \underline{3\ 0} \mid \underline{3\cdot\ 3}\ \underline{3\ 2} \mid \underline{1\ 2}\ 0 \mid$

只 有 战， 只 有 拼， 才 能 死 里 逃 生，

$\underline{3\cdot\ 3}\ \underline{3\ 0} \mid \underline{3\cdot\ 3}\ \underline{3\ 0} \mid \underline{3\cdot\ 3}\ \underline{3\ 1} \mid \underline{2\ 1}\ 0 \mid$

只 有 战， 只 有 拼， 才 能 死 里 逃 生，

$\underline{1\ 1}\ \underline{2} \mid \underline{1\cdot\ 5}\ \underline{6\ 5} \mid \underline{6\cdot\ 5}\ \underline{6\ 5} \mid \underline{6\cdot\ 5}\ \underline{6\ 5} \mid$

拿 起 那 一 切 武 器 镰 刀 斧 头， 剪 刀 锄 头，

$\underline{3\cdot\ 5}\ \underline{6\ 5} \mid \underline{1\ 1}\ \underline{0\ 1} \mid \underline{2\ 2} \mid \underline{3\cdot\ 2}\ \underline{1\ 2} \mid$

鸟 枪 铁 尺 土 炮， 来 保 卫 我 们 父 母

$\underline{3}\cdot \underline{\dot{2}}\ \underline{\dot{1}}\ \dot{2}\ |\ \underline{3}\cdot \underline{\dot{2}}\ \underline{\dot{1}}\ \dot{2}\ |\ \underline{3}\cdot \underline{\dot{2}}\ \underline{\dot{1}}\ \dot{2}\ |\ 0\ 0\ |$

姐 妹 兄 弟， 生 命 财 产， 田 园 土 地，

$\dot{1}\ \dot{2}\ |\ \underline{\dot{1}\ 3}\cdot\ |\ \dot{2}\ -\ |\ \dot{1}\ 0\ \|$

武 装 保 卫 山 西。

附曲二：

华北联大校歌[1]

1=C 2/4　　　　　　　　　　　　　词：成仿吾　曲：吕骥

壮大的进行曲速度

i. i | 5　3. 2 | 1　3 | 5. i |
跨　过　祖　国　的　万　水　千

3　2. 2 | 2. 3 | 7. 6 7 i | 2　2 |
山，突破敌　人　一　层层的封锁

5　— | 3　3 | 2　1. 3　5 | i. 7 6 6 |
线　民族的儿女们，联合起来！

0　7. i | 2　2 | 3 | 5. 5 6 5 | i　— |
　到　敌　后　方　开　展　国　防　教

ff

i　0 | 5. 5　3 1 | i 6 i | 3　— |
育　为了坚持华北的抗

[1] 《华北联大校歌》是吕骥于1939年在晋察冀边区所谱曲的歌曲作品。

战，同志们我们团结，我们前进，我们刻苦，我们坚定。国土要收复，人民要自由新社会的创造，要我们担任。努力学习革命的理论，培养我们革命的品质，我们誓死决不妥协投降，战斗啊胜利就在明天！

马可：为人民而歌的一生

马可（1918年6月—1976年7月），江苏徐州人，作曲家。1935年在河南大学化学系学习，参加"一二·九"运动，后在冼星海感召下从事抗日宣传工作。1940年进延安鲁艺学习，1945年参加歌剧《白毛女》创作和演出。解放战争时期赴东北解放区工作。中华人民共和国成立后，历任中央戏剧学院音乐室主任、歌剧系主任，中国音乐学院副院长兼中国歌舞剧院院长，中国音协常务理事等。

1918年，马可出生于江苏徐州一个基督教徒家庭，是家中的幼子。5岁时，父亲不幸染病去世，家庭的重担全压在母亲身上。但在哥哥和两个姐姐的呵护下，马可得以健康成长，在教会办的基督保罗小学读书。马可受家人影响，自幼对音乐有浓厚兴趣。小学毕业后，进入徐州培正中学学习，在音乐老师刘乐夫的培养下，马可学习了笛子、二胡等民族乐器，完成了最初的音乐启蒙。1932年，马可读高中，他刻苦努力，成绩优异，特别是受到化学老师的影响，对化学课程产生浓厚兴趣，甚至在家中搭建了简易的实验室开展研究，立志成为化学家，以知识改变国家的落后。1935年，马可顺利考入河南大学化学系，开启了人生新征程。[1]

1935年，日本侵略者将魔爪伸向华北，策动华北五省"防共自治运动"，激起全国人民的愤怒。12月9日，北平数千大中学生走上街头，举行大规

---

[1] 肖波. 人生之歌[M]. 南京：江苏人民出版社，2018：6-30.

模的抗日救亡示威游行，反对"华北自治"，要求国民党当局停止内战，一致对外，"一二·九"抗日救亡运动就此爆发。抗日救亡浪潮波及中原大地，同样波及河南大学所在地——古都开封。12月13日，河南省立水利工程专门学校首先向全国发出通电，声援北平"一二·九"运动。12月23日，河南大学的爱国学生隆重集会，反对当局的卖国行为。此时，已开始大学生活的马可抱着知识救国的理想，认真学习相关课程，同时随时关注时局变化，国土沦丧和当局者的无能，激起他的愤慨。当抗日救国运动怒潮涌入河南大学时，马可毅然随同学们走出校园，冲上街头，前往鼓楼西侧的省政府示威抗议，他们高喊口号，打倒日本狗！反对防共自治运动！反对卖国的外交政策！立即停止内战！用武力保卫华北！然而，省政府大门关闭，戒备森严。26日，开封万余名学生决意直接去南京请愿，马可跟随示威队伍涌向南关火车站，当局早有防备，火车早已被清空。学生决定占领车站，躺卧铁轨，用肉体切断陇海线，迫使政府接受请求。寒冷的雪夜中，学生们组织起来高唱抗日救亡歌曲，《五月的鲜花》《马赛曲》《保卫马德里》《毕业歌》，怒吼的歌声一浪高过一浪，马可更感受到音乐的力量。三天后，陇海铁路的瘫痪引起当局恐慌，派官员与学生谈判，并诱骗学生只要回到校园便答应要求。学生撤离后，当局的承诺成为一纸空谈。[1] 请愿失败后，马可带着满腔怒火、带着救国未酬的抱负，更加刻苦地投入学业，想以自己的努力来改变国家落后挨打的局面。回想卧轨请愿当晚高昂歌声所起到的巨大力量，马可开始利用课余时间在图书馆自学《音乐入门》《作曲法》等，并创作音乐作品，以抒发抗日救国的志向，他将自己的习作集合成一册，取名《牙牙集》。

1937年7月7日，日本侵略者悍然发动卢沟桥事变，全面抗战爆发。此时，正在家中放暑假的马可听闻学校即将停课，连夜从徐州赶往学校，

---

[1] 马可——从化学实验室走出的音乐家[N]. 光明日报，2003/08/07.

化学家之梦断了，开封处于风雨飘摇之中，学校正常开课遥遥无期，马可陷入深深的苦恼。他重新审视自己的理想，深知即便在化学上有所成就，也无法改变当下国家山河破碎、人民遭受凌辱的局面。马可决定以满腔爱国热忱投入抗日救国，他想到以音乐为武器，用歌声唤醒民众，唱响中华民族的不屈意志。在马可的感召下，一群爱好音乐的同学成立了歌咏队，他们决定走出校园，走向工厂，走向田间，作宣传抗日的先锋队。马可将歌咏队命名为怒吼歌咏队。正在怒吼歌咏队紧张排练之际，上海救亡演剧二队经沪宁线、陇海线奔赴武汉，沿途开展抗日宣传，9月4日抵达开封，并决定在当地开展演出活动，其中便有大名鼎鼎的音乐家冼星海。获知消息的马可第一时间前往演剧二队下榻的"中央旅社"与冼星海见面，两人一见如故，并相约在河南大学演出。几日后，演剧二队来到河南大学，冼星海认真聆听了怒吼歌咏队的演唱，并给予悉心指导，这让歌咏队全体成员深感振奋。随后，在怒吼歌咏队协助下，演剧二队在河南大学大礼堂举行了为期数天的救亡歌咏大会，抗日的歌声响彻整个开封，马可与冼星海也结成亦师亦友的深厚情谊。演剧二队临行前，马可将自己的歌曲集《牙牙集》慎重交予冼星海，请他指导。冼星海对马可的创作作了肯定，并修改了其中的一首二声部合唱曲《保卫我们的平津》。冼星海语重心长地对马可说，你们每个人都能作曲，你们在这个伟大的时代，感到情绪上难以压抑，你们就用音乐表现出来吧。在与冼星海短暂的接触中，马可感受到了伟大音乐家的人格魅力，感受到了如烈火一般炙热的爱国热情。在冼星海的指引下，马可投入新的征程中。[1]

1937年末，华北战事危及开封，马可率领怒吼歌咏队与河南大学大众剧社、开封青年会剧团、开封平津流亡同学会的进步学生组成河南省抗敌后援会巡回话剧第三队，向豫西南挺进，开展抗日救亡巡回宣传。1938年，

---

[1] 葛晓枫. 马可的创作生涯及其艺术成就[J]. 连云港师范高等专科学校学报，2002，（04）：39-40.

他们先后在南召、镇平、邓县、新野、唐河、泌阳等地宣传演出，在确山县竹沟新四军第四支队第八团留守处聆听了彭雪枫做的《抗日民族统一战线工作》形势报告，并为当地军民演出，最后回到河南大学南迁后的落脚地洛阳市栾川县潭头镇。半年多时间里，巡回三队足迹遍及20多个县镇，演出了100多场歌咏和戏剧，同时帮助当地组织起歌咏队和话剧团，将抗战的声音传遍了豫西南。马可在演出的同时，创作了数十首抗战歌曲，《保卫南阳》《白沙河畔》《游击战歌》《江水红》《伏牛山下》等这一时期创作的作品广泛流传。[1] 在巡回演出中，马可的思想意识有了进一步提升，他回忆说，卢沟桥的炮声响起来了，这炮声震醒了每一个中国人的睡梦，好多事情都在战时的非常状态之下发展着。而我，也在一个偶然的际遇下一跃而为"青年作曲家"，随着一群好朋友组织的救亡团体到乡下去做流动宣传的工作。……有好多朋友替我惋惜，说我不该抛掉用功的好学生不做，居然唱了两年戏——我十分明白这个，而且我也承认，这两年之间不独我没有一点学业上的进步反而忘掉了许多。我和从前的同班比，是落伍了，退步了，可是我更明白，这两年我毕竟不是白跑了的，我有一件重要的收获，这收获足以补偿这两年的损失而有余，那就是，我认识了那些真正的国家主人翁，但同时却是被压榨着的劳苦大众……[2] 此时的马可，向往着更加广阔的战斗阵地，向往着更加有力的宣传队伍。

为了实现自己的心愿，马可和队友晏甬找到了时任国民政府军委会政治部第三厅戏剧科科长洪深，希望巡回三队能加入政治部三厅成立的演剧队。经洪深介绍，几经辗转，终于收到了政治部三厅批准接受的消息，1938年8月，巡回三队的部分成员集中于武汉昙华林，被编为政治部三厅抗敌演剧第十队。在武汉的马可除了再次接受恩师冼星海的指教，还在演

---

[1] 贺志凌.为革命献歌为人民作乐——纪念革命音乐家马可先生[J].乐府新声（沈阳音乐学院学报），2020，38（01）：28.

[2] 肖波.人生之歌[M].南京：江苏人民出版社，2018：70.

剧队授旗仪式上见到了周恩来、郭沫若、田汉，这让他更加坚定了用歌声唤醒民众、用音乐抵抗敌人的决心。经过短暂训练后，1938年9月8日，演剧十队整装出发，在洪深的带领下前往一战区河南洛阳，为抗日将士和民众演出。[1]带着满腔热忱、抱着必死的信念，马可和演剧十队的成员们本想将歌声带到抗战的第一线，以激励前线将士，却受到各种不公待遇，马可也遇到了人生的至暗时刻。他们欲渡过黄河前往战斗前线演出，但被一战区政治部阻拦，后在斡旋下得以成行。在前线的演出中，被禁止演唱《守黄河》《在太行山上》等歌曲。在洛阳，他们受到一战区政治部的严密监视，有的队员被加以"赤匪""逆党""左倾分子"罪名，有的被关禁闭室，有的被武装羁押，有的甚至被开除出队。再后来，严禁他们歌唱抗战歌曲，演出抗战戏剧。枪口下的演剧十队生活使马可悲愤交加——大敌当前，抗日救国志向没办法实现，队友却在怀疑诬陷中一个个倒下，理想志向实现之路究竟在何方？此间，他数次接到已到达延安的冼星海的来信，信中除了鼓励马可继续创作，也向他描绘了延安和鲁艺的情况，这让马可更加向往革命圣地。恰在此时，已被开除出队的晏甬从西安归来，在晏甬的启发下，马可决定离开黑暗的一战区，前往二战区的山西牺盟总会。[2]1939年8月28日，在特务的严密监视下，马可以外出演出的名义机智逃脱，辗转西安到达牺盟总会所在地陕西秋林镇下葫芦村。此时的牺盟会正处于危急时刻，阎锡山开始迎合国民党的反共高潮，从联共抗日转向破坏国共合作、分裂统一战线之路。

在不利局面下，马可仍坚持创作，他受吕梁山抗日英雄事迹启发，与旧友周军配合，完成了组歌《吕梁山大合唱》。1939年12月初，阎锡山发动旨在消灭牺盟会的晋西事变，情况更加危急，12月18日，马可再次收到

---

[1] 晏甬. 我所认识的马可[J]. 人民音乐, 1998, (11): 13.
[2] 肖波. 人生之歌[M]. 南京：江苏人民出版社, 2018: 88-119.

冼星海寄来的信，他下定决心，与妻子结伴奔赴革命圣地延安。[1]

1940年初，马可与妻子几经辗转来到延安。他以优异的成绩进入了鲁迅艺术学院，任冼星海助教。在鲁艺的最初时光里，他与恩师冼星海朝夕相处，聆听其教诲，思想认识和音乐创作水平都有了极大提升。7月，按照组织安排，马可前往陇东华池镇，任边区民众剧团音乐教员，学习陕北民间音乐。起初，马可对组织的这一安排是有想法的，他认为作为艺术圣殿的鲁艺才是学习的理想地，外出工作既牺牲学业又耽误业务水平精进，同时在心里轻视民间艺术，认为郿鄠、秦腔只是摆地摊清唱的曲子戏，难登大雅之堂，他仅把此次工作视作"服苦役"。然而，在随民众剧团演出和采风的过程中，马可悄然改变了自己的想法。他感受到群众对当地民间艺术的热爱，每到一个村庄，当地百姓都蜂拥而至，热情款待剧团成员，将家中的鸡蛋、花生、红枣全部奉献出来。到了夜晚，剧团与当地百姓共同演出，生动活泼的《张生戏鸳鸯》，催人泪下的《乾隆十六年》，诙谐幽默的《秃子尿床》，凄美缠绵的《走西口》，爽心畅怀的《穷人都拥护毛主席》在村中唱响，连绵不绝。马可感受到了民间音乐的魅力，它们或清晰明朗，或奔放高亢，或优美抒情，或旋律舒畅，其中蕴含着丰富的艺术养分。他想起了冼星海的要求，音乐工作者要走向民间、研究民歌，想起了鲁艺领导的要求，剧团成员要吃苦耐劳与百姓同甘共苦，他慢慢放下"艺术家"的架子，与剧团同吃同住同劳动，虚心向当地群众、向剧团的老艺人请教，学唱地方戏曲，学习地方方言，积累了大量民间艺术曲牌素材和技巧，这也成为马可后来开展音乐创作的重要资源。在完成音乐教员工作后，马可还常常自行前往民众剧团，交流音乐知识、切磋演出技巧。[2]12月底回到鲁艺后，马可在吕骥指导下，将鲁艺、华北联大师生从山西、河北、陕北、

---

[1] 马海星.马可在河南大学的前前后后[J].河南大学学报（哲学社会科学版），1984，（05）：48.

[2] 肖波.人生之歌[M].南京：江苏人民出版社，2018：157-162.

陇东等地采集回来的大量民歌整理成册,其中即有他创编的《肃清亲日派》《张二嫂养娃娃》《中国一只船》《纺车歌》等作品。

就在马可醉心于民间艺术的时候,延安文艺座谈会的召开进一步为文艺工作者指明了前进的方向。1942年5月30日,毛泽东亲临鲁艺所在地桥儿沟,向鲁艺师生介绍延安文艺座谈会的情况,毛泽东在讲话中强调,文艺工作者应服从于政治,要面向工农兵,首先为工农兵服务;他提出了文艺提高和普及的关系,普及是向工农兵普及,提高是从工农兵中提高;他鼓励鲁艺的师生要自觉走出"小鲁艺"走进"大鲁艺",走进工厂、农村、连队,努力创作人民大众喜闻乐见的优秀作品。毛泽东主席的讲话犹如一盏明灯,照亮了马可艺术创作前行之路,马可明确了艺术创作的目的和方法,更加坚定了为人民创作的信心。当晚,马可难以抑制心中的激动,连夜为贺敬之的诗作《毛泽东之歌》谱曲,表达对领袖的敬仰和爱戴。延安文艺座谈会的召开使鲁艺的艺术创作焕然一新,马可与安波、刘炽、关鹤童、张鲁组成了小团体,他们在工作中有意挖掘整理郿鄠、道情等民间戏剧,推动音乐艺术的民族化、大众化发展。1942年7月,在安波的统筹下,他们为抗战五周年创作了反映边区生活、具有地方风格的民歌联唱套曲《七月里在边区》,获得了边区政府的赞许和奖励。其中,马可创作的《纪念碑》即运用了板胡、三弦、鼓、钹、锣等民族乐器,以陕北民歌独有的悲怆和激昂,控诉敌人的残暴罪行,缅怀抗日阵亡将士。[1]

1943年春节刚过,组织派遣马可、贺敬之等鲁艺师生前往南泥湾采风,搜集创作素材。对马可来说,南泥湾并不陌生,三年前他前往延安的路上,就与南泥湾擦肩而过。听带路的老乡讲,此地荆棘密布、沟壑纵横、荒无人烟。到达南泥湾时,他被眼前的景象所震撼,想象中的穷山恶水已不存在,有的是整齐的一孔孔窑洞,有的是生机勃勃的层层梯田,有的是墙上

---

[1] 梁茂春.七月边区七十年——纪念《七月里在边区》诞生七十周年[J].歌唱艺术,2012,(07):25-26.

所写标语"把南泥湾变成陕北的江南"。在南泥湾的十几天中，鲁艺师生与三五九旅战士一起劳动，听他们讲述开荒种田、打窑造田的故事。在动人故事感召下，贺敬之提笔写下了《南泥湾》歌词。采风结束后，马可用两天时间为《南泥湾》谱曲，并将其作为歌舞剧《挑花篮》的开场曲。3月13日，《挑花篮》和《南泥湾》在金盆湾首演，歌颂三五九旅战士"敢教日月换新天"精神的《南泥湾》唱响整个边区，经典歌曲就此流传开来。[1]

1943年11月7日，中共中央发出《关于执行党的文艺政策的决定》，边区掀起了学习实践文艺新方向的热潮。在组织安排下，鲁艺组织起工作团，前往绥德、米脂一带开展慰劳军民的宣传工作，马可参与其中。时值寒冬腊月，工作团仍积极开展各项宣传活动，他们参与了绥德的土地改革，子洲的劳动竞赛，米脂的新年活动，葭县的移民运动，吴堡的大生产高潮。每到一地，工作团都受到当地群众的热烈欢迎。在积极开展工作的同时，马可与工作团采集当地的民间艺术素材，创作出一系列作品。在子洲县宣传工作中，他们注意到当地群众反抗土匪朱永山的事迹，马可与王大化、水华、贺敬之等以此为原型，创编了大型秧歌剧《周子山》。然而，在戏剧排演初期，因演员们没有生活经历，导致表演的语言动作、场景氛围、曲调韵味很生硬，未能将剧目主旨和教育意义表现出来。为此，马可与工作团向当地群众和老艺人请教，在他们指导下大刀阔斧地改编原剧本，特别是负责音乐编创的马可大量运用了陕北的道情秧歌、山西的民歌小调，使原本生涩的剧本焕然一新，演出后获得边区军民一致好评，该剧也成为边区的经典剧目，获得西北局文委颁发的新秧歌歌剧一等奖。《周子山》的创编过程使马可深有感触，他认识到没有在群众中的锻炼就无法创作出优秀的作品，更深刻地认识到"向工农兵普及，从工农兵中提高"的重大

---

[1] 郭懿. 陕北好江南——南泥湾——马可《南泥湾》赏析[J]. 北方音乐, 2007, (02): 42.

意义。[1]1944年2月，工作团前往葭县途中，偶然遇到南下移民的葭县张家庄村民，被他们的歌声所吸引，马可结识了李有源、李增正叔侄。在交谈中得知，叔侄俩热爱艺术创作，他们以当地民歌为基础，将村民们对党的信任、对毛主席的拥护用歌声表达出来，编创了大量歌曲、秧歌剧。李有源谈到，他出身穷苦人家，是共产党的到来才翻身做了主人，为此，他编创了很多民歌、快板、小戏抒发自己的情感，宣传党的政策。他在一次劳动途中看到旭日东升，看到县委门口的标语"毛泽东是人民的大救星"，有感而发，以陕北民歌《骑白马》为基础，编创了歌曲"东方红，太阳升，东方出了个毛泽东"，村民们在移民途中走到哪里唱到哪里，这首歌就被称为移民歌。马可深受感动，他将移民歌记录下来。此后，移民大队在南下迁移过程中将这首反映群众心声的歌曲传遍了整个边区，回到鲁艺的马可在《解放日报》第四版发表文章《群众是怎么样创作的》，详细介绍了李有源、李增正叔侄创作移民歌的过程，并与张松林、公木等对这首歌加以整理改编，将歌曲命名为《东方红》。[2] 这首仅有17小节的颂扬共产党、歌颂毛主席的民间小调从此响遍大江南北，成为亿万中华儿女的神圣赞歌。除以上提到的《周子山》和《东方红》外，马可个人的艺术创作也收获颇丰，《劳军歌》《运盐去》《自卫军之歌》《黄河水手歌》皆为这一时期创作的佳作。结束外出巡回演出的马可，致力于新秧歌剧的创作，为配合当时推进的扫盲运动，结合外出巡演的所见所闻，他创作出了新秧歌剧《夫妻识字》。1945年春节，由马可创作、永华导演的《夫妻识字》在延安春节秧歌会上演出，引起了轰动，2月18日，《解放日报》第四版全文刊登了《夫妻识字》剧本，该剧也成为边区的经典剧目之一。

1945年初，为向党的"七大"献礼，在周扬的推动下，鲁艺决定将流

---

[1] 张俊谊.《周子山》和朱永山[J].延安大学学报（社会科学版），1989，（03）：73-74.

[2] 肖波.人生之歌[M].南京：江苏人民出版社，2018：212-218.

传于晋察冀边区的"白毛仙姑"故事改编成歌剧《白毛女》，为完成这项光荣的政治任务，鲁艺集聚了学院内的骨干力量，迅速展开创作，并形成了个人动笔、多方讨论审核、集体修改的创作方式。马可作为音乐组主笔，成员包括瞿维、李焕之、向隅、张鲁等。当《白毛女》的文字稿初步成型后，音乐组的工作却进展不顺，虽然参与谱曲的几人都是边区一流的作曲人才，但由于他们没有看过真正的歌剧演出，又缺乏相关资料，起初谱写的曲子都被否定了。在一次碰头会上，作为歌剧总负责人的张庚焦急万分，他鼓励大家要放下包袱，创作老百姓爱看爱唱的作品。张庚的一席话让马可等曲作者茅塞顿开，他说，《白毛女》的创作一开始反复强调"歌剧"，致使不懂歌剧的人钻进了"洋腔洋调"的死胡同，但我们要创造的是老百姓看的新歌剧，是具有中国气派的新歌剧。在张庚的启发下，马可等人重新理顺思路，夜以继日从民间艺术中挖掘素材，汲取养分，直接采用了河北民歌《小白菜》、山西秧歌《捡麦根》等曲调，同时根据旧有的曲调加以改编，更难能可贵的是，他们在全剧主题统一的前提下，依据河北花鼓、梆子、陕北道情、秦腔、山西梆子、民歌的曲调精神大胆创作，出色完成了创作任务。[1] 之后，《白毛女》剧组历经数次排演、预演，积极听取各方面意见，经过了两次大的修改和无数次小修改，最终打磨成型。1945年6月10日，在党的"七大"闭幕的前一天，剧组全体人员前往中央党校礼堂，为中央领导和参加"七大"的党员代表正式演出《白毛女》。演出引起全场观众的共鸣，当表演到达最后一幕高潮、喜儿唱起"太阳出来了……"时，毛泽东等领导同志热泪盈眶，与全场观众一同起立，报以长时间的热烈掌声。演出结束后，周恩来、邓颖超、罗瑞卿等领导人走进后台，向剧组表示祝贺。第二天，中央办公厅向剧组传达了中央书记处对该剧的意见："一，这个戏是非常适合时宜的，主题好。二，艺术上是成功的，情节感人。

---

[1] 马可.《白毛女》的创作和演出[J]. 新文化史料, 1996, (06): 64.

三,黄世仁罪恶大应当枪毙。"剧组全体深刻感受到该剧的重大政治意义,他们深受鼓舞,并按照书记处的意见连夜修改了剧本。[1]此后的一个多月,歌剧《白毛女》连演30多场,场场爆满,成为中国歌剧史上光彩夺目的一个里程碑。

1945年8月15日,日本宣布无条件投降,艰苦卓绝的抗战终于胜利了,马可也投入新的战斗中。在安顿好家中的两个孩子后,11月15日,在沙可夫和吕骥的带领下,马可随延安大学鲁艺中队离开延安奔赴东北。他们辗转晋绥、张家口、赤峰、齐齐哈尔等地,经过数月跋涉,1946年7月抵达哈尔滨,并于9月前往佳木斯。在佳木斯,马可及鲁艺师生被编为土改工作团,参与当地的土改工作,他在刁翎镇逐户走访调查,掌握实际情况,通过多种方式组织农民开展反奸清算斗争,为当地民主政权的建设贡献了一份力量。由于工作突出,1947年2月,马可被批准加入中国共产党。此一时期,马可根据工作实际创作了歌曲《我们是民主青年》、歌剧《荒火》,并为歌剧《血海深仇》配曲。1948年春,马可前往佳木斯当地的工厂体验生活,他看到了工人们热火朝天、无私奉献的劳动场面,听闻了抗战时期日寇对工人的欺辱,这让他深有感触。在闲暇时,当工人师傅希望马可唱一首工人当家做主的歌时,他才意识到自己还没为工人创作过歌曲。根据在工厂的所见所闻,马可创作了《咱们工人有力量》,受到工人师傅的热烈欢迎。这首歌也随着解放战争的胜利推进在全国唱响,成为建国初期工人的心声写照。[2]1948年11月,马可随文工团前往沈阳,参与组建了东北鲁迅艺术学院,并担任了东北鲁艺文工团的副团长,开展文艺宣传和创作。有感于家乡徐州的解放,取材于东北解放全过程,马可创作了大联唱《胜利联唱》。此外,他还自学西方交响乐,创作了以中国民族歌曲为主素材

---

[1] 肖波.人生之歌[M].南京:江苏人民出版社,2018:239.

[2] 老轩.一曲中国工人阶级的高昂战歌——歌曲《咱们工人有力量》的创作故事[J].奋斗,2022,(04):75-77.

的交响乐《陕北组曲》。[1]1949年6月，马可作为鲁艺代表随东北代表团到北京，参加全国文学艺术界第一次代表会议，后又赴匈牙利布达佩斯，参加全世界民主青年联盟第二次代表大会，其作品《我们是民主青年》获得大会作曲嘉奖第三名。回国后，马可接到通知，赴北京参加开国大典。1949年10月1日，马可登上天安门观礼台，亲耳聆听了毛泽东主席的庄严宣告："中华人民共和国中央人民政府今天成立了！"目睹中国人民解放军豪迈地走过长安大道，回想起自己的革命生涯，马可情难自禁，热泪盈眶，高呼："毛主席万岁！"1950年1月，马可调入中央戏剧学院，他随家人离开沈阳赴北京工作。

进入中央戏剧学院后，马可先后担任音乐室主任、歌剧系主任，主管教学工作。基于丰富的创作实践，马可开始高度关注中国民间传统戏曲音乐，主讲了"歌剧作曲""民间音乐""戏剧音乐"等课程。在教学之余，他还组织编创了歌剧《小二黑结婚》，该剧运用了晋东南地区民间音乐的曲调曲风，是板腔体民族歌剧创作的典范。[2]1953年2月，马可调入中国戏曲研究院任音乐室主任、院党委委员，在中国戏曲研究院的10年间，他更醉心于民族戏曲音乐的发展和改革，先后主持了全国戏剧音乐座谈会和第一期全国戏曲音乐讲习班；同时开展戏剧音乐的专项研究，陆续发表《对我国戏曲音乐的现实主义传统的一点理解》《戏曲唱腔改革中的几个问题》《新歌剧也要百花齐放》《破除迷信发扬戏曲音乐的优良传统》《戏曲音乐工作大有可为》《戏曲音乐的继承和革新问题》《从戏曲艺术的特点看戏曲音乐工作》等数十篇系列文章，出版著作《中国民间音乐讲话》《生活里少得了音乐么》。他的个人创作也迎来了高峰期，先后为评剧《一个

---

[1] 贺志凌.为革命献歌 为人民作乐——纪念革命音乐家马可先生[J].乐府新声（沈阳音乐学院学报），2020，38（01）：34.

[2] 张宇琦.马可歌剧中的民族特色研究——以《白毛女》《小二黑结婚》为例[J].艺术评鉴，2019，（02）：138-140.

志愿军的未婚妻》配曲，为《白毛女》歌剧新写了歌曲《恨似高山仇似海》《我是不死的鬼》，为电影《巴山红浪》《梅兰芳》《红河激浪》《画中山》配乐，此外还创作了《天安门前的骄傲》《先进生产者之歌》《革命人永远向前走》《美丽的花儿向太阳》《雷锋——我们前进的标兵》等近百首歌曲。1964年2月，周恩来总理亲自点名，马可与安波、关鹤童筹建中国音乐学院，马可担任中国音乐学院副院长，兼任中国歌剧舞剧院院长。他撰写了《关于中国音乐学院的设想》，在建院方针、培养目标、专业设置、学制等方面提出了切实可行的实施方案。此后，在马可和院领导的倡导下，中国音乐学院创办了中国第一个歌剧系，并以民间戏曲为基础发展民族新歌剧。[1] "文化大革命"中，马可受到冲击。1975年12月，马可恢复工作，任中国歌舞团领导小组组长，兼任《人民音乐》杂志主编。此时马可的身体已大不如前，但他仍殚精竭虑，为中国的歌剧事业和民族音乐的发展而不懈工作。1976年初，马可病重住院，病中仍关注民族戏曲音乐事业的发展，与吕远合作了《大寨路组歌》。

1976年7月27日，马可病逝，一位革命音乐家的生命壮歌画上了铿锵的休止符。

坚定信念，曲作终身，马可的一生是拼搏奋斗的一生，是不懈为人民创作的一生。回顾马可的创作生涯，著名作曲家胡士平说："陕北到江南，谁人不唱南泥湾。唱得最响亮，咱们工人有力量。歌剧之创举，黑白二剧震寰宇。"青年时期，面对国家受辱、人民蒙难，马可毅然决然放弃成为化学家的志向，以满腔爱国热忱投身抗日救国，走上革命道路；他以歌曲为武器，将抗日的怒吼传遍神州大地。到延安后，马可是艺术发展民族化、大众化的探索者和践行者，拜人民为师，虚心从民间艺术中汲取养分，他创作了《毛泽东之歌》《七月里在边区》《南泥湾》《夫妻识字》《白毛女》

---

[1] 王丽文：安波传，辽宁人民出版社，第333-335页。

等一系列传唱至今的经典作品。在东北，马可服从组织安排，出色完成了土改任务，创作了《咱们工人有力量》《胜利联唱》《陕北组曲》等佳作。中华人民共和国成立后，他将全部精力和热情投入民族音乐和新歌剧事业的发展中，是中国民族音乐教育体系的开创者和组织者，直至生命最后一刻，仍心系新歌剧事业的发展。马可以他的创作实践和理论研究表明，伟大的音乐家要深入群众，学习他们的音乐语言，吸收他们的优点，才能创造真正代表人民大众的优秀作品，而卓越的音乐作品，亦是深刻反映群众的思想感情、尊重群众的美学观点的。诚如人民音乐家吕骥对马可的评价：人民爱音乐，音乐为人民，人民音乐代代传，马可音乐传万代。

附文：

群众是怎样创作的[1]

马　可

李有源是葭县城关区的一个农民，今年二月里葭县屈增全移民大队（有六七十个劳动力）南下开荒，副队长李增正就是李有源的侄儿；他们叔侄两个都擅长编秧歌；有名的移民秧歌"东方红，太阳升，中国出了个毛泽东……"就是他们叔侄们编的，不，更确切地说，应该说是在他们发动之下的群众的集体创作。

我们在葭县见到李增正，他不过是一过二十一二岁的青年农民（自卫军排长，同时也是除奸与减租斗争中的积极分子，他家里本来有地种，但为了响应政府号召，自动地组织并领导移民大队下南路）。我们在一开始，就像对我们在生活中常常碰到的知识份子谈话一样，讲了一些他的作品怎样好，我们很钦佩很感动之类的话，其实也是我们的真心话，但是他显然并没有为我们这些话引起任何一点的激动，而且简直可以说他有点不大了解这些话的意思，因为在他从来没有想到他们编秧歌这件事是一件什么了不起的（甚至比移民工作本身还重要些似的）"神圣"事业，也从未想到编了几个歌给大家唱唱，这与他个人的"荣誉"有什么关系；当然他也更不会梦想到他的作品要在报纸上发表，有人写文章介绍他，千万人都在唱

---

[1]《群众是怎样创作的》一文由马可撰写，刊登在1944年5月24日《解放日报》第四版。

着"李增正词并曲"的歌曲，因此就赚得一种资格似的好吃老百姓的牛奶面包。

他说："我们编这些秧歌，是为了把工作作得更好，因为有些人还有些落后思想，不安心，想家，他们唱了这些歌，红红火火，就提起劲来了，想着南路的好处，就不想家了。"

"为了把工作作得更好"。这就是他们创作的"动机"，移民大队就要出发的那一天，李增正的叔父特地从五里外的家里赶到城里来，我看见他把他侄儿悄悄地拉在一边，递给他一个纸条，上面是用铅笔写的几个粗大的字：（他们叔侄两个都读过两年冬学，现在都可以初步的用文字来表达他们心中的意思了。）

"葭县移民走南路，路上不要偷的走；一组预备两头牛，还要送咱大橛头。"

"怕他们在路上有不安心的。"这位多髭的四五十岁的健壮农民向他的年轻侄儿说："把这个给他们唱吧。"

我们知道他们编的秧歌以及剧本很多，就请他到我们窑里去，要他讲一讲他们是怎样创作的。

"一个人各自是不行的，要众人在一达里讨论讨论，事实呢，是根据咱们村上发生的事实，谁做过什么，就让他演什么，故事怎么个编，和讲些什么话，要众人在一达里发表意见，众人同意了就照着编，照着演，不同意了就再商量，咱们编的戏也没有本子，众人到一达里一凑就出来了，戏演过了几遍，人人都背过了，你们要的话我给你们念你们就开下来。"

我们知道他最近还在编一个变工队的剧，因为时间不早，他还要回家，就约定第二天再来，同时告诉了他，如果有时间，请他晚上把他的剧本写下来明天带给我们。

第二天他如约到我们这里来，并且交给我们所要的剧本，在一开始我们似乎有些失望了，因为我们原来的想象所谓剧本总是像我们过去所看到的许多台本一样：唱词、道白、动作、表情，都交代的很清楚，但是我们现在所看到的只是几段唱词，单从这上面似乎连故事的梗概也找不到似的。

他解释道："我还没有给众人商量哩。我只是想到该这么写：乡长下乡，布置开会，群众组织变工队，落后份子不参加，后来变工的得到好处，不变工的吃了亏，众人反对，还要开会，表扬劳动模范，选举劳动英雄，斗争二流子。"

我们说："我们现在编一编看好不好？——比如前面这一段，乡长下乡，唱完了以后该说些什么呢？"

"你问一问乡长吧。"李有源指着和他一同来的乡长向我们介绍。

乡长反而有些不自然起来了。这正像比如有人蓦地里向我们说，"你讲一句知识份子讲的话吧。"我们反而不知讲什么才好。乡长说："要布置变工队工作嘛，那就是这样说喽，说是今天开会，主要是为了组织变工，毛主席就号召咱们组织起来，加紧生产，生产时第一大任务。近前人民劳动是散漫的，个人雇个人，做活不多，变起工来，两人做三人的活，省下妇女打生产。今年我们要做到百分之八十的变工，要自己找对象，不是强迫的"……乡长滔滔不绝的讲下去，那么自然那么流利，这使我们想起我们编戏时，常常搜遍枯肠，不知一句台词该怎么写，碰得焦头烂额。

"我们就是这样编戏的，"李有源说，"一个人想的不能都随众人的意，一定要众人都发表意见，民主方式，做什么的讲什么，要是照着一个人的意思，众人一演起来，觉得不对，还是得改；再则呢，众人发表了意见还不算，还要把唱的和说的都编成有腔有韵，这么着唱也好唱，听也好听，记也好记。"

群众的这种集体创作的方式，我们在好多地方都见到过。在米脂杨家沟，农民诗人巩维忠给我们唱了一二十首他们编的秧歌，其中大部分是他们自卫军基干连的集体创作，因为大家都发表意见都参加创作，所以对于他们的作品特别喜爱，几乎成为他们基干连的连歌了；在葭县通秦寨，一些自卫军给我们唱了一个描写顽固军队生活困难的情形的歌曲：

"×××，真困难，衣裳穿的稀帕烂，过年吃的钱钱饭呼嗨呀，赤脚片子打裹绽。"

（"钱钱饭"是把黑豆压扁煮成的饭，"裹绽"是军队的绑腿。）

据他们的连长说，这些歌是他们连上的同志们"众人原谅"的。在他们中间一发生了什么新的事情，他们就你凑一句我凑一句的编出他们要唱的东西来。这里有他们的喜悦和歌颂，愤怒和讽刺。当然，在整个创作过程中，积极份子的推动和组织作用是不能轻视的，而且是必要的。

劳动人民就是这样写他们的生活与斗争，写着在他们周围发生的事物和事变；他们从未想到过自己的名字要随作品流芳百世，也从未因自己的一件不被别人采纳而感到不舒服，或者觉得别人的东西都不如自己的好；但是在我们的同志当中，有些人常常觉得集体创作集体讨论对自己是一种很大的束缚，好像个人的"天才""灵感"都不能发挥了似的。是的，束缚的确是有的，但是被束缚的不是什么"天才"或"灵感"，而是我们知识份子的狭隘的个人意识。

附曲一：

老百姓总动员[1]
（吕梁山大合唱选曲）

1=C 2/4

词：澄秋　曲：马可

活泼　精神充溢地

| 5. 6 5. 6 | 5 3 | 2. 1 6. 1 | 5 - |
| 你　挖　土　哟　我　抬　筐，
| 3. 4 3. 4 | 3 6 | 5. 6 4. 5 | 3 - |

| 5. 6 5. 6 | 5 1 | 5. 6 5 3 | 5 - |
| 挖　条　战　壕　长　又　长；
| 3. 4 3. 4 | 3 6 | 3. 2 1. 2 | 3 - |

| 5. 6 5. 6 | 5 3 | 2. 1 6. 1 | 5 - |
| 为　了　赶　走　日　本　帝　国　主　义，
| 3. 4 3. 4 | 3 6 | 5. 6 4. 5 | 3 - |

| 5. 6 5. 6 | 5 3 | 1 - | 1 0 |
| 大　家　一　齐　来　帮　忙。
| 3. 4 3. 4 | 3 6 | 3 - | 3 0 |

---

[1]《老百姓总动员》是马可于1939年所谱曲的歌曲作品，该歌曲是《吕梁山大合唱》中的一首。

马可：为人民而歌的一生

(甲) 小三子，不要慌，

(乙) 准备好担架床；

(丙) 东村的李四去驮子弹，

(丁) 张家的老三运军粮；

孩子们去放哨，小伙子背上枪，

(齐) 你也忙来我也忙，

同心合力打东洋！

```
| 5. 6  5. 6 | 5  3̇ | 2̇. 1̇  6. 1̇ | 5 — |
   打  东  洋   来  保   家   乡，
| 3. 4  3. 4 | 3  6 | 5. 6  4. 5 | 3 — |

| 5. 6  5. 6 | 5  1̇ | 5. 6  5  3 | 5 — |
   我 们 的 队 伍  铁    一   样；
| 3. 4  3. 4 | 3  6 | 3. 2  1. 2 | 3 — |

| 5. 6  5. 6 | 5  3̇ | 2̇. 1̇  6. 1̇ | 5 — |
   不 管 敌 人  来   多   少
| 3. 4  3. 4 | 3  6 | 5. 6  4. 5 | 3 — |

| 5. 6  5. 6 | 5  3̇ | 1̇ — | 1̇ — ‖
   一 齐 叫 他 都  死    光！
| 3. 4  3. 4 | 3  6 | 3 — | 3 — ‖
```

附曲二：

七月里在边区 纪念碑[1]

1=D 2/4

词：安波　曲：马可

慢·沉痛·悲壮

‖:(5. 2 | i - | ♭7. 6 | 5 - | 4. 2 | 5 -)
【引子】（用二胡，三弦）

2 1 ♭7 5 | 1 -)‖ 5. 2 | i - | ♭7. 6 | 5 -
　　　　　　　（独唱）
　　　　　1. 政　　府　里　　　立　　下　了
　　　　　2. 英　　雄　们　　　流　　　了
　　　　　3. 千　　万　人　　　碑　　　前

4. 2 | 5 - | 2 1 ♭7 6 | 5 -‖ 1 1 2 | 5. 5
纪　　念　碑，　　　　　　　　纪　念　碑是
自　　己　的　血，　　　　　　自　己　的血，
行　　了　礼，　　　　　　　　行　了　礼，
　　　　　　　　　　　　　　　（合唱）
0 0 | 0 0 | 0 0 | 0 0 ‖ 1 7 6 | 1 2

4 5 6 6 | 5. 5 | i 6 | 5 5 | 4 4 2 | 1 -
英　雄的碑是　抗日　阵亡　将士的　碑。
父　母的血，　请问　究竟　是为了　谁？
说　不出话，　只是　在心　里盟下了　誓。

2 1 ♭7 6 | 5. 5 | 5 5 4 | 2 5 | 2 1 ♭7 6 | 5 -‖

---

[1] 《七月里在边区　纪念碑》是马可于1942年所谱曲的歌曲作品，该歌曲是民歌联唱《七月里在边区》中的一首。

1.(独唱)

$\dot{1}\ \dot{1}\ \underline{6}\ |\ 5\ 5\ |\ 4\ \underline{4\ 2}\ |\ 1\ -\ |\ \underline{2\ 1}\ \flat\underline{7\ \dot{6}}\ |\ \dot{5}\ -\ |\ \underline{2\ 1}\ \flat\underline{7\ \dot{6}}\ |$

千万的人民 排 成 了 队， 垂 下 了 头， 眼 噙着

$\dot{5}\ -\ |\ 1\ \underline{1\ 2}\ |\ \dot{5}\ -\ |\ \flat\underline{\dot{7}\cdot\ 1}\ |\ \underline{2\ 1}\ \flat\underline{7\ \dot{6}}\ |\ \dot{5}\ -\ \|$

泪， 悲哀的曲　　子　　 不　　住的吹。

2.(独唱)

$\dot{1}\ \dot{1}\ \underline{6}\ |\ 5\ 5\ |\ 6\ \dot{1}\ |\ \dot{2}\ -\ |\ 4\cdot\ \dot{2}\ |\ \dot{1}\ \dot{2}\ 4\ |\ 4\ 5\ 6\ |$

为 了 中 国 不 灭 亡， 为 了 百 姓 不 受

$\dot{5}\ -\ |\ 4\ \underline{4\ 5}\ |\ \underline{6\cdot\ \dot{5}}\ |\ \underline{4\cdot\ \dot{2}}\ |\ \dot{1}\ \dot{2}\ 4\ 4\ |\ \dot{5}\ -\ :\|$

罪！ 悲壮的曲　　子　　 不　　住的吹。

3.(独唱)

$5\cdot\ \underline{5}\ |\ 4\ 2\ |\ 1\ \flat\underline{\dot{7}}\ |\ 1\ -\ |\ 5\cdot\ \underline{5}\ |\ 4\ 2\ |\ 1\ \flat\underline{\dot{7}}\ |$

前 人开路后人 行。 血 仇 还得 血 来

$1\ -\ |\ \underline{2\ 1}\ \underline{2\ 4}\ |\ 5\ -\ |\ \flat\underline{\dot{7}\cdot\ 1}\ |\ \underline{2\ 1}\ \flat\underline{7\ \dot{6}}\ |\ \dot{5}\ -\ \|$

清， 英雄的曲　　子　　 不　　住的吹。

$\dot{2}\cdot\ \dot{2}\ |\ \dot{1}\ 6\ |\ 5\ 4\ |\ 5\ -\ |\ \dot{2}\cdot\ \dot{2}\ |\ \dot{1}\ 6\ |\ 5\ 4\ |$

前 人开路后人 行， 血 仇 还得 血 来

$5\cdot\ 6\ |\ 5\ 4\ |\ \underline{2\ 1}\ \flat\underline{7\ \dot{6}}\ |\ \dot{5}\ -\ |\ 5\cdot\ 6\ |\ 5\ 4\ |\ \underline{2\ 1}\ \flat\underline{7\ \dot{6}}\ |$

马可：为人民而歌的一生

| 5 - | 2 1 2 4 | 5 - | ♭7. 1 | 2 1 ♭7 7 | 1 - ‖
清，　英 雄 的 曲　　子　　　　不 住 的 吹。
| 5 - | 6 1 1 | 2 - | 5 - | 5 4 2 | 1 - ‖

唐诃：一个为时代而歌的人

唐诃（1922年10月—2013年7月），原名张化愚，河北易县人，中国现代杰出作曲家、音乐教育家。他从抗日烽火中的小八路唱起，一直唱到解放战争、抗美援朝、新中国建设、改革开放新时代。唐诃用一生谱写了无数为时代和人民歌唱的旋律。他的作品跨越了战争与和平，记录了时代的变迁，激励了几代中国人，他是一个真正为时代而歌的人。

唐诃1922年7月25日出生在河北省易县梁各庄镇，这里是燕赵文化的腹地，易水河畔，荆轲山下，依山傍水，风景优美。这片土地自古多慷慨悲歌之士，深厚的历史文化积淀和丰富的民间艺术资源，让唐诃与音乐结缘。唐诃的祖父是清末秀才，以教书为业。附近乡村大多识字的都是他的学生，唐诃父亲子承父业，也在乡村当教师。唐诃8岁入乡村男校读书，从小就表现出音乐天赋。每逢重大节日有音乐演奏，他便会站在旁边，静静地听那美妙的音乐。乡村里的笙管、笛箫、民间花会乐曲及地方戏曲演出，唐诃都特别感兴趣。[1] 唐诃自幼即如饥似渴地汲取着饱含民族精神文化的民族音乐的营养。

20世纪30年代，中国社会动荡，外有日寇侵略，内有民族危机。读小学时，唐诃遇到了进步教师董雅山，他在学校教国语。董老师讲课简明扼要，通俗易懂，课余还给学生讲抗日救亡的道理，介绍苏俄红色政权的社会制度。

---

[1] 吕韧敏.《唐诃歌曲精选》与唐诃其人[J].人民音乐，1993，（04）：4-7.

1937年7月7日，抗日战争全面爆发。中秋节，易县沦陷。日军飞机肆意轰炸，少年唐诃目睹着日寇暴行，激发起对日本侵略者的刻骨仇恨。次年5月，唐诃随父兄参加抗日军队。不久，唐诃考入八路军晋察冀军区"干部训练所"，学习政治军事理论，接受军事训练。那段时间，唐诃锻炼了自身的军人素质，初步接触音乐创作。在训练所宣传队工作时，唐诃逐渐熟悉了宣传歌曲、戏剧表演和民族民间音乐。1939年，唐诃被分配到冀中军区游击三支队曙光剧社，任歌舞队队长。他的直接领导是社长杜宝洁。杜宝洁是位音乐家，是他发掘了唐诃的音乐潜能。在杜宝洁指导下，唐诃学习合唱指挥，掌握了基本的作曲技巧，进一步认识到音乐在战争宣传中的重要作用。5月1日，经社长杜宝洁、指导员阎建忠介绍，唐诃光荣加入中国共产党。1940年，为纪念抗战三周年，17岁的唐诃完成了人生第一部音乐作品《七七之歌》。这首歌在晋察冀根据地的万人纪念大会上演出时，引起轰动。这次经历让他认识到，音乐不仅是抒发个人情感的工具，更是鼓舞斗志、凝聚民心的力量。[1]从此，唐诃走上以音乐为武器的战斗之路。这期间，他还结识了作曲家李劫夫、戏曲家贾克等[2]。李劫夫对唐诃的音乐创作发生过极大影响。唐诃说："和他（劫夫）相比，我不过是个小学生，既是他的作品的爱好者，又是他作品的传播者，他的作品往往写出不久，就在群众中引起共鸣。我自己在从事音乐创作之初，常把他的作品作为临摹的范本。"[3]

1941年春，唐诃随部队转战山西。随着战局的变化。他被调到晋察冀军区二分区七月剧社任分队长。在此，他和音乐家韦虹、丁辛，文学家葛文、

---

[1] 赵亚力.易水河畔走出的音乐家——访著名音乐家唐诃[J].乡音，2003，（03）：20-21.

[2] 唐诃.初识李劫夫[J].人物杂志，1985，（03）.

[3] 林寅之，林青.军旅文将乐坛耆老——缅怀唐诃先生[J].人民音乐，2013，（10）：55-57.

方行、戏剧家沈定华、王丁、美术家靳夕等成为战友。开始了正规的专业音乐学习和创作。韦虹是七月剧社的音乐教师，他和唐诃亦师亦友，唐诃谱的每首曲子都经过韦虹的指点和修改。对一些大的音乐作品，韦虹总是鼓励他放开手脚创作，还带着他向民间音乐学习，搜集记录下大量的山西民歌和山西梆子唱腔。七月剧社的经历，为唐诃迅速成长、展示音乐才华、踏上专业音乐之路起到决定性的关键作用。这期间，他创作的《骂阎锡山》和《打击归顺班》等歌曲，在抗日根据地群众中广泛传唱。这些作品简洁明快，饱含激情，贴近现实生活，易于传唱，迅速传开，有力地鼓舞了根据地抗日军民的斗志。唐诃充分利用行军、战斗间隙与民间艺人交流，记录他们演奏吟唱的旋律节奏。为了把握音准，他与老工人一起制作乐器，如瓢琴、俄式三角琴、板二胡等。这一期间，唐诃不仅创作歌曲，还为戏剧表演创作音乐，如为话剧《樱花节》配插曲《可奈何》，为《血泪仇》和《前线》这样的剧目编写音乐。唐诃的音乐才华在战争环境锻炼中快速成熟，逐渐形成独特的创作风格。

  1945年1月，唐诃任七月剧社副指导员。抗战胜利后，1946年1月，唐诃调晋冀剧社创作组，投身解放战争，此时他已是比较成熟的军旅音乐人。唐诃的作品紧扣时代脉搏，为将士和民众精神上注入希望与力量。这个时期，唐诃的创作更加多样化，既包括宣传歌曲，也涉及小歌剧创作。他与同事邢野合作的歌剧《不上地主当》成为解放战争时期的经典之作。这部歌剧以通俗易懂的形式将农民同地主的斗争展现得淋漓尽致，在广大农村引发强烈反响。此外，唐诃还创作了轮唱曲《军队向前进》和合唱曲《歌唱华北解放区》等作品，这些歌曲以激昂的旋律和朴实的歌词，激励着解放区的战士和人民，成为武装人民群众，宣传人民战争的重要武器。

  1949年，部队改编为66军，晋冀剧社改为军文工团，唐诃任文工团指导员，随军辗转山西、绥远、张家口等战场。行军途中，唐诃不仅带领文工团演出，还不断将前线的场景转化为音乐作品。在一次千里行军中，唐词与同事合作创作了《欢送英雄上火线》并在前线演出，为即将冲锋陷阵的将士们送上精神食粮和鼓舞。在那艰苦的岁月里，唐诃更深刻地认识到民间音乐的力量，他将家乡易县的歌曲与其他地方的音乐元素整合，用简练的语言和优美的旋律谱写出许多脍炙人口的歌曲。1949年唐诃创作的《小红帽》就是一个范例，是当时童话歌舞剧中的一个重要作品，用寓教于乐的方式，传播革命思想。

中华人民共和国成立后，唐诃调入战友文工团任专业作曲，开始更加系统的音乐创作。战友文工团是当时全国文艺创作的重镇，聚集了许多优秀的文学家和音乐家，这为唐诃提供了广阔的创作舞台和良好的创作环境。[1]1950年，抗美援朝战争爆发，唐诃随志愿军第一批奔赴朝鲜前线，用音乐鼓舞士气。在战火纷飞的异国土地上，唐诃的旋律穿越硝烟，成为激励战士不怕牺牲、英勇杀敌的精神力量。这一时期，唐诃的创作展现出强烈的战斗气质与爱国情怀，也为他后来的音乐生涯积累了丰富的实践经验。初到朝鲜前线，唐诃目睹志愿军将士在艰苦卓绝生活条件下的英勇战斗，深感必须用音乐为这些英雄呐喊，用旋律为他们注入精神力量。他创作了队列歌曲《红旗插上济州岛》，以铿锵有力的旋律、行云流水的节奏，很快在部队中传唱开来。它不仅是鼓舞士气的战歌，也表达了志愿军必胜的信念。此歌刊登于《人民日报》，迅速传播全国，是抗美援朝时期优秀歌曲代表作之一。1951年，唐诃创作了《五音山上英雄多》。这首歌诞生于抗美援朝五音山战役期间，曲调昂扬嘹亮，歌词直击人心，热情讴歌了志愿军战士在枪林弹雨中舍生忘死的英雄气概。唐诃带着文艺小分队，将这首歌唱遍了五音山的每一个阵地，有力地鼓舞了战士们的斗志。他回忆道："那时敌机的轰炸扫射无时无刻不在，但我们的歌声压过了战火的声音，成为阵地上的最强音。"《五音山上英雄多》不仅在志愿军内部广为传唱，

---

[1] 吕韧敏.《唐诃歌曲精选》与唐诃其人[J].人民音乐，1993，（04）：4-7.

也通过广播和报刊传回国内,成为鼓舞全国人民支援前线的精神号角。正是这一作品,让唐诃更加坚定了音乐作为战斗武器的信念。1953年,唐诃第三次赴朝鲜。他用自己积累的战地素材创作了卡农合唱曲《志愿军战士之歌》。这首歌以简洁明快的旋律,富有动感的节奏,成功塑造了志愿军战士的形象——在枪林弹雨中坚守阵地,捍卫忠诚。歌曲推出后迅速在军中传唱,成为激励士气的经典之作,并荣获华北军区创作一等奖。

抗美援朝战争结束后,唐诃回到国内,带着战火中的宝贵经历,开启了更为辉煌的歌颂社会主义建设伟大事业的音乐创作生涯。他为火热生活而歌唱,用旋律书写伟大时代的崭新篇章,对祖国的热爱和对人民生活的关注成为他创作的主旋律。

1954年,唐诃的音乐生涯迎来重要的转折点。那一年,他随部队到山西祁县采风。在晋中这片有着丰富民歌素材的土地上,受祁太秧歌和民间小调启发,尤其是《洗衣计》中一段旋律的影响,唐诃融入山西梆子、河北定县秧歌元素,创作出女声合唱歌曲《在村外小河旁》。这首歌曲旋律清新优美,歌词描绘了乡村的静谧与美好,很快成为一首脍炙人口的抒情歌曲。不仅国内的听众对这首歌青睐有加,它还被传播到朝鲜、日本、苏联以及东欧等多个国家,还有人将其改编为轻音乐。作为唐诃的成名作,《在村外小河旁》标志着他独特的音乐风格日臻成熟,具有了鲜明的个人特色。

20世纪60年代,唐诃创作进入高峰期。他的作品不再局限于抒情歌曲,还涉及歌剧、电影音乐等多个领域。1962年,唐诃创作了歌曲《众手浇开幸福花》。这首歌旋律动听,情感充沛,描绘出新中国百姓通过劳动建设幸福生活的美好画卷。马玉涛在全军文艺汇演中演唱这首歌曲之后,反响强烈,此歌曲也迅速传遍全国,成为一个时代的经典之作。

60年代,唐诃还创作了诸多军旅歌曲如《老房东查铺》和《打靶歌》。这些歌曲旋律优美,歌词贴近军营生活,深受广大官兵喜爱。其中,《老房东查铺》以生动的歌词和幽默的情感刻画了战士们对军营生活的热爱,成为军中传唱的经典。

1965年,为纪念红军长征胜利30周年,唐诃被点名参与创作大型声乐套曲《长征组歌》。[1]这部音乐史诗由肖华作词,唐诃与晨耕、生茂、遇秋共同谱曲,终成新中国音乐史的不朽杰作。《长征组歌》分《告别》《突破封锁线》《遵义会议放光辉》《四渡赤水出奇兵》《飞越大渡河》《过雪山草地》《到吴起镇》《祝捷》《报喜》和《大会师》十个部分。唐诃与几位作曲家分工合作,集体创作。他为《四渡赤水出奇兵》和《过雪山草地》等谱写了音乐,这些篇章用深刻凝练的语言和动人心弦的旋律,再现了红军长征的艰难险阻,及指战员们不屈不挠、英勇奋战的精神风貌。创作过程中,他们得到了周恩来总理及老红军的关怀和指导。周总理提出了修改建议,并多次参与作品排练和讨论。《长征组歌》的成功,成为唐诃音乐生涯的又一高峰。《长征组歌》更成为几代人心中的经典,是革命历史题材音乐创作的丰碑。

进入改革开放时期,唐诃的创作迎来了新的转机。这一时期,他将目光投向普通百姓生活,以抒情性突破了传统军旅歌曲的框架,用音乐反映时代发展与人民生活的巨变。1978年,他为电影《甜蜜的事业》创作插曲《我们的生活充满阳光》,歌曲表达了对新生活的赞美和对未来的向往,一经推出,风靡全国,成为那个年代的"国民金曲",并被联合国教科文组织选为亚洲音乐教材。1980年,唐诃为电影《红牡丹》创作了主题歌《牡丹之歌》。这首歌由乔羽作词,唐诃与吕远联合作曲,蒋大为首唱。歌曲气势恢宏、情感饱满,既展现了牡丹的雍容华贵,又讴歌了祖国和人民的精神风貌。《牡丹之歌》获得"青年最喜爱的歌曲"大奖,并成为中国乐坛流传最广的经典作品之一。[2]

---

[1] 董梦知.《长征组歌》诞生记[J].工会博览,2006,(20):38.
[2] 林寅之,林青.军旅文将乐坛耆老——缅怀唐诃先生[J].人民音乐,2013,(10):55-57.

1984年离休后，唐河定居青岛，生活虽趋于平淡，但他的创作热情却从未稍减。他继续深入民间，为厂矿、学校、景点创作了许多优秀的歌曲，如《青岛美》《海之魂》等。他还积极参与青岛当地的文化活动，义务指导多个歌唱团体，为社会公益事业贡献自己的力量[1]。1994年，他创作的《最美是中华》获得中央人民广播电台金奖，歌曲歌颂了祖国的大好河山和社会主义建设的辉煌成就，表达了唐河对祖国的深厚情感。晚年的唐河还热衷于将音乐与书法结合，创立了"音乐书法"的艺术形式，将中国传统的工尺谱融入书法创作，将音乐的旋律与视觉艺术巧妙融合，受到国内外的广泛关注。

2013年7月25日，唐河因肺部感染导致呼吸衰竭，在青岛与世长辞，享年91岁[2]。纵观他的一生，创作了2000余首音乐作品，涵盖歌曲、歌剧、电影音乐、器乐曲等，其音乐语言鲜明，旋律优美，既有深厚的民族文化根基，又充盈着时代气息。

唐河是一位非常勤奋的作曲家，战争年代，无论行军打仗到任何地方，他都不知疲倦地收集当地的民歌民谣。他数十年如一日，养成了写音乐日记的习惯。正因平时的大量音乐积累，无数素材了然于胸，所以，创作出的每一首歌都深受欢迎，广泛传唱。有人向他请教创作秘诀，唐河总回答说，一是勤奋，二是深入生活，二者缺一不可。唐河笃信鲁迅的一句名言：哪里有天才，我是把别人喝咖啡的时间用在工作上了。[3]可以说，唐河作品中每一个跳动的音符，都凝聚着他的勤奋与汗水，每一段优美的旋律，都是他与广大人民群众生活的共鸣。

---

[1] 李桂圣.我的根在军营——著名作曲家唐河"红五月"走军营侧记[J].人民音乐，1992，(04)：31.

[2] 林寅之，林青.军旅文将乐坛耆老——缅怀唐河先生[J].人民音乐，2013，(10)：55-57.

[3] 赵亚力.易水河畔走出的音乐家——访著名音乐家唐河[J].乡音，2003，(03)：20-21.

唐诃是中国音乐史上不可忽视的一位传奇人物。他以一生的创作，谱写了时代的旋律，用音乐语言记录了中国革命、建设和改革的历程。他的音乐，充满着时代的情感张力，深深植根于民族文化的沃土，同时又散发着独特的个人魅力与艺术生命力。作为一个成长于抗日烽火中的作曲家，唐诃的音乐创作始终与民族的命运紧密相连。他的一生，是用音乐书写中国历史的一生。唐诃的音乐创作具有鲜明的民族特征。他从未接受过正规院校的专业音乐教育，却以自己的不懈自学与对民间音乐的深入研究，形成了独特的音乐创作风格。在唐诃笔下的旋律中，有艰难时局中的坚韧不屈，有革命理想的激情澎湃，也有对新时代生活的讴歌与憧憬。他的作品不只是音乐，更是历史的回响，是时代精神的音符。唐诃用一生的热爱与勤奋，为中国音乐书写了一部部不朽的篇章——正如其名中的诃，一种南国植物，四季常青。唐诃的音乐，也将永远回荡在人们心中。

附文：

新高潮带给我们的新任务 [1]

唐诃

这次，我荣幸地参加了音乐家协会组织的农村访问，使我看到农村的面貌已大为改观，人们的思想感情也起了根本的变化。如张郭庄一位妇女谈到：她家在参加合作社前，有二百万元（旧币）的外债，入社后第一年就还清了债务；第二年有了节余，翻盖了房子，糊了漂亮的顶棚；第三年（今年）除了分到足够一年吃的粮食外，尚能节余四百元。怎样开销这笔款项呢？至今尚未作出具体计划。这个例子生动地说明了合作社的优越性。这位妇女计划在冬三月中做出一家六口全年的衣服（这在过去是不可想象的事，因为农民是没有那么多钱同时置齐全家的衣物的）。到了春天，她就把孩子送到托儿站去，也和男人们一样，在劳动中度过春、夏、秋三个季节。我们问她："过去你也这样吗？"她坦率地说："哪里！过去不过是个家庭妇女啊！"我们又问："你现在呢？"她理直气壮地说："现在是社员哪！"恰恰是"社员"这两个字，表达了她走社会主义道路的坚决意志和自豪感。然而，她不过是千百万劳动妇女中的一个。她家有一位七十三岁的老妈妈，让她谈起合作化的好处时，也像开了话匣子一样，滔滔不绝。

在农村中也进行着巨大的思想教育工作。党组织经常采用"抓典型"

---

[1] 《新高潮带给我们的新任务》一文由唐诃撰写，刊登1955年《人民音乐》第Z1期。

的办法，通过好坏实例来教育和提高党员的觉悟水平，并通过党员去联系和教育广大农民群众。当我们提到出勤问题的时候，他们说："你去也行，不去也行；可是谁那么傻呢！不劳动又做什么？"这说明了在农村中劳动已成为一种习惯和自觉的行动。过去有人说劳动的人是傻瓜，而在今天不劳动的人却变成傻瓜了。他们也和工厂一样开展了劳动竞赛，甚至也和自己竞赛——那就是今天的劳动指标一定要超过昨天，最起码也不能低于昨天。在这些劳动人民的身上，我们可以发现很多新的品质值得我们学习。这就是党所领导的思想教育的成果。

所有这些新气象，都是农业合作化的高潮带来的。但遗憾的是：我们文艺工作者，特别是音乐工作者，连我自己在内，都没有很好地配合这一具有伟大世界意义的运动。

在农村中，很少听到歌声，偶尔听到了，也是一些和合作化关系不大的歌曲。我记得在战争的年代里，解放区有这样一个传统：什么人都喜欢唱歌，什么人都有歌唱。特别是儿童，他们往往又是群众歌曲自觉的传播者。农民们可以随时从孩子们的歌声中学到新歌，自己也唱起来。但目前这样的传统没有保持和发扬。当然，产生这种现象的原因是很多的。首先，作曲家们没有注意创作适合农民的歌曲，不仅是质量不高，就连数量也很不足；其次，我们似乎忽视了组织农村的音乐活动，很少听说哪个歌舞团专门到乡下去为农民开音乐会，组织农村音乐培训班。

鉴于以上这种情况，我认为：首先、应加强创作，特别是农民易于上口的短小精悍的歌曲。作曲家和诗人也必须深入农村去重新学习，因为几年来农村的变化太大了。虽然有些作家过去在战争中曾熟悉农村生活；但是，用从前的体会来表现今天的农村，那是不会正确的。在我们创造的歌曲中，应该具有今天农村的特点。要在原来的基础上创造出足以表现正处在社会主义改造高潮中的新农村；要表现集体主义的思想品质，并用这样的精神去教育农民；要反映目前更加尖锐、复杂的阶级斗争；要表现农民们蒸蒸日上、欣欣向荣的新生活。所有这些都需要我们深刻的体验和感受。不如此，我们就很难改变今天音乐创作落在时代后面的状况。其次，要大力组织农村的音乐活动，发扬我们在战争环境中的优良传统。今天，农民组织起来进行着集体劳动，就给音乐运动的开展准备了非常有利的条件。只要我们认真去组织他们，培养骨干，充分发挥青年人的热情和儿童在传播歌曲上的作用。那么，在金色的麦田里，在白色的棉田里，在打谷场上，在河渠两岸都会飞扬着美妙的歌声，鼓舞着农民进行愉快的劳动。

目前农业合作化正像大海狂潮一样汹涌。这浪潮将使农民再不受剥削，再不受贫困，铺就一条通向社会主义的幸福大道。我们音乐工作者，在这个高潮中要和五亿农民共呼吸，齐歌唱，高唱这伟大的时代和美好的未来。

附曲一：

边区好[1]

1=♭E 2/4

词：新山 曲：唐诃

```
6  6  6  | 1̂ 6̂ 1  5 | 5 6  5 6 | 5 3  2 |
```
边区好，边区强，边区的 人民 喜洋洋，
军和民，一家人，团结 互助 一条心，
共产党，共产党，领导 咱们 求解放，

```
2 3  5 1̇ 6 5 | 3 5  1 2 | 2. 3  5 3 2 5 | 1 7 6.  5 |
```
共产党领导了 大生产哪！减租减息 减公粮。
军队前方去打 仗哪！后方生产 供前方。
它是咱们的救 命星哪！中国没有它 不会强。

```
‖: 5. 5 6  1 1 | 3 2 1 3  2 1 2 | 3. 5  6.  1̇ | 5 5 6 1̇  5 :‖
```
民主的政府 为百 姓，自由幸福 大家享。
顽固派汉奸 来捣 乱，坚决把它 消灭完。
永远跟着 共产 党，誓死拥护 共产党。

```
3. 5  6 5 | 1̇  6 5 | 1̇  - ‖
```
誓死拥护 共产 党。

[1] 《边区好》是唐诃于抗战时期在晋察冀边区所谱曲的歌曲作品。

附曲二：

革命无不胜[1]

1=A 2/4

词：佚名　曲：唐诃

| 1. 5 3 5 | 1 - | 3. 2 1 2 | 3 - |

军　队　向　前　进，　生　产　长　一　寸，
毛　主　席　的　话，　人　人　记　心　上，

| 5. 6 | 5 5 3 | 5. 2 3 2 | 1 - ‖

加　强　纪　律　性，　革　命　无　不　胜。
彻　底　来　执　行，　革　命　无　不　胜。

---

[1] 《边区好》是唐诃于抗战时期在晋察冀边区所谱曲的歌曲作品。

王莘：跨时代的音乐家

王莘（1918年10月—2007年10月），原名王莘耕，字义汉，江苏无锡人，中国著名作曲家，音乐教育家。王莘的生命轨迹经历了中国革命的烽火岁月，也见证了新中国的诞生和崛起。他的音乐，不仅塑造了时代的声音，更镌刻着时代的精神。

王莘的童年充满了对音乐的热爱，但他却是在艰难中成长起来的。王莘1918年10月26日出生在江苏省无锡市荡口镇，父母都是贫穷的农民，家里第一个孩子是女儿，一直盼望着能生个儿子。[1]王莘出生后，父母特别兴奋，为新生儿取名王辛耕，取"辛勤耕耘"之意，字义汉，意为"讲义气的汉子"。家里穷，王莘三岁时就跟着母亲下田采桑叶，帮母亲干些简单的农活。无锡是中国民族音乐文化的重镇，出过瞎子阿炳、刘天华等音乐大家。荡口镇是音乐之乡，尽管家里并不富裕，但是王莘打小就浸润于优雅婉转的民族民间音乐，显露出对音乐的浓厚兴趣，尤其对民间音乐的热爱深深在内心植根。童年王莘就自学了吹笛子、拉二胡，能演奏一些经典的江南民乐曲目。父母也非常支持他的音乐爱好，虽然家里经济拮据，但他们始终鼓励王莘追求艺术梦想，这样的环境和经历为他日后的音乐创作打下了基础。

---

[1] 刘宝海，靳紫阳.一曲祖国颂神州世代传——人民音乐家王莘生平[J].歌海，2002，（09）：24.

1932年秋，为了帮助家里过生活，14岁的他，在父亲的安排下离开家乡，前往上海谋生。经亲戚介绍，王莘进入上海先施百货公司当练习生，每天工作10个小时，月薪3块大洋，他把1块大洋寄回家补贴家用，其余维持自己在上海的花销。[1]在先施的二楼，《申报》创始人、总经理史量才先生办了一所申报业余实习学校（简称量才夜校），深深吸引了王莘。在这里，他开始接触民主革命和进步思想，什么是民主自由？什么是爱国主义？为什么要反抗日本帝国主义的侵略，这些前所未闻的道理，像一缕亮光照亮了王莘的思想。在这里，他还认识了校长李公朴先生。那时李公朴从美国留学归来，被王莘的学习热情所感动，亲自教王莘学英语，还送给他一本中英文对照的小册子。每天一有空王莘就背单词，经过几年努力，他不仅记了几千个单词，口语表达能力也上来了。在量才夜校，王莘最爱听左翼音乐家吕骥的音乐课，还经常参与吕骥组织的演唱抗日救国歌曲活动。吕骥也发现了王莘对音乐的兴趣和深厚素养，推荐他到立新会计学校音乐训练班学习，王莘又成了音乐家冼星海的学生，结识了《救亡进行曲》的作者孙慎和《大刀进行曲》的作者麦新等人，学习了更多的音乐知识。王莘一面如饥似渴地学习音乐，一面积极跟随冼星海忙于抗日救亡活动，深入工厂、学校、商店教唱抗日歌曲，在上海抗日救亡歌咏运动中发挥了重要作用。1936年，日寇铁蹄逼近华北，全国人民抗日热情空前高涨。王莘受吕骥、冼星海等为代表的进步音乐家的影响，参与了多个革命文艺团体，与冼星海等人共同策划并参与许多抗日歌曲的创作推广，激励大量民众投身抗日救国运动。王莘在抗日救亡歌咏运动中的积极表现，引起了国民党反动当局的注意，他被列入上海市警察局的抓捕黑名单。为躲避抓捕，王莘悄然离开上海到近郊的莘庄。莘庄的莘恰好和他名字中的辛同音，便改名王莘。之后，经上海基督教青年会刘良模介绍到宁波，加入宁波抗日

---

[1] 冯晓蔚.记《歌唱祖国》创作者、人民艺术家王莘[J].书屋,2023,(09):22-23.

宣传队伍之中。

1937年7月7日，卢沟桥事变爆发，日本发动全面侵华战争。王莘在抗日救亡歌咏团的积极分子中秘密组织宁波战时流动宣传队，准备一路北上，一边进行抗日救亡宣传演出，一边寻找机会投奔延安。[1]9月下旬，演剧队历经余姚、杭州、苏州、徐州，乘火车到西安。他们参加了中共党组织在云阳镇举办的青年培训班，1938年10月，王莘青训班结业后，历尽千难万险随延安《新中华报》的杨队长和四名战士抵达革命圣地延安，进入鲁艺学习音乐创作。延安是中共中央所在地，是当时全国的抗战中心，也是进步青年向往之地。在鲁艺，王莘又遇到了正在音乐系当主任的老师冼星海。鲁艺时期的冼星海进入音乐创作鼎盛期，王莘便成了冼星海的得力助手和得意门生。课余，他帮冼星海老师抄写歌谱，排练节目，收集民间素材。他还参与了冼星海《黄河大合唱》音乐创作及演出的全过程。1939年5月10日，王莘及鲁艺100名师生参加了《黄河大合唱》在延安大礼堂的正式演出，受到中央首长的高度赞扬。[2]

1939年春，日军增兵华北，集中兵力围剿八路军抗日根据地。党中央决定分出半个鲁艺，由沙可夫、吕骥带队与陕北公学、延安工人学校、青年干部学校等成立华北联合大学，成仿吾任校长，开赴抗日前线。王莘积极报名，要求到前方去，得到批准。7月7日，华北联大成立。在成立大会上，冼星海再次指挥演出《黄河大合唱》，王莘担任第五乐章《河边对口曲》中的对唱。他扮演王老七，之后大家见面时都戏称王莘为王老七。[3] 王莘在鲁艺系统地学习音乐知识，参与了大量的革命文艺活动。从宁波到延安，无论是地理环境、自然气候、风俗习惯还是人际关系，对王莘而言都是千

---

[1] 周巍.王莘：用心灵谱写《歌唱祖国》[J].求知，2020，（12）：61-62+65.

[2] 刘宝海，靳紫阳.一曲祖国颂 神州世代传——人民音乐家王莘生平[J].歌海，2002，（09）：24.

[3] 瞿新华，龚孝雄.人民音乐家王莘[J].源流，2011，（19）：64-69.

差万别而又无比新鲜的，青年学子怀揣理想，充满朝气与活力，感觉每天都过得很充实很有意义。[1]

  1939 年夏，王莘随同华北联合大学奔赴华北抗日根据地，东渡黄河，经过山西境内兴县、阳曲、盂县，进入晋察冀边区腹地河北省平山县。晋察冀是中国共产党领导下成立的第一个抗日根据地，1937 年 11 月于山西五台山创立，领导着 1200 万百姓与日本侵略者展开殊死搏斗。在前线，太行山的壮美山河，抗日军民的英雄故事激荡着王莘的爱国情怀，激发起他的创作欲望，处女作《晋察冀》便是在这儿诞生的，随后登在了华北联大学报上，并在联大师生中广泛传唱。有一次，王莘参加一个村庄民主选举村长的活动，投票时，每个候选人背后放一只碗，每个村民拿一颗豆子，同意谁当村长就把豆子放在谁的碗里。王莘觉得这样的选举很有代表性，值得推广。他和牧虹合作，很快创作了歌曲《选村长》。采用民谣风格曲调，既好听又好学，迅速在根据地民间传播。

  1942 年抗日根据地进入最艰难的阶段，日寇对根据地实行三光政策。晋察冀边区不断缩小。华北联大被迫缩编，王莘被派往铁血剧社担任音乐队队长。是年 7 月，王莘经卢肃介绍成为中国共产党预备党员。一年后，铁血剧社支部大会一致通过他转为中共正式党员。[2] 抗战期间，王莘的足迹遍布晋察冀边区的山山水水，陆续创作了《边区自卫队歌》《二军分区进行曲》《边区儿童团歌》《战斗生产》《日头上山岗》等。这些歌曲都是他深入群众、深入战地，受边区军民英勇斗争感染而创作的。歌曲一问世，就深受根据地广大人民群众的喜爱，广泛传唱。王莘总结自己抗战时的创作说："歌曲和其他艺术形式一样，来自生活又丰富了生活，来自革命斗

---

[1] 王斌，杜仲华. 歌唱祖国：王莘传 [M]. 天津：天津社会科学院出版社，2021：58.

[2] 王斌，杜仲华. 歌唱祖国：王莘传 [M]. 天津：天津社会科学院出版社，2021：82.

争生活又鼓舞了人民的革命斗志。"所以，王莘创作的每一首歌，都承载着人民群众的信念与力量，蕴含着强烈的社会责任感和使命感，激发了根据地抗日军民的革命热情和坚强斗志。抗战胜利后，王莘担任华北群众剧社副社长。随着解放战争进程加快，中国人民解放军以摧枯拉朽之势，彻底打垮了国民党反动派的反动统治。

1948年12月，根据中共中央华北局的决定，华北群众剧社从山西平定启程驻扎河北石家庄，随时准备挺进平津。1949年1月，王莘率领华北群众剧社进入天津。[1]从此，天津成为王莘的第二故乡，在此生活了将近60个春秋。1949年10月1日，王莘受邀登上天安门城楼东侧观礼台，参加了激动人心的开国大典，见证了共和国诞生的辉煌历史时刻。当他看到昔日的战友罗浪在天安门广场指挥《国歌》和郑律成创作的《中国人民解放军军歌》时，他暗下决心，要为共和国创作一首大歌，也能在天安门广场上演奏，并让全国人民自豪地传唱。1950年5月，王莘任天津音乐工作团团长，国庆前夕，他到北京为乐团购置乐器，途经天安门广场时，看到一群少先队员举着鲜花、吹着喇叭，伴随激昂的歌声，队伍在雄伟的天安门前行进，五星红旗在天安门广场飘扬，天安门城楼上宫灯高挂，洋溢着节日的欢乐气氛，王莘心潮澎湃，创作激情油然而生。那一刻，他的内心被激荡的情感充盈，雄壮的旋律井喷式涌现。在返津的火车上，他反复回忆着在天安门广场所见的情景，思考着人民群众对新中国美好未来的憧憬和建设社会主义国家的热情，随着火车在铁轨上轰鸣前行，王莘的思绪也随之飞扬，词句和旋律如泉涌般泄泻而出，每一个音符都凝聚着对祖国深沉的爱与祝福。几天之后，王莘梦想的经典之作《歌唱祖国》终于完稿。[2]歌曲以坚定

---

[1] 赵英秀.王莘和他的《歌唱祖国》[J].党史博采（纪实），2012，（05）：15-17.

[2] 周巍.王莘：用心灵谱写《歌唱祖国》[J].求知，2020，（12）：61-62+65.

有力的旋律和歌词，精准表达了人民群众对新中国的热爱及对祖国强盛的期盼。

完成初稿后，王莘并没有着急发表，而是通过自发的方式向大众推广。他亲自印制歌谱，走上街头分发，在街头即兴演唱，受到广大市民的关注与喜爱，逐渐在全国范围内流传开来。这首歌1951年9月15日在《人民日报》上首发，歌词和旋律简单朴实，情绪却无比激昂，迅速成为全国范围内群众性的大合唱选曲。[1] 随着时间推移，这首歌成为新中国的精神象征，成为当之无愧的第二国歌，在无数场合，唤起了中华民族强烈的民族自豪感和责任感。1951年10月底第三届全国政协会议召开，王莘作为文艺界知名人士列席大会。他和作曲家王亚威向毛主席请求签名留念时，各自报上名字，王亚威告诉毛主席王莘就是《歌唱祖国》的作者，毛主席点头说："好好好，这个歌好。"[2] 会后，王莘始终把毛主席的签名视为珍宝，成为不断前进的动力源泉。1952年，《歌唱祖国》在全国群众歌曲评比中荣获一等奖，1993年被评为20世纪华人音乐经典。它不只是一首歌曲，更是一种精神象征，它抒发了新中国人民在困境中不屈不挠、奋勇前行的豪情壮志，体现着新中国人民的勇毅与力量，王莘也因对中国音乐繁荣发展的巨大贡献，得到社会各界的高度认可。

1950年，就在新中国诞生不久后，美国悍然发动了朝鲜战争，将战火烧到鸭绿江边。1952年，王莘随全国文联创作组赴朝鲜体验生活。[3] 他被志愿军战士的爱国主义和英雄主义精神所感动，先后写出《智勇双全的黄连长》《英雄的阵地马梁山》《中朝人民友谊歌》等歌曲，在志愿军指战员中广泛传唱，极大地鼓舞了指战员的必胜信念。

---

[1] 赵英秀. 王莘和他的《歌唱祖国》[J]. 党史博采（纪实），2012，(05)：15-17.

[2] 王斌，杜仲华. 歌唱祖国：王莘传[M]. 天津：天津社会科学院出版社，2021：125.

[3] 汤小薇. 忆《歌唱祖国》作者王莘[J]. 文史精华，2007，(S2)：21-22.

1958年，王莘参与组建天津音乐学院，任副院长。1959年，天津歌舞剧院成立。王莘任首任院长，在处理繁重的行政事务之余，仍然坚持音乐创作。他作曲的歌剧《煤电新工人》受到周恩来总理的称赞，并由北京电影制片厂拍成电影。1966年"文化大革命"爆发，王莘遭受冲击，作品停演。直到1972年，美国总统尼克松访华，人民大会堂举行的国宴上演奏了《歌唱祖国》。这次演出，标志着《歌唱祖国》重返公众舞台，王莘和他的音乐也重新走回公众视野。此后的岁月里，《歌唱祖国》逐渐恢复其在各类文艺活动中的重要地位，王莘也因此重拾音乐创作，并恢复了在音乐学院的工作。

改革开放不仅带来了社会的变革，也促使教育体制发生深刻的变化。王莘迎来了充分发挥作用和继续从事创作的黄金时期。作为音乐教育的先行者，他在这一时期深度参与中国音乐教育体系的改革。1982年，王莘创办《音乐园地》，投入更多精力培养青年音乐人才。他提出音乐教育要培养有灵魂的音乐家，强调技术培训与人文素养并重。王莘倡导艺术家要深入生活，反对脱离现实的象牙塔创作。他强调音乐的社会功能，认为艺术家应承担起记录时代、鼓舞人心的责任。这一理念，影响了中国音乐教育体系的构建，培养出施广南、于淑珍、关牧村等一批兼具技术与社会责任的音乐家。改革开放，也极大地解放了文艺生产力，王莘的创作热情空前高涨，他创作了《祖国颂歌》《欢庆的歌声》，与翟迎春合作了《邓小平率领我们乘风破浪》《伟大祖国好春光》，与牟工合作了《改革者之歌》，与李幼容合作了《科技战士之歌》，与万卯义合作了《我登上高高的脚手架》，与晓星合作了《中国女排之歌》。此外，还为少年儿童创作了《组歌》《欢乐的夏令营》《可爱的小白杨》《少年儿童都爱美》等，深受广大人民群众和少年儿童喜爱。[1]1990年，王莘担任天津音乐家协会名誉主席；1993年，

---

[1] 王斌，杜仲华. 歌唱祖国：王莘传[M]. 天津：天津社会科学院出版社，2021：192.

获得中国音协颁发的"人民音乐家"荣誉称号。1997年香港回归祖国时，《歌唱祖国》再次成为庆祝活动中的重要曲目，王莘的名字和这首歌一起，成了中华民族团结与复兴的象征。

改革开放进一步推动了中国民族音乐走向世界。王莘的作品也被越来越多的外国音乐家和学者欣赏，王莘多次受邀出席国际音乐学术会议，向世界介绍中国民族音乐的历史和魅力，他的《歌唱祖国》也被翻译成多种外文版，成为代表中国音乐文化的经典作品。王莘的音乐风格，尤其是将中国传统音阶和西方和声技巧相结合的创作手段，获得国际音乐界的高度评价。王莘的创作不仅展现出中国民族音乐的独特价值，也让世界感受到中国在改革开放后的自信与风采。

1982年，王莘突发脑血栓，但他始终未曾停止对音乐的热爱与追求。[1]2001年，王莘获得首届（中国文联、中国音协共同主办）中国音乐金钟奖终身成就奖。时任中国音协名誉主席傅庚辰接受媒体采访说到评定标准时，特别举出王莘的例子：像王莘同志身患半身不遂，仍上台指挥唱歌，只能用半边胳膊指挥，让人非常感动。

2007年10月15日，王莘在天津逝世，享年89岁。2008年10月15日由雕塑家刘星创作的王莘雕像安放在天津音乐学院，供一代代青年学子们瞻仰。[2]

王莘的音乐作品不仅展现了时代的洪流与风云变幻，也深刻表达了人民心底的情感与国家的命运。从革命时期的激情澎湃，到中华人民共和国成立后的蓬勃发展，再到改革开放时期的蓄势待发，王莘的创作与音乐教育事业始终与祖国的命运紧密相连，见证了新中国从崛起到强大的历史进

---

[1] 靳学东.他用音符和心灵歌唱祖国——怀念王莘[J].人民音乐，2007，（12）：53-56.

[2] 我院举行人民音乐家施光南、王莘塑像揭幕仪式[J].天津音乐学院学报，2008，（04）：27.

程。王莘的音乐，像一条无声的河流，滋养着一代代中国人的心灵。他的名字已经和《歌唱祖国》融为一体，成为中华民族复兴的精神符号，永远激励着每一个中国人走向未来。王莘不仅是一位伟大的作曲家和教育家，更是新中国音乐文化的奠基者，他用音符谱写了不朽的时代篇章，为后世留下了宝贵的艺术遗产。在他的一生中，音乐不仅是他的职业，更是他生命的信仰，正如他回顾音乐创作经历时所说："时代的步伐是节奏，祖国的脉搏是音符，人民的心声是旋律，这就是我的歌曲。"[1] 他的创作核心始终围绕民族情感与爱国精神；他的创作逻辑将个人情感升华为集体共鸣，用音符、用音乐凝聚了民族的认同感；他的音乐实践为中国现代音乐的民族化探索提供了范本。王莘是一位跨越时代的音乐家，音乐界的一面旗帜。他的名字和他创作的经典，将永远镌刻在人民共和国的艺术史册中。

---

[1] 王斌，杜仲华. 歌唱祖国：王莘传[M]. 天津：天津社会科学院出版社，2021：259.

附文：

给初学作曲者 [1]

王 莘

跟着边区看音乐运动的开展，作曲的同志是一天一天地多起来了，从学校里、军队里、群众剧团里、都产生了不少新的歌曲作者，这些作者不一定专门从事于音乐工作，但对于作曲都有着很高的热情和兴趣。这里我们来谈一谈关于学习作曲上的一些问题，向初学作曲的同志在学习方法上提出一些零碎的意见。

首先第一个问题，就是一个初学作曲的同志怎样来开始学习作曲，还是先学作曲法呢，还是先练习写曲？这个问题的回答好像是应该这样的：先学习作曲法，再去联系写曲，因为这样对于一个初学作曲的同志会有很大的帮助，他不致在学习写曲中感到很多的困难，或是弄出一些毛病，在乐曲的处理上也可以懂得很多的方法；但根据今天的实际情形却不是这样，我们大多数学习作曲的同志都是先从练习写曲开始的，可是也产生了一些很好的歌曲，这是不是说明这个问题回答得不对呢？问题不在这里，这些同志所以先从练习写曲开始，所以能够写出一些好的歌曲来，其原因在于一、他们得不到这样的条件和环境先去好好学习作曲法，二、虽然他们没有学过作曲法，但他一定唱过，听过很多的歌曲，或是干过相当时期的音乐工作，

---

[1]《给初学作曲者》一文由王莘撰写，刊登在 1942 年 1 月 4 日《晋察冀日报》第四版。

有着很丰富的经验，他凭持这些经验当然也可能写出些好的曲子来，但应该说明，他如果光是凭持这样的经验而不去学习作曲法，那么他希望在作曲上能够得到进一步的发展和成就是很困难的，因此，我觉得一个初学作曲的同志，不但要努力地不疲倦地去多多练习学曲，并且要努力地去学习，研究作曲法，因为只有这样才能使他获得作曲理论上的指导，才能使你的作曲技术能够不断地提高，而不致停留在一个阶段上不再前进。

第二个问题就是一个初学作曲的同志怎样去汲取自己的写作经验。往往有许多作曲的同志，把一个曲子写好了，发表了就告完毕，把最宝贵的创作经验置之不顾，这对于自己是一种最大的损失，自己化了很大的精力写成一个曲子，就一定可以得到不少经验，这些经验就应当好好地使他积累起来，作为你最好的创作资本。怎样去汲取这些经验呢？主要的就是去发现这个曲子的缺点，比如这个曲子是不是能够最好地表现词的思想感情？能不能为你所设想的对象所接受和欢迎？其原因又在那里？在旋律的进行上，节奏上，曲子的形式上，有些什么好的地方，有些什么坏的地方，在风格上是不是够健康……等等。至于发现这些优缺点的方法，可以虚心地听取别人的意见，可以在听过演唱后自己细心的研究，如果临近有作曲经验的同志在，可以请他批评，或者甚至修改，总之，要想尽一切的方法来汲取那怕一点一滴的经验，并使之溶入下次的写作中。第三，一个初学作曲的同志要多多地找一切机会去欣赏好的歌曲，这里包括一切歌曲作者好的或成名，流行的歌曲，中国的民歌，外国的名曲等等都是很好的材料。因为这对你会有很大的帮助，会丰富你的乐想，会使你得到比理论上更加生动活泼的东西，不但去欣赏它，还需要进一步的研究它，了解它，为什么它能够成为一个为群众喜爱的好作品，它的好处究竟在那里？比如旋律和歌词是怎样微妙地结合的，节奏和调性是怎样运用的，如果要研究它更细小的地方，那么旋律进行的跳进级进，主题的发展，节奏的变化，曲体的格式等等我细心地去推敲，只有在这样多多的欣赏和研究中，才能使我们音乐领域的知识加扩大，才能自己不致在理论的原则里转圈，123，321的圈子里打滚，而，我们初学作曲的同志不一定每个人都有这样的能力去进行欣赏和研究，但我们必须努力于这种能力的获得。

最后，作曲诚然是不容易的，要成为一个好的作曲者更非易事，但只要我们保持着充分的热情，克苦的努力，经常不断地写作，经常不断地在音乐的各方面，特别是基础知识学习上的提高，经常不断地参加各种音乐的活动，那么，这成果的获得是不成问题的。

附曲一：

战斗生产 [1]

1=D 4/4　　　　　　　　　　　　　　　　词、曲：王莘

快

> 1. 3 | 6 5 | 1. 6 6 5 |
> 战　斗　生　产，战　斗　生　产，

6. 7 1 2 | 3 3 | 5 3 5 |
解　放　区　的　军　民　越　打

1 3 5 | 6 — | 5 0 | 6 6 7 |
越　勇　敢。　　　　　生　产

6. 5 6 | 3 3 4 | 3. 2 3 | 5 1 |
拿　锄　头。战斗　　拿　枪　杆，敌人

3 5. 5 | 6 5 3 | 1 0 1. 1 | 4 6 |
来　了　就　坚　决　的　打，一　面　战　斗

---

[1] 《战斗生产》是王莘于抗战时期在晋察冀边区所创作的歌曲作品。

轮唱

5 3 2 | 5 - ‖: i̇ i̇ | i̇ - |

一 面 生 产。　　　山 岗 上，
　　　　　　　　　田 野 里，

6 i̇ 4 - | 2 2 3 | 5̇. 6 5 3 |

大 道 边，　　到 处 有 我 们 的
山 坡 上，　　到 处 有 我 们 的

5̇. 6 5 3 | 5 2 2 | 5̇ 1 | 3 5̇. 5 |

爆 炸 组 和 神 枪 手，打 的 鬼 子
收 割 队 和 突 击 手，抢 收 抢 割 像

6 6 5 3 | i̇ i̇ i̇ 4 | 6 6 5 3 2 |

人 马 翻 天，打 得 鬼 子 人 马 翻
暴 风 卷，抢 收 抢 割 象 暴 风

齐唱

5 - ‖: i̇. 3 | 6 5 | i̇. 6 |

天，　　战 斗 生 产 战 斗
卷，

6 5 | 6̇. 7 1 2 | 3 3 5 | 3 5 |

生 产，解 放 区 的 军 民 越 打

| 1 $\underline{3\ 5}$ | 6 - | 5 0 | $\underline{\dot{6}\ \dot{6}}$ $\underline{\dot{7}}$ |

越　勇　　敢！　　　　　　生　产

| $\underline{\dot{6}.\ \underline{5}}$ $\underline{6}$ | $\underline{3}\ 3\ 4$ | 3.　$\underline{2}$　3 | $\underline{\dot{5}}$　1 |

拿　锄　头，战　斗　　拿　枪　杆，永　远

| 3.　$\underline{4}$　5 | $\dot{2}$ - | $\underline{6.\ \underline{\dot{1}}}$　$\underline{5\ 6}$ | $\dot{1}$ - ‖

战　斗　在　太　　　行　　　　山！

附曲二：

过来吧[1]

1=C 2/4

词、曲：王莘

中速 激动

| 1. 2 1 | 5 5 3 | 1 6 | 5 0 |
过 来 吧 伪军 的 弟 兄 们

| 2 3 | 5. 6 4 5 | 1 7 | 6 — |
祖 国 伸 着 手 在 欢 迎 你！

| 2. 3 2 | 2 2 3 | 1 3 | 2 0 |
过 来 吧！ 伪军 的 弟 兄 们

1. 2.
| 2 2 | 1. 2 7 1 | 7 6 | 5 — ‖
祖 国 伸 着 手 在 欢 迎 你！ D.C.

3.
| 5 6 7 | 1 — | 5. 5 | 1. 1 |
欢 迎 你！ 这 是 时 候 了！

[1] 《过来吧》是王莘于抗战时期在晋察冀边区所创作的歌曲作品。

| 5 5 4 | 3. 3 3 3 | 3 7 | 6 − |

不 能 再 忍 气 吞 声 做 奴 隶
不 能 和 父 老 弟 兄 永 别 离

| 2 2 5 | 3. 2 1 7 | 6 7 | 5 − |

不 能 再 帮 助 鬼 子 打 自 己
不 能 到 太 平 洋 里 去 送 死

| 5. 4 3 5 | 1 1. 1 5 1 | 3 2 0 |

调 转 你 的 枪 口 向 敌 人 射 击

| 1 2 | 3 − | 3. 0 ‖

射 击　　　　　　　　　 *D.C.*

冼星海：为了人民的音乐家

冼星海（1905年6月—1945年10月），曾用名黄训、孔宇，祖籍广东番禺，出生于澳门。1928年进入上海国立音乐学院读书，1929年赴法国巴黎勤工俭学，师从小提琴演奏家帕尼·奥别多菲尔和作曲家保罗·杜卡斯两位音乐大师[1]，1935年学成归国，积极参加抗日救亡活动，1938年到延安担任鲁迅艺术学院音乐系主任，[2]1939年6月加入中国共产党，是中国著名的作曲家、钢琴家，他创作的《救国军歌》《到敌人后方去》《在太行山上》《黄河大合唱》等一系列音乐作品，开拓了中国现代革命音乐的新范式，成为唤醒全民族抗战意识觉醒的号角。

1905年6月13日，冼星海出生在澳门一个贫苦家庭，他祖父一代从广东番禺移居澳门。父亲冼喜泰长年风浪里奔波，不慎坠海，给妻子和即将出生的儿子留下"一顶破渔网""两支旧木桨"。母亲黄苏英是澳门一个农村妇女，早年经历了田野上劳作的艰苦磨炼，后来又跟随丈夫在海上经历风吹浪打，铸就顽强的生活意志。她在怀孩子时，梦着她坐在丈夫摇的船上，满天都是星星，海面上充满了星星的光影。梦醒后，她将这个美丽

---

[1] 查太元.冼星海生平研究之相关史料考证举隅[J].黄钟（武汉音乐学院学报），2020，（02）.

[2] 向延生.冼星海与《黄河大合唱》纵横谈[J].中国音乐学，2022，（03）：43-48.

的梦告诉了丈夫。丈夫说，将来孩子生下来就叫"星海"吧。[1]祖父特别疼爱星海这唯一的孙子，尽力照顾他们母子的生活。冼星海6岁入本地私塾学习，1911年随母亲闯南洋到了新加坡。冼星海辗转几所学校，后来进入养正学校读书，被音乐教师区健夫慧眼识珠，单独给他上音乐课，教他如何吹奏各种乐器，并把他选进学校军乐队。[2]在南洋的6年里，冼星海对音乐产生了浓厚的兴趣，为以后从事音乐创作打下了基础。

1918年，母子二人因经济拮据回到广州，其母典当了祖传银镯等物品，将13岁的冼星海送进岭南大学的义学。这个赤脚走进学堂的渔家子，一边打工，一边学习。他每天挤出两小时售卖书、纸、笔等，也参加岭南银行乐队的演出，以补贴家用和学费。凭借惊人的毅力和非凡努力，冼星海音乐方面的天赋开始崭露头角，尤其擅长吹奏单簧管，被誉为"南国箫手"。1926年冼星海考入北京大学音乐传习所，在萧友梅、托诺夫等名师指导下系统学习音乐理论。为减轻家庭经济负担，他课余就做图书馆管理员，帮别人抄谱子，贴补生活。两年后，转入上海国立音乐学院深造，学习小提琴、钢琴、作曲理论等。1928年，冼星海发表了著名的音乐短论《普遍的音乐》，提出"做普通人所不能做到的事情，而且要吃普通人所不能吃的苦"，结合自身苦难经历，号召中国所有学音乐的人"要负起一个重责，救起不振的中国"。[3]自此，"普遍的音乐""救国的音乐"成为冼星海毕生追求。1929年夏，学校部分学生因不合理的管理与校方发生冲突，爆发了学潮。冼星海同情并支持闹学潮的学生，他的宿舍经常成为学生商讨斗争的场所。开学后，他也接到学校的勒令退学通知，不能在国内学音乐了。

1930年冬，冼星海漂洋过海到法国巴黎求学。经马思聪介绍，冼星海

---

[1] 马可.冼星海传[M].北京：人民文学出版社，1980：4.

[2] 魏艳，常钰.少年冼星海的音乐之路——冼星海马来亚生活初探[J].星海音乐学院学报，2020，（01）：47-56.

[3] 张晓飞.冼星海："为抗战发出怒吼，为大众谱出呼声"[J].党建，2021，（04）：66-67.

在巴黎音乐学院师从奥别多菲尔学习小提琴演奏，随后又结识了著名的教授路艾日·加隆，争取到学习作曲理论与和声对位技术的机会。然而，经济贫困始终是横亘在冼星海音乐学习路上的一道障碍。白天冼星海去餐馆打工，去理发店做杂役，晚上去电话局当守夜人，深夜则在灯下修改曲谱，刻苦读书。两位教授了解到他的境遇，惜才心切，就慷慨地免了他的学费。在加隆教授推荐下，冼星海根据唐朝诗人杜甫《茅屋为秋风所破歌》创作了奏鸣曲《风》，破例在学校新作品演奏会上演出，婉转的广府童谣与印象派的和声化作珠江潮水，穿过凯旋门拍打出塞纳河的涟漪。冼星海因此受到著名作曲家保罗·杜卡斯教授赏识，成为杜卡斯巴黎音乐学院高级作曲班的首位中国学生，那是冼星海钻研音乐的黄金时代。

身在异国，但冼星海从未忘记自己的祖国。看法国国庆游行时，听着法国国歌声，冼星海心中升腾起挽救正处于危亡之中祖国的信念，他立志要做根植于中国土壤的音乐。[1]1935年，冼星海于巴黎音乐学院毕业，谢绝老师和同学的挽留，他搭载归国邮轮返回抗日救亡运动浪潮高涨的上海。留洋音乐家从此成为战士，一头扎进抗日救亡运动的浪潮中。

蒋介石反动政府实施"攘外必先安内"政策，以集中兵力围剿红军，内战正酣。冼星海与塞克共同创作了《救国军歌》，以坚定而铿锵的曲调，发出了枪口对外一致抗日的呼声。塞克把歌词稿送到冼星海手中时，正在吃饭的冼星海看了一遍歌词，顾不上寻找铅笔橡皮和五线谱纸，掏出随身带的钢笔，随手将桌上的废弃纸烟盒拆开，一边用筷子敲打碗边寻找节奏，一边凝神创作，仅用五六分钟，"中国抗日救亡第一歌"《救国军歌》就此诞生。《救国军歌》经新生合唱团首唱，先在上海抗日救国会组织的反内战群众大游行中唱响，随后迅速在全国传唱，成为流传广泛的抗日战歌。后来回想那段创作时冼星海说，我的作品那时已经找到一条路，就是吸收

---

[1] 魏艳，常钰.少年冼星海的音乐之路——冼星海马来亚生活初探[J].星海音乐学院学报，2020，（01）：47-56.

被压迫人们的感情,为人民斗争而创作。此后,冼星海投身抗战救亡歌曲创作活动,为进步电影《壮志凌云》《青年进行曲》、话剧《复活》《大雷雨》等谱曲,还组织群众音乐团体开展抗日救亡歌咏。他还受邀到立信会计学校的音乐训练班讲课,培训音乐人才,为抗日救国时期音乐艺术的发展,为唤醒全民抗战做出了巨大贡献。1937年"七七"卢沟桥事变爆发,中华民族进入全面抗战时期。冼星海加入上海救亡演剧二队,辗转苏州、南京、长沙、桂林等地,开展抗日文艺宣传。随后,他又转战武汉,深入学校、农村、厂矿、部队等,指导群众抗日救亡歌咏活动,极大地激发了广大民众的抗战热情。

1938年9月,一纸来自延安鲁迅艺术学院全体师生的邀请电报,让冼星海不胜欣喜。他激动地对未婚妻钱韵玲说:"我们到延安去吧。"随后,两人携手在冬日里,背着褪色的手风琴走进延安这个革命大本营。[1]在鲁艺工作期间,冼星海担任音乐系主任,主持教学管理工作,系统开设了音乐创作技法与理论课程,同时兼顾音乐史学及指挥艺术的教学任务。在延安的一年半中,他还迎来自身艺术创作的巅峰期,相继完成了《军民进行曲》《生产运动大合唱》《黄河大合唱》《九一八大合唱》等系列经典作品的谱写。此外,他深耕音乐理论研究,其学术研究聚焦音乐民族化课题,系统探究中国传统音乐与西方现代音乐的融合路径,发表了《聂耳——中国新兴音乐的创造者》《论中国音乐的民族形式》《民歌与中国新兴音乐》等系列学术专著,着重阐释艺术创作的社会功能与群众基础,深入总结中国现代音乐在民族化、大众化道路上的实践经验。冼星海从音乐人才培育、音乐创作发展、音乐理论研究多维度勘踏音乐大众化、民族化和艺术化的边界

---

[1] 陈伟龄,栾宁丽.为人民创作的音乐家冼星海[J].档案与建设,2021,(10):91-92.

与联系，构建起具有中国特色的音乐理论体系，推进中国新音乐健康发展。[1]

　　为采集民间音乐，冼星海常赤脚行走于陕北沟壑。鲁艺的课堂上，他要求学生必须赤脚踩地演唱，"要感觉地气从脚心往上涌"，示范着《在太行山上》的颤音，让歌声唱进黄土高坡的裂缝里。窑洞前昏黄的地平线，信天游的曲调刺破冷冽的寒夜，他跑过三道山梁追上羊群中哼唱的陕北老农，用老人的烟杆在地上在冻土上划出音调起伏的曲谱。归来，他的笔记本封皮沾着羊粪和草屑，内页里却多出 37 种陕北方言语调的声波标记。这种近乎痴狂的采风，成了冼星海的日常。冼星海带着采风队走遍边区，在安塞老乡家的炕头用怀表计算鼓点节奏，发现这节奏与当地春耕时镢头落地的频率完全一致；在绥德集市上捕捉卖货郎的吆喝调，深感"民间音乐不是旋律，是劳作的呼吸"，他给母亲的信中说，"我要让这些呼吸变成革命的呐喊"。从此，鲁艺东头第三孔窑洞成了音乐试验场。窗台上摆着 28 个粗陶碗，盛着不同水位的延河水——这是冼星海自制的"水编钟"；墙角挂着用驴皮、羊肠和枣木自制的弦乐器，形制介于二胡与曼陀林之间；最惊人的是那架"黄土地鼓"，将掏空的古柏树干蒙上硝制的狼皮，敲击时震波能传至三里外的山峁。创作《生产大合唱》期间，冼星海还发明了"人体录音法"。让 30 名学员躺在打谷场，腹部贴地感受犁铧破土的震动，再用哼鸣模拟不同深度的土壤声响。这种实验催生出《二月里来》中独特的低音部——不是传统的大提琴，而是用 12 把三弦的泛音叠加出大地深层的震颤。

　　1938 年，著名诗人光未然带领抗日演剧三队由宜川东渡黄河转入山西吕梁抗日根据地，途经山西吉县黄河壶口时，汹涌澎湃的黄河激发了创作灵感，创作出朗诵诗《黄河吟》。1939 年农历正月十五，光未然坠马摔断左臂，住进延安医院。他躺在病床上口述长诗《黄河吟》，冼星海正守在病榻前，认真记录着，强烈的创作欲望油然而生。当听到"朋友！你到过

---

[1] 张晓飞.冼星海："为抗战发出怒吼，为大众谱出呼声"[J].党建，2021，（04）：66-67.

黄河吗"的叩问时，那段关于黄河渡口的记忆轰然苏醒，激情汹涌而至。那是三年前的寒冬，冼星海目睹黄河纤夫古铜色的脊背绷成满弓，混着血汗的号子劈开惊涛骇浪。于是，自这天起，窑洞土炕便成了战场，经六天六夜对《黄河大合唱》不眠不休的创作，嚼碎的小米锅巴雪片般落在稿纸上，桌边一次次燃尽的油灯落为曲谱上错落的音符，终于在第六日凌晨，完成了《黄河大合唱》的谱曲。[1]

1939年4月13日，《黄河大合唱》在陕北公学大礼堂首演，冼星海挥动杨树枝削成的指挥棒，《怒吼吧，黄河》的轮唱如潮水般从四面涌来，"风在吼，马在叫"的旋律如黄河决堤般席卷全场，那一刻，有四万万人的灵魂共振。美国记者埃德加·斯诺在《西行漫记》续篇中回忆道："最后一个音符落下时，前排的机枪手们突然集体起立，将子弹带摔在地上当作打击乐器即兴伴奏，全场陷入沸腾。"自此，《黄河大合唱》如同燎原的火种，随着战地宣传队的足迹燃遍神州，让中华民族在浴血奋战的炮火声中听见了自己的心声。1939年5月11日，在延安庆祝鲁艺成立一周年晚会上，冼星海再次穿着灰军装和草鞋，打着绑腿指挥《黄河大合唱》。在场观看的毛泽东、朱德、周恩来和其他中央首长连声叫好。周恩来观看后觉得这组套曲艺术魅力强，而且蕴含的时代价值和历史意义远高于艺术成就，遂于7月8日欣然为《黄河大合唱》题词：为抗战发出怒吼，为大众谱出呼声。这首富有鲜明的民族风格、中国气派和时代特征的合唱曲，激发了中华儿女抵御外侮的坚强意志和抗战必胜的坚定信念，被后人评为20世纪中华民族自己创作的第一曲，成为旷世绝响。[2]

在艰难困苦的延安，党组织对文艺人才实施差异化保障政策，给予艺

---

[1] 向延生.冼星海与《黄河大合唱》纵横谈[J].中国音乐学，2022，(03)：43-48.

[2] 陈伟龄，栾宁丽.为人民创作的音乐家冼星海[J].档案与建设，2021，(10)：91-92.

术家冼星海以最大的尊重。当时朱德总司令每月津贴只有5元，但党中央决定每月给冼星海15元津贴，享有每周两次的肉食供应及膳食营养保障。冼星海是穷苦出身，他的津贴除了基本的生活费用外，主要是招待客人的茶点费。在延安鲁艺，他勤奋学习政治，弥补这方面的不足，经过延安洪炉的淬炼，他的思想发生了根本性的变化。1939年6月，冼星海光荣加入中国共产党。从1935到1940年的5年间，冼星海基于现实主义创作原则与人民性艺术立场，系统整理民间音乐素材，创作出近300首抗战主题音乐作品。这些作品通过融合地方戏曲元素与现代作曲技法，构建起具有鲜明民族特色的音乐体系，为民族解放斗争提供了重要的文化支撑，成为中华民族不朽的英雄篇章。

1940年5月，冼星海赴苏联为大型纪录片《延安与八路军》进行后期制作并配乐。离别时，他将珍藏的《和声学》法文原版赠给学生并再三叮嘱，"创作不是把民歌镶金边，是要让阳春白雪扎进黄土里开花"，要让歌声唱进黄土高原的沟沟壑壑里，要始终为人民而创作。1940年6月，苏德战争爆发，纪录片《延安与八路军》制作中断，冼星海准备取道新疆返回延安，但因战乱和交通阻隔，被羁留在哈萨克斯坦境内的阿拉木图。在供应十分困难的战时条件下，他先后完成了以中国古诗为题材的独唱曲和《民族解放交响乐》（"第一交响乐"）、《神圣之战》（"第二交响乐"）、管弦乐组曲《满江红》、交响诗《阿曼盖尔达》等多部交响乐。由于过度劳累和营养不良，冼星海的肺病日渐严重，身体每况愈下，直至1945年初，苏联有关方面将他送到莫斯科的克里姆林宫医院进行救治。在莫斯科郊外的寒夜里，骨结核使他的手指蜷曲如枯枝，他仍用麻绳绑着铅笔创作着管弦乐《中国狂想曲》。密密麻麻的乐谱上，空白处歪歪扭扭地记着：黄芪三钱，延安土二两……他把对故土的思念熬成了药方。奈何病魔无情，冼星海于1945年10月30日在克里姆林宫医院病逝，安葬于莫斯科近郊的公墓。1945年11月14日，延安各界怀着无比沉痛的心情为冼星海举行了追悼大会，毛主席为追悼冼星海亲笔题写了挽幛：为人民的音乐家冼星海同志致哀。[1]

冼星海逝世79年后，西安音乐学院发现了1940年的珍贵录音——杂音纷乱中，冼星海的声音如金石相击："真正的革命音乐不是战鼓的替代品，而是让每个音符都变成种子，在人民心里长出森林。"今天的延安鲁迅艺术学院旧址上，冼星海使用过的油灯仍在。玻璃罩内的灯芯早已干透，但那六天六夜燃烧的灯火，早已化作《黄河大合唱》中永不熄灭的烈焰——这跨越世纪的涛声里，有知识分子与劳苦大众的血液交融，在五线谱上生成了精神长城。冼星海，这位从澳门渔村走出的音乐家，用四十载短暂生命证明，最伟大的交响并不一定要在金色大厅回荡，它诞生于劳苦大众的呼吸之间，在血与火的淬炼中，成为大地深处迸发出的民族绝响。

冼星海是中国民族新音乐事业的先锋和奠基人，他的音乐作品成为唤醒民族觉醒和鼓舞士气的精神号角。冼星海坚持音乐大众化，他认为研究民歌的出发点必须着眼民族，因为民歌是人民的歌，应该为大众所需求创作大量的民族战歌，只有这样的音乐作品，才能提高一个民族的自信心，才能激发人们的爱国热情。冼星海在创作之路上一直探索着新的艺术形式，探索中国的新音乐发展之路，着力建立新的音乐理论，创造中国自己的法则。在战火纷飞的年代，他特别注重音乐与政治的结合，他认识到战争期间的音乐应该具有反抗性、组织性、教育性和最重要的政治的原素，大众的音乐必须服从政治，担负起抗日的伟大任务。[2]冼星海有句口头禅，"人民的斗争就是我的歌"，可见特别强调新兴音乐中救亡歌曲的作用。他认为，救亡歌曲是时代的精神、时代的强音、人民的心声、战斗的号角，他的每一首歌都为人民群众喜闻乐见，广泛传唱；他的每一部作品都被人民

---

[1] 张晓飞.冼星海："为抗战发出怒吼，为大众谱出呼声"[J].党建，2021，（04）：66-67.

[2] 王海涛.冼星海音乐创作中的民族风格透视[J].四川戏剧，2018，（01）：166-169.

群众奉为经典,成为跨越时代,激励后人的传世作品。冼星海属于中国人民,属于中国革命,他是为人民的音乐家。英雄从未走远。他的坚定信仰、旷世作品、卓越贡献如同恒星,永不消失。

附文:

我学习音乐的经过 [1]

冼星海

此文发表于一九四零年延安出版之"中国青年"上,今天重新发表,可以使我们重新回顾星海同志一生所走的道路,学习星海同志的刻苦学习,热爱祖国和人民的精神,悼念这位人民的歌手,跟着他的歌声前进,建设人民的新音乐和新中国。

XX 兄:

我到这里已经一年多了,现在又是春天,每年春天,我总想多写些东西,今年春天,大概还能更多写一些吧。我刚刚写"三八"妇女歌舞活报,"牺盟大合唱",又要开手写"浏阳河"歌剧和"敌后抗日根据地大合唱"……

我住的地方是一条小溪流入一条河的山沟边。春天冰雪融化了,河水,溪水边重地,磅礴地向东奔流。在柳树指头抹着翠绿的包围里,礼堂——从前是个教堂——的双塔尖插入明秀的天空,引起了异国的回忆,我想起你前次的来信。

你问起我的创作经验,我觉得我还谈不上什么经验,因为我现也还在学习中。但为了答谢你给我的鼓励,只好不避厚颜,将学习的经过乱七八糟的写下来。这样的东西,怕于你没有什么益处吧!

---

[1] 《我学习音乐的经过》是冼星海于 1940 年发表在延安《中国青年》的文章,1945 年 11 月 24 日,为悼念冼星海的逝世,《晋察冀日报》第四版再次刊登该文章。

一、在巴黎

我曾在国内学音乐有好些年,在广州岭南大学教音乐的时候,感到国内学音乐的不方便,很想到法国去。同时,我奢想把我的音乐技巧学得很好,成功为一个国际音乐家。正在考虑之际,凑巧得马师聪先生的帮忙,介绍了他在巴黎的先生奥别多菲儿(Pauloberdocffer)给我,于是我下了很大的决心,不顾自己的穷困,在一九二九年离开祖国到巴黎去。到了巴黎,找到餐馆跑堂的工作,就开始跟这位女界名提琴师学提琴。奥别多菲儿先生,过去教马先生时,每月收二百佛朗(当时约合华币十元左右)。教我的时候,因打听出我是个做工的,就不收学费。接着我又找到路爱日,加隆先生跟他学"和声学""对位学""词加曲"("Figue"学作曲必要经过的课程)他是巴黎音乐院的名教授,收学费每月亦要二百佛朗。但他知道我的穷困后,也不收我的学费。我又跟"国民学派""士奇芝港多隆姆"学校(是一个唱过学校系巴黎最有名的音乐院之一,与"巴黎音乐院"齐名。也是专注意天才。与"巴黎音乐院"不同之处,是她不限制年龄,"巴黎音乐院"则二十岁上下才有资格入学。此外,她除了注意技巧外,对音乐理论比"巴黎音乐院"更注意小的作曲教授丹地学作曲。他算是我第一个教作曲的教师,以后我又跟里.古特先生学作曲,同时跟拉卑先生学指挥。这些日子里,我还未入"巴黎音乐院",生活穷困极了,常常妨碍学习。

我常常在失业与饥饿中,而且求救无门,在找到了职业时,学习的时间却又太少,……我曾经做过各种各样的下役,像餐馆跑堂,理发店杂役,做过西鬼(Boy),做过看守电话的庸人和其他各种被人看做下贱的跑腿。在繁重琐屑的工作里,只能在忙里抽出一点时间来学习琴,看看谱,练习写曲。但是时间却不能固定,除了上课的时间无论如何要想法去上课外,有时在晚上能够在厨房里学习提琴就好了,最糟的有时一早五点钟起来,直做到晚上十二点钟。有一次,因为白天上课弄的很累,回来又一直做到晚上九点钟，最后一次端菜上楼时，因为晕眩连人带菜都摔倒，挨了一顿骂之后，第二天就被开除了。我很不愿把我是一个工读生的底细告诉我的同事们，甚至连老板也不告诉。因此，同事对我很不好，有些还忌刻我，在我要去上课的那天故意的找工作给我做，还打骂我。因此，我也曾同人打架。有一个同时是东北人，他一看见我学习，总是找事给我做，譬如说壁上有一丝灰，要我去擦等等。但我对他很好，常常给他写信回家（东北），他终于感动了，把我特别看待，给我衣服穿等等。可是我还不告诉他我入学的事。

我失过上几次业，饿饭，找不到住处，一切困难问题都遇到过，有几次又冷又饿，实在支持不住，在街上软下来了，我那时想大概要饿死了，幸而总能侥幸碰到些救助的人，这个人是外国的流浪者（有些是没落贵族有些是白俄），大概他们知道我能弹奏提琴，所以常在什宴会里请我弹奏，每次给二百佛朗，有时多的给一千佛朗。有对白俄夫妇，他们已没落到做苦工，他们已知道了劳动者的苦楚，他们竟把得到很微薄的工资帮助我——请我吃饭。我就是这样朝朝暮暮的过活，谈不上什么安定，有过好几天，饿得快死，没法，只得提了提琴到咖啡馆大餐馆中去拉奏讨钱。忍着羞辱拉了整天得不到多少钱，回到寓所不觉痛哭起了，把钱扔到地下，但又不得不拾起来，门外房东在敲门要房金，只好把讨到的钱给他，否则就有到捕房去坐牢的危险（其实，如不是为了学习，倒是个活路）。有一次讨钱的时候，一个有钱的中国留学生把我的碟子摔碎，掌我的颊，说我丢中国人的丑！我当时不能反抗，含着泪悲愤得说不出话来。……在巴黎的中国留学生很不喜欢我，他们有钱，有些领了很大一笔津贴，但却不借我一文。有时，我并不是为了去借钱找他们，他们也把门闭上，我只看到在门口摆着两双四双擦亮的皮鞋（男的女的）

我忍受生活的折磨，对于学音乐，虽不灰心，但有时也感到迷惘和不乐。幸而教师们帮助我，鼓励我。在开音乐会演出名曲时，多送我票，奥别多菲儿先生在一个名音乐会里演奏他的提琴独奏时，不厌我的穷拙，给我坐前排，这些给我的意外的关怀，时时促起我从新提起勇气；同时也给我扩大了眼界。我的学习自觉有很大的进步，我写了很多东西，我学习应用很复杂的技巧。

在困苦中生活的时日，祖国的消息和对祖国的怀念也催迫着我努力。

我很喜欢看法国国庆节和"贞德节"的大游行，这两个节是法国很大的节日，纪念的那天参加的人非常拥挤，有整齐的兵步、卫队、坦克队、飞机队等。民众非常热烈的唱国歌，三色国旗飞扬，我每天都很感动。在一九三二年，东北失陷的第二年，到那些节日，我照例去看游行，但是那次群众爱护他们祖国的狂热和法国国歌的悲壮声，猛烈地打动了我，我想到自己多难的祖国，和三年来在巴黎受尽的种种辛酸，无助，孤单，悲愤抑的感情混合在一起，我两眼里不禁充满了泪水，回到店里偷偷地哭起来，在悲痛里我想起了怎样去挽救祖国危亡的思念。

我那时是个工人，我参加了"国际工会"。工会里常放映些关于祖国地新闻片，和一些照片，我从上面看到了祖国地大水灾，看到了流离失所，饥饿死亡的同胞，看到了黄包车（人力车）和其他劳苦工人的生活；看到了国共分裂的大屠杀……这些情形，更加深了我的思念，隐犹焦急。

我把我对于祖国的那些感触用音乐写下来，像我把生活中的痛处用音乐写下来一样。我渐渐的不顾内容的技巧（这是"学院派"艺术至上的特点）用来构写与诉说痛苦的人生和被压迫的祖国，我不管这高尚不高尚，在初到法国的时候，我有艺术家的所谓"慎重"，我对于一个创作，要花一年的工夫来完成，或者一年写一个东西，像小提琴及钢琴合奏的"索那大"。我就花了八个月的工夫，但以后，就不是这样了，我写自以为比较成功的作品"风"的时候，正是生活逼得走投无路的时候，那时我住在一间七层楼上的小房子里，这间房子地门窗都破了，巴黎地冬天本来比中国冷，那夜又刮大风，我没有棉被，睡也睡不成，只得电灯写作，那知风猛烈吹进，煤油灯（我按不起电灯）点着了又吹灭。我伤心极了，我打着颤，听寒风打着墙壁，穿过门隙猛烈嘶吼，我的心也跟着猛烈撼动，一切人生的，祖国的苦、辣、辛、酸、不幸，都汹涌起来，我不能自己，借风述怀，写成了这个作品。以后我又把我对祖国的思念，写了"游子吟"，"中国古诗"和其他的作品。

我想不到"风"那么地受人欢迎，我地先生们很称赞它，旧俄（现在已同情苏联）地音乐家也是现在世界有名的音乐家普罗珂菲业也很爱它，并且它能在巴黎播音（上面说过的"索那大"也被播音过）和公开演奏。

大概因为作品的关系和别人地介绍，我侥幸得知了"巴黎音乐院"地大作曲家普罗刁客（Panldukal）先生，他是世界三大音乐家之一（印象派），更侥幸的是，他竟肯收我做门生，他给我各种援助，送衣服，送钱，不断的鼓励我，还派他地门生送我乐谱、香烟（我当时不抽烟没有收下）并答应准我考"巴黎音乐院"地高级作曲班，在这之前，一个法国地女青年作曲家，也给了我很大的帮助，她亲自弹奏过我的作品，她鼓励我不要灰心，教我学唱，学法文，经济上不时周济我（她的母亲待我也很好），在我考"巴黎音乐院"的时候，她先练习了八个月的钢琴为我伴奏。

投考的那天，"巴黎音乐院"的门警不教我进门，因为我的衣服不相称——我穿了一套袖子长了几寸的西服——又是个中国人。我对门警说：我是来投考高级作曲班的。他不相信，因为中国人考初级班的也很少，而且来的多是衣冠楚楚的人，高级班，过去只有马思听先生入过提琴班，这样就无怪他问了我。正在为难，恰巧普罗刁客先生从外面来，他攀我的肩一同进去了。

我总算万幸考入了高级作曲班，考到了个荣誉奖，他们送给我物质和食品时，问我要什么，我说要饭票，他们就送了我一束饭票，入学后，我专心学作曲兼指挥。又在国民学派"士奇芝港多隆姆"学音乐理论这时生活上较有办法了，学习准许我在校内吃饭，刁客先生更常帮助我，不过比之别人来,我穷得多,学习时物质的需求还很难解决,比如买书就不行,所以我几次要求政府给公费,根据我的成绩及资格说来定应得公费的,但祖国政府对我的几番请求都没答复,学校给证明,甚至当时巴黎市长赫呈欧也有证明文件都不行,我很失望,我记得有一年,有个要人到巴黎来,找我当翻译,我要求他想法给我资助去德国学军乐(那时我还未入"巴黎音乐院"),回来为祖国服务,我的要求没有达到目的,他那时还是宣传中国需要抗日,我又是要求学军乐,却还不能答应我的请求,待到我入了"巴黎音乐院"再遥望政府给公费,自更困难了,结果是从始到终一文公费也领不了,我在"巴黎音乐院"的几年生活只靠师长学校的帮助。

一九三五春,我在作曲班毕了业,习客先生逝世,我就不能再继续留在巴黎研究了,另一方面我也想急于回国,把我的力量贡献给国家,所以临行时,上面说过的那位女青年作曲家劝我再留在巴黎,我也没有答应,为不却她的盛意,我向她说谎,说半年就回到巴黎,我有许多曲稿还留在她那里,另外还有许多书及稿件也关在别处一间小寓所里,因为没钱交房租,不能取回来,大概现在还在吧!

一九三五年初夏,我作最后一次欧洲的旅行。几年来,我把欧洲主要的许多大小国家的各城首都都游过了,我增长了很多知识,这最后一次到伦敦的旅行,却很不顺利,登岸时英政府不准我入境,它看见我的证明文件及穷样子,以为我是到伦敦找事做的。它不相信我是旅行者,我被扣留了几个钟头,亏得能打电话到公使馆,才释放了,帝国主义对弱小民族是歧视的,英国的成见尤深。

二、回到祖国

从伦敦回来之后,我就起程回国了。在回国的途上,我没有钱,得友人之助,坐货船,一路和回国的工人,

水手一起生活,非常愉快,工人,我很合得来。其实我自己也算"半

个"工人，在巴黎的近郊，我参加过华工的一个很大的晚会，那时欧阳予倩先生也在，我为工人们奏提琴，我自己也很快乐，这次回国，虽然享不到人们坐船那种福气，但说说笑笑，坦白真挚的生活，也很好。我们行船，经过许多地方，到非洲时，我还上岸去观光了一趟。

船到香港，喜悦和愤怒一起来了。喜的是一别七年的祖国已经在望，愤怒的是香港的那种建筑一律是殖民地式，连颜色也一样。以前未到过欧洲不知道此种耻辱，到过了巴黎看过殖民地展览会，和亲眼看过非洲及安南等地的建筑后，这种愤怒是不能不起的来了，待到香港印度巡捕故意和我们为难的时候，更加愤恨，以后到了上海，除了像在香港所得到的不快外，还加上码头工人破烂衣装的刺激，比起在巴黎影片里看到的更要使我难过。

我在上海北四川路旁的一个亭子间里会见了一别七年的母亲，她比从前苍老了许多。七年来，只靠自己养活自己，让我去追求我的理想，她那种自我牺牲的母性，使我觉得难受得很，我那时想，我要好好的服侍她，不让他再受苦了。

但是我找不到职业，我还要吃母亲的饭。以后，搬了家，招收到几个学提琴的学生，算是暂时解决了生活问题。

那年秋，江北大水灾，我应了"南国社"友人之邀到南京。要去看大水灾，后因故不能成行。在南京时，跟过友人到歌女处听唱。他们一边的歌女周旋，我一边在旁记下她们的曲调和情绪，我想使我的音乐创作充满着各种被压迫同胞的呼声。这样我才能把音乐为被压迫的祖国服务。回到上海后，我的第一个回国的作品写成了，那是影片"时势英雄"的插曲，"运动会歌"。"一二九"运动起来了，上海的大、中学里有些学生和我相识，他们寒假到街头宣传和示威游行，要我写个歌，我写了个"我们要抵抗"这是我第一个救亡歌曲（现在原稿都失掉了），接着又写了"战歌""救亡行进曲"这两个歌和"运动会"歌都收入百代公司唱片。因为战歌等的唱片的销路速度，打破了百代公司的其他唱片记录，百代公司愿意聘请我了，我也满意这个职业,因为可以大大的收些救亡歌曲,可是这满意很快被打消,"战歌"的唱片及底片被没收打毁后,百代公司的老板就不愿意收救亡唱片了。我在那里只是做做配音做一些生意眼的工作,但这种工作耽搁我的时候不少,妨碍我的创作和开展,那时我觉得民族危机很深,我开始着手写"民族交响乐"(大乐曲),要有很多时间才行。另一方面,百代公司待遇的不平(有些技术很差的薪水比我多八倍)和某些同事以买办气的态度来对待我,我也很不快,因此不久我就辞职不干了。

一九三六年,上海工部局(上海外人统治租界的政府)的音乐队,答应给我开一个音乐会,演奏我的作品,但筹备得差不多的时候,工部局及乐队的领袖都不答应了。结果开不成了。他们不愿意弱小有一样出头的表现的,何况是他们尚以为"最高尚"的音乐。

离开百代公司之后,我又开始了穷困的生活,虽然在百代公司里每月有一百元的收入,但上海的应酬大,每月都不剩。还好,我还能给影片写些歌曲,有时一个歌能拿一百多元,我有了钱,除了家用外,就拿些来帮助穷朋友,尤其是音乐界的,我对于中国的新音乐运动是非常热心的,我应了当时的救亡歌曲运动者的要求,义务的给他们那些干部教作曲,指挥等,我也常常到各界的歌咏队或班里去教唱。

所以这个时期虽然失业,倒也不寂寞。

不久,新华影片公司要大作生意,又聘请作音乐部门的负责者,(但不给我全权)在这个时期里我写了不少的曲,如"搬夫","夜半歌声"的插曲,"热血",曲"黄河之恋"等,又作了"拉犁歌","小孤女","湘夜曲","青年进行曲"等等,这些歌曲写作的时候,已经是救国运动受到阻碍的时候,所以多是变为曲曲的说出心里话,我这时作曲只能寄怒号子悲鸣。但是,新华影片公司的老板渐渐投机了。他专门要收古装片,迎合低级趣味。他们要弄"新毛毛雨"。我是不能答应的,他就慢慢摆出老板的面孔要我强作"新毛毛雨"之类,他当我不知道我的曲的价值,他以为一百五十元的月薪就可以把我的全部的创作力买下来了。但是，我是知道我的曲每个可以卖出一百多元，我知道他的算盘只要我一个月给他作三个曲，他就赚我二三百元，对于我这当然还不在乎，最重要的，我从事音乐事业不是为了做买卖。所以不久我又辞掉了职务。我仍在上海文化界、话剧姐、音乐界里为他们配曲、配音、教唱等，我以前曾写过"复活"的插曲："茫茫的西伯利亚""莫提起"（在南京演出）。到此时，我又给"太平天国"写插曲，"炭夫曲""打江山"，还有"日出"里的"打椿歌"。另外写些"没有中国的孩子""旱灾歌""鲁迅纪念歌"等等。又为"大雷雨"全部配音和写插曲。我不要一个钱和报酬。

我在此时接触了许多埋头苦干的人士，他们真心为祖国的失业来献出全部力量。也看见了许多只顾出风头的人物，也看见表面热心实际压迫人的人物，我不断的写作、我得到许多同胞的帮助、鼓励和批评，也遭受过检查、限制和排斥。我以前所想的祖国那么天真、简单，现在没有了，我有时也苦闷，但愉快的时候多。

我喜欢接近学生，尤其喜欢接近工人、农民，我在工人的歌咏队里教歌。也到大场乡下去教歌。他们对我的作品表示欢迎，我从他们的喜怒里，尤其劳动的呼喊，抗争里吸收新的力量到作品里来。自然我对他们的了解还不够，我的作品也还浅薄，不深入，可是比起在巴黎的作品充实的多。

在巴黎的作品，连作风也未确定，只不过是有印象派的作风和带上中国的风味罢了。而尤是觉得高兴的，是我的作品那时已找到了一条路。吸收被压迫人们的感情。对于如何用我的力量挽救祖国危亡的问题是有把握了。

我的作品已前进了一步，我的写作和实践初步的联系起来。

三、从上海到武汉

"八一三"抗战爆发，我参加了洪深兄领导的上海演剧第二大队，离开上海到内地宣传，经过了许多地方。最不能忘的是一九三七年冬天，我们到湖北汉冶萍煤厂，我和他们谈话，我下到煤矿井的底层，观察工人的工作生活。他们全身脱的精光，天一亮就下去，晚上才出井。整天看不见太阳，井底空气恶劣，灯光不亮，我在那矿厂里参观了好几天，教工人们大会唱，工人们很愿意和我接近。我在矿厂作了"起重匠"这个曲。以后我们到了武汉。

在武汉，演剧第二大队的歌咏工作，成了推动武汉歌咏工作中心，我每天工作十几个钟头。武汉的歌咏队到处建立，一直扩大到工厂、商店、农村。又与张曙兄合作，开过许多歌咏大会，举行过歌咏大游行，游行的时候，商店一起合唱起来。

在武汉，这时期的工作最兴奋，我作了"保卫武汉"，"五一工人歌"，"新中国"，"祖国的孩子们"，"游击军"，"华北农民歌"，"当兵歌"，"我们的队伍向前走"等，只是对于歌曲的漫无标准的检查监视救亡工作，甚至连"救亡"二字都不准用等等现象，很叫人不快，为了工作方便，我想到政府去工作，也许问题好商量，因此我就应军事委员会政治部第三厅之邀，到部里去工作。

但在第三厅里工作困难更多，外面组织的好几十个歌咏团体连合并为一个队，又把这个队的干部分到各团体中去。这个队就领导不起来了，那些干部被分配到各团体之后，因受种种限止，不能开展工作，有些则灰了心，有个别的竟堕落了，——他们受物质享受的引诱，对工作消极，还有在歌曲方面，盘查、改削、限制、禁止等更严格，作曲作词的都无法发挥能力，我渐渐感到无事可做，在厅里除了晚上教教歌，白天儿坐在办公厅里无聊，一种苦闷的感觉愈升愈高，同事们也有同感，他们编了一首打油时说："报报到、说说笑、看看报、胡闹胡闹睡睡觉。"有一个胖子每天下午必瞌睡，呼噜呼噜的鼾声震动好几个方面，我们都笑起来，这样的生活还有什么抗战的气味呢！

还有令人更不快的事情，外面那几十个团体被解散后，另一些团体莫名其妙的成立起来了，他们不欢迎我和从团体里的那些干部到他们团体里去，不唱我的歌及救亡歌，并把我当做排斥的目标，这显然是闹宗派意见。我无成见，也不是为了争风头，总希望大家谅解，消除误会。但我的努力都得不到结果，他们以后把电影界音乐界都包办啦。我走了之后，他们又把几十个团体提出通过组织的"全国歌咏界协会"推翻，另立他们的"全国音乐界抗战协会"，把聂耳死的那天订做"中国音乐节"的决议也推翻了。另要黄自死的那天做"中国音乐节"，这样一来中国音乐界就不团结了。

我很痛苦我和谁并没有仇，但却被他们仇视，我的薪水虽然有百多元一月，能应酬吃饭，但精神不愉快，呆板，身体虚弱，面黄肌瘦，虽然我在此时写了"胜利的开始""到敌人后方去""工人抗敌歌""反侵略进行曲""斗争就有胜利""空军歌""点兵曲""江南三月""电影插曲"及许多军队的歌，但写作的心情及情绪大减。

渐渐我无法创作，我渴望一个能给我写曲的地方，即使像上海那样也好，但回上海是不可能了。

于是我想起延安，但不知延安是否合我的理想，在设备方面会不会比武汉差，在没办法中只得去试试打听打听看。

延安这个名字我是在"八一三"国共合作后才知道的，但当时并不留意，到武汉后，常看到抗大，陕公招生广告，又见到延安来的一些青年，但那时与其说我注意延安，倒不如说我注意他们的刻苦、朝气、热情。正当我打听延安的时候，延安"鲁迅艺术学院"寄来一信，音乐系全体师生签名聘我，我问了些相识，问是否有安心制作的自由环境，他们回答是有的，我又问，进了延安是否可再出来，他们的回答说"完全自由的"。

我正在考虑去不去的时候，"鲁迅艺术学院"又来了两次电报，我就抱着试探的心，起程北行，我想不合宜再出来，那时正是一九三八年的冬天。

四、新环境

一进入延安许多的新鲜印象都来了，一路上看见的窑洞都是七散八离的，这里却是一排排的很整齐，那种像桥穹一样石砌房屋也多起来了，古旧的城，一半蜿蜒在山上，在南方和华中都很难找出这样的城吧？这些印象使我觉得延安似乎不应该是这样，延安应该美丽的多。

我下了汽车当□□我□待到"西北旅部"（是个最上等的旅部），他们把我当做上宾看待，几天之后，日本飞机突来轰炸，我刚才走出房们要到防空壕去，炸弹已在头上丢下，我赶忙□倒，炸弹就在我们门前炸开，房子都被炸倒，托天之福，险些炸死！这次危险受惊不小，他们赶快给我搬家，我就住到北门外"鲁迅艺术学院"去。

我在"鲁艺"担任教音乐的课程，他们分给我一个窑洞居住，从前我以为"窑洞"又丑又偏促，空气不好，光线不够，也许就像城市贫民的地窖，但事实全不然，空气充足，光线很够，很像个小洋房，不同的只是天花板（应说"土"是穹形的），后来我更知道他有冬暖夏凉的好处，我吃到了小米饭，这饭不好吃看来金黄可爱，像蛋炒饭，可是吃起来没有味道，粗糙还杂着壳，我吃一碗就吃不下去了，以后吃了很久才吃惯了，各方面的生活我也跟他们一样，我开始学过简单的生活。

生活是这样一早起休，除了每天三顿饭的时间和晚饭后二小时左右的自由活动，其余的时间全都是工作和学习（我到的时候学习的空气很高），他们似乎很忙，各人的事总作不完，我住在窑洞里，同事同学常常来看我，我也到他们的窑洞里去，他们的窑洞里布置的很简单，一张桌子一张床，几本或几十本书和纸张笔墨之类，墙上揖些木刻或从报上剪下来的图画，此外就没什么了，大家穿着布军衣，留着发，却不理不梳。

"鲁艺"的音乐人才我到时不多（全中国人材本来就不多所以也难怪），他们算是全延安歌咏运动的中心，从影响上说，也许还是全国歌咏运动的中心吧，他们对新音乐建设的工作做了一些，对大众们和对民族形式的努力成绩较大，有"民歌研究会"收集的民调，包括了全国的，陕甘绥选的尤多，还有少数民族（如蒙、回、藏、□、苗……）及朝鲜、安南等地的民歌土调，因为延安是全国各地直到各弱小民族，（现在还有印度的）的青年"集散之地"，所以鲁艺的"民歌研究会"就能从那些青年的口里把那些调记下来，"鲁艺"关于世界音乐的材料有一些外面看不到的这里也有一些，他们和苏联音乐界的关系密切，要得到那里材料不难。世界音乐的材料也较容易传来，我最近托延安的负责人要几千张乐谱，他答应一定能取来，所有这一些情形，对于我写曲研究有很大的好处，只是乐器方面设备太差，全延安没有一架钢琴，除了能携带的西洋乐器（如提琴手风琴之类）外，只能数数中乐器了，我现在正在研究中乐器的特点，想利用他们的特长以补目前的缺点。

我担任的课不多，有很多时间来写作研究，常有时间找学生来谈，学生们的进步相当快，他们生活单纯专心学习，现在招生考试很严格，学生的基础更好，有些用功能赶过教员，因此教课的人不怎样吃力，学生们和我很好，上课时间往往要延长，有一天晚上上课，讲到夜深，本说休息，但他们说不疲乏，要我讲下去，一直到了天明才罢。

我对鲁艺的生活很易习惯，只是开会最初不惯，我觉得开会妨碍写作，我曾经向他们表示这一点，他们没说什么，后来我才知道这是他们对问题的盘慎态度，他们以为开会大家都发表意见，问题就考虑的较周到了，又，开会时大家交换了意见，不同的经过讨论又相同，因此大家都没什么隔膜，容易团结，我慢慢对于这一点也习惯了。

生活既安定也无干涉和拘束，我就开始写大的东西。一九三五年开了头的"民族□音乐"。在安静的窑洞里完成了。还有"军民进行曲""生产大合唱""黄河大合唱""九一八大合唱""三八活报"……都能连续的写下了，现在还有几个大的作品未完成。

延安的人很欢迎"黄河大合唱",已经演唱赶过近十次了,还愿意听。招待外面来的贵宾时,也演唱,他们（贵宾看（指挥）听过后也感动的讲过感想,但不如延安的青年的□□那么多,延安的人喜欢新的东西,也喜欢批评,他们常对我的作品发表意见,而且有一套道理,因之我常常以他们的批评做参考,改造某些地方,但是也有些人批评时常常以过去或现在某作家的作品为标准,这种稍为带点保守性的批评是在别的地方也不能免的,这种批评对我也有帮助,使我看见我的作品的性格,进步还是退步。

还有一种批评,给我的益处较大,那就是负责当局关于方向的指出,例如他们所主张的"文化抗战",那关于音乐上民族、民主、大众化、科学化的方向等,给予我对新音乐建设的研究和实行问题很大的启示。

为了学习浪潮的推动,我也学习理论,最初只限于与音乐有关的东西,后来知道了这还不行,我就也来一个学习社会科学的计划,我看了一些入门书之后,觉得不至落在人后了,但慢慢发生了兴趣,我竟发现了音乐上许多问题,过去不能解决的在社会科学的理论上竟得到解答。且不说大的方面,如音乐与抗战,音乐与人类解放等,又举出为什么工农的呼声有力,情感健康这一点,过去我以为他们受苦,但这回答我自己也未满意,所以在吸收工人的呼声及情绪入作品时,显得表面化（形式化）,现在我知道,劳动者是被压迫者,被剥削者,他们只有摆脱这枷锁才能有出头的日子,如果不然就只有由衰弱到灭亡,所以他们的反抗就是求活,他们的呼声代表着生命,代表着生命未来的力,还有工人是一贫如洗毫无私蓄,连妻子儿女也要变成工厂主的奴隶,在这样的生活下他们的脑里装不进什么自私（因为私不了）,所以他们的胸怀是大公的,他们反抗剥削压迫不只是为了自己,别人也得到益处,世界上没有人吃人,谁都过着幸福的日子,劳动者要消灭人吃人的制度来救出自己,因而也救出所有的人。这样可以知道,劳动者所想的实在是最高尚的,为着大众的、正义的,他们不须要欺骗、自私、阴谋、猜忌、残忍等等,所以感情是健康的。又因上述种种原因,他们最能团结自己和团结别人，因之他们的声音，感情就能充溢着热爱和亲切，真诚和恳挚。至于他们要命定作世界的主人翁，把世界变成大同社会，这样他们的气魄自然是很大的，力量自然是浓厚的，所有这一切，就构成劳动者的呼声的无限力量和情感的健康，而剥削人、压迫人的集团的音乐之所以日趋没落和充满颓废，感伤的靡靡之音，正象征着他们是不行了，人们已再不要他们乌烟瘴气的胡弄，已再不允许他们再把世界推向火坑。

　　我的学习还很肤浅，还不能应用到写作上，现在似乎比以前更忙了，我想还得好好的努力一下，好在我的身体比以前健康多了，因为开荒种地身体得到了锻炼，吃小米饭也香了，虽然不至变成皮球（这里把长得胖胖的叫做皮球），但多担任些工作总是经得起的。

　　谢谢你对我的关心，请像别□念我的生活，此间当局为了我的工作多一些（我还兼女大的课），他们每月给我十五元的津贴（女大三元），作为优待，同事们——艺术教员一□十二元，助教六元。现在学校里生活改善，每星期有两次肉吃，两次大米饭或面吃，常常多加一个汤（别的机关没有），这比起上海武汉时虽不如，但自由安定根本不愁生计，则是那些地方所没有，如果比起在法国的生活更好的多，在法国冬天冷的没法时，就到马路口，跑步取暖，现在温暖的窑洞里埋头作曲。

　　对不起的很，说来说去都没有回答你的问题，请□特别原谅吧。

　　敬祝你□乐健康！

　　□星海二十九年三月二十一日

附曲一：

保卫黄河 [1]
（黄河大合唱）

1=C 2/4　　　　　　　　　　　　　　词：光未然　曲：冼星海

明快有力

(i i3 5 - | i i3 5 - | 33 5 i i |

6 6 4 | 2 2 | 5.6 54 | 3.2 3 | 5.6 54 | 32 31 |

5. 6 | i 3 | 5.3 2i | 5. 6 | 3 - | 5. 6 |

i 3 | 5.3 2i | 5. 6 | i - | 53 65 | i i 0 |

53 65 | 2 2 0 | 5. 6 i i | 0 | 5. 6 |

2 2 | 5. 6 | 33 5.6 | 3.2 i | i -)

---

[1]《保卫黄河》是冼星海于1939年所谱曲的歌曲作品，该歌曲是《黄河大合唱》中的一首。

冼星海：为了人民的音乐家

```
| 1 1̂3 5 - | 1 1̂3 5 - | 3 3 5 1 1 |
  风在 吼，   马在 叫，  黄河在 咆哮，

| 0  0  | 1 1̂3 5 - | 1 1̂3 5 - | 3 3 5 |
           风在 吼，   马在 叫，  黄河在

| 6 6 4 2̇ 2̇ | 5.6 5 4 | 3.2 3 0 | 5.6 5 4 | 3 2 3 1 |
  黄河在 咆哮。 河西山冈 万丈高， 河东河北 高粱 熟了。

| 1 1 | 6 6 4 2̇  2̇ | 5.6 5 4 | 3.2 3 0 | 5.6 5 4 |
  咆哮， 黄河在 咆 哮。 河西山冈 万丈高， 河东河北

| 5. 6 | 1 3 | 5.3 2 1 | 5.  6 | 3 - | 5. 6 |
  万  山丛中， 抗日英雄真 不 少，    青纱

| 3 2 3 1 | 5. 6 | 1  3 | 5.3 2 1 | 5.6 3 - |
  高粱熟了。万 山丛 中，  抗日英雄真 不少，

| 1 3 | 5.3 2 1 | 5.  6 | 1 - | 5 3 5 6 5 | 1 1 0 |
  帐里， 游击健儿逞 英 豪。  端起了土枪 洋枪，

| 5. 6 | 1  3 | 5.3 2 1 | 5. 6 | 1 - | 5 3 5 6 5 |
  青纱 帐 里， 游击健儿逞 英 豪。  端起了土枪
```

挥动着大刀长矛。保卫家乡！保卫黄河！保卫洋枪，挥动着大刀长矛。保卫家乡！保卫黄河！保卫华北！保卫全中国！风在吼，保卫华北！保卫全中国！风在（龙格龙格龙格龙）马在叫，（龙格龙格吼，（龙格龙格龙格龙）马在叫，风在吼，（龙格龙格龙格龙）马在

| 5 4 3 0 | 3 3 5 | 1 1 | 6 1 5 6 | 3 5 3 0 |
龙格龙)　黄河　在咆　哮，(龙格龙格　龙格龙)

| 3 5 6 1 | 5 4 3 0 | 3 3 5 | 1 1 | 6 1 5 6 |
(龙格龙格　龙格龙)　黄河　在咆　哮，(龙格龙格

| 5 — | 3 5 6 1 | 5 4 3 0 | 3 3 5 | 1 1 |
叫，　　(龙格龙格　龙格龙)　黄河　在咆　哮，

| 6 6 4 | 2 2 | 6 4 3 2 | 1 7 1 0 | 5. 6 5 4 |
黄河　在咆　哮。(龙格龙格　龙格龙)　河西山冈

| 3 5 3 0 | 6 6 4 | 2 2 | 6 4 3 2 | 1 7 1 |
龙格龙)　黄河　在咆　哮。(龙格龙格　龙格龙)

| 6 1 5 6 | 3 5 3 0 | 6 6 4 | 2 2 | 6 4 3 2 |
(龙格龙格　龙格龙)　黄河　在咆　哮。(龙格　龙格

| 3. 2 3 0 | 1 1 1 0 | 5 4 3 0 | 5. 6 5 4 | 3 2 3 1 |
万丈高，(龙格龙　龙格龙)　河东河北　高粱　熟了。

| 5. 6 5 4 | 3. 2 3 0 | 1 1 1 0 | 5 4 3 0 | 5. 6 5 4 |
河西山冈 万丈高，(龙格龙　龙格龙)　河东河北

| 1 7 1 0 | 5. 6 5 4 | 3. 2 3 0 | 1 1 1 0 | 5 4 3 0 |
龙格龙)　河西山冈　万丈高，(龙格龙　龙格龙)

230

```
| 1 1  3 2 | 3 6 5 0 | 5.    6 | 1  3 | 5. 3 2 1 |
```
(龙格 龙格 龙格 龙) 万   山 丛 中。抗日英雄

```
| 3 2  3 1 | 1 1  3 2 | 3 6 5 0 | 5.    6 | 1  3 |
```
高粱 熟了。(龙格 龙格 龙格 龙) 万   山 丛 中,

```
| 5. 6 5 4 | 3 2  3 1 | 1 1  3 2 | 3 6 5 0 | 5.    6 |
```
河东河北 高粱 熟了,(龙格 龙格 龙格 龙) 万   山

```
| 5.    6 | 3  - | 1 1  3 2 | 3 5 1 0 | 5.    6 |
```
真   不少,   (龙格 龙格 龙格 龙) 青   纱

```
| 5. 3 2 1 | 5.    6 | 3  - | 1 1  3 2 | 3 5 1 0 |
```
抗日英雄真   不少,   (龙格 龙格 龙格 龙)

```
| 1  3 | 5. 3 2 1 | 5.    6 | 3  - | 1 1  3 2 |
```
丛 中, 抗日英雄真   不少,   (龙格 龙格

```
| 1  3 | 5. 3 2 1 | 5.    6 | 1  - | 3 3  5 5 |
```
帐里, 游击健儿逞   英豪。   (龙格 龙格

```
| 5.    6 | 1  3 | 5. 3 2 1 | 5.    6 | 1  - |
```
青 纱 帐里, 游击健儿逞   英豪。

```
| 3 5 1 0 | 5.    6 | 1  3 | 5. 3 2 1 | 5.    6 |
```
龙格 龙) 青   纱帐里, 游击健儿逞   英

洗星海：为了人民的音乐家 231

```
| 1̇ 1̇  3̇ 3̇ | 5 3 5 6 5 | 1̇ 1̇  0 | 3̇ 1̇  5 3 5 |
  龙格 龙格）端起了土枪 洋枪，（龙格 龙 龙格

| 3̇ 3̇  5 5 | 1̇ 1̇  3̇ 3̇ | 5 3 5 6 5 | 1̇ 1̇  0 |
（龙格 龙格 龙格 龙格）端起了土枪 洋枪，

| 1̇ —  | 3̇ 3̇  5 5 | 1̇ 1̇  3̇ 3̇ | 5 3 5 6 5 |
  豪。   （龙格 龙格 龙格 龙格）端起了土枪
```

```
| 6 5  1̇ 1̇ | 5 3 5 6 5 | 2̇ 2̇  0 | 1̇ 2̇ 1̇ 6 5 3 |
  龙格 龙格）挥动着大刀 长矛。（龙格龙格 龙格）

| 3̇ 1̇  5 3 5 | 6 5  1̇ 1̇ | 5 3 5 6 5 | 2̇ 2̇  0 |
（龙格 龙 龙格 龙格）挥动着 大刀 长 矛。

| 1̇ 1̇  0 | 3̇ 1̇  5 3 5 | 6 5  1̇ 1̇ | 5 3 5 6 5 |
  洋枪，  （龙格 龙 龙格 龙格 龙格）挥 动着大刀
```

```
| 5. 6  1̇ 1̇ | 3̇ 3̇  5 5 | 3̇ 1̇  5. 6 | 2̇ 2̇  5. 6 |
  保 卫家乡！（龙格 龙格 龙格）保卫黄河！保卫

| 1̇ 2̇ 1̇ 6 5 3 | 5. 6  1̇ 1̇ | 5 6 | 2̇  2̇ |
（龙格龙格 龙格）保 卫家乡！保 卫 黄 河！

| 2̇ 2̇  0 | 1̇ 2̇ 1̇ 6 5 3 | 5. 6  1̇ 1̇ | 5. 6  2̇ 2̇ |
  长 矛。 （龙格龙格 龙格）保 卫家乡！保 卫黄河！
```

```
3̣ 3̣  5. 6̣ | 3̣. 2̣  1 | 1 —  | 1 — ‖
华 北！ 保 卫 全 中 国！

5    6̣  | 3̣    3̣  | 5. 6̣  3̣ 2̣ | 5 — ‖
保   卫   华   北！ 保 卫 全 中 国！

5. 6̣  3̣ 3̣ | 5. 6̣  5 4 | 3 — | 3 — ‖
保 卫 华 北！ 保 卫 全 中 国！
```

附曲二：

保卫牺盟[1]

（牺盟大合唱）

1=G $\frac{4}{4}$ $\frac{2}{4}$

词：付东岱　曲：冼星海

轻快、光明、广大地

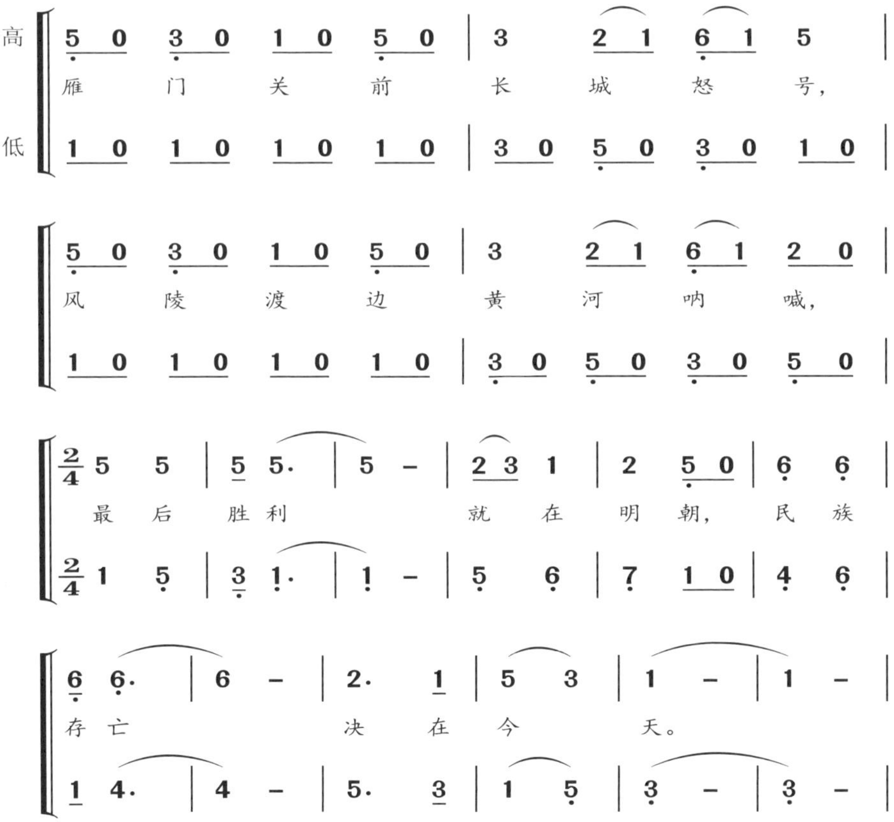
高
低
雁 门 关 前 长 城 怒 号，
风 陵 渡 边 黄 河 呐 喊，
最 后 胜 利 就 在 明 朝，民 族
存 亡 决 在 今 天。

[1]　《保卫牺盟》是冼星海于1940年所谱曲的歌曲作品，该歌曲是《牺盟大合唱》中的一首。

234

起来！起来！山西同胞，
起来啊！
战斗啊！牺盟会员，
战斗 战斗
举起杀敌的刀枪，挥动一千三百万双
铁 拳，到娘子关口，到汾河西
岸，到晋西北，到晋东南，

洗星海：为了人民的音乐家

```
⎧  5. 5 | 6 3.5 | 6 6 0 | 4. 4 |
⎨  守 住  我 们 的  阵 地，  保 卫
⎩  1. 2 | 3 1.2 | 3 3 0 | 2. 2 |

⎧  5  3 5 | 2. 3 | 1 —  | 1 — |
⎨  我  们 的   火      线。
⎩  7  6 7 | 5 — | 1 5 6 7 | 1 3 0 |
                  我 们 的 火   线。
```

女高	0	0	0	0	3. 3 3 0	0
					五 台 山	

女低	0	0	1. 1 1	0	0	5. 5 5 0
			太 行 山			五 台 山

男高	5. 5 5 0	0	0	0	0	0
	太 行 山					

男低	0	0	3. 3 3	0	0	1. 1 1
			太 行 山			五 台 山

```
| 0    0   5. 5  5  0 | 0    0   1. 1  1  0 |
            中 条 山            吕 梁 山

| 1. 1  1  -   -      | 0    0    0   0   0 |
  中 条 山

| 0   0   3. 3  3  0  | 0   0   3. 3  3  0  |
           中 条 山              吕 梁 山

| 0   0   0   0       | 5. 5  5   0   0     |
                        吕 梁 山
```

```
| 5.  6 5  3 | 1.  2  1  6 |
  保  卫 牺 盟, 保  卫 中 国,

| 3.  3 3  3 | 5.  7  1  2 |
  保  卫 牺 盟, 保  卫 中 国,

| 5.  1 5  5 | 3.  2  3  2 |
  保  卫 牺 盟, 保  卫 中 国,

| 1.  1 1  1 | 5.  5  5.  4 |
```

冼星海：为了人民的音乐家

```
5 6 1 2 6  5. 3 | 5  5  -  -  |
战 到 最 后 胜  利 的   明       天。

3 4 5 4 3  2 1 | 3  1  3 2  3 |

1 2 3 2 1  7. 6 | 5  5  1 2  1 0 |
战 到 最 后 胜  利 的   明  天 明      天。

3 2 1 7 1  2 3 | 1 1 3 3  5 5 5 5  3 3 |
                              胜 利 的 明      天。

                              ┌ 1.
4. 4 5 6 | 3 5 3 5 - | 3 - - - :‖
战  到 民 族  解 放 的 明       天。

6. 2 2 6 | 1 1 1 3 - | 3 3 3 3 3 0 3 0 :‖

2. 6 5 4 | 3 3 3 5 - | 5 5 5 5 5 0 5 0 :‖
战  到 民 族  解 放 的 明       天。

6. 6 7 2 | 5 5 5 1 7 | 1 1 1 1 1 0 1 0 :‖
```

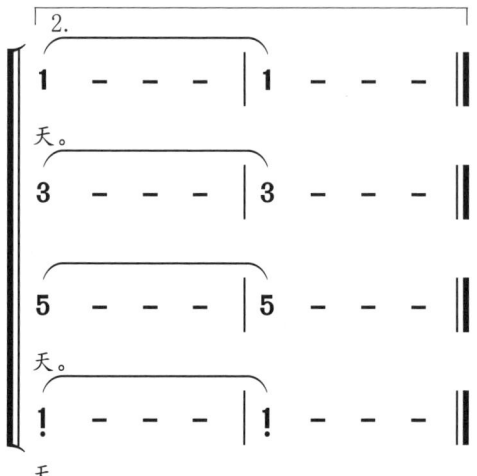

张寒晖:一个时代的缩影

张寒晖(1902年5月—1946年3月),河北定县人,音乐家。1925年考入北京国立艺术专科学校,同年加入中国共产党,1936年在西安陕西省省立第二中学任教期间创作了不朽名曲《松花江上》,1941年赴延安,1946年因病去世。

1902年,张寒晖出生于河北省定县西建阳村一个读书人家,原名张蓝璞,是家中的次子。父亲张振洲是清末具有革新思想的知识分子,母去世很早,全家生活仅靠父亲教书和大哥种地维持,家境贫寒。张寒晖自幼跟随祖母生活,常听祖母哼唱《小白菜》《打哑谜》《小放牛》等河北民间歌谣,感受到民谣歌曲的魅力。7岁时,为延续家族读书传统,同时因体弱而聪慧,张寒晖进入村小学读书,后又进入翟城村的育正小学读高小。育正小学由当地留学回乡的开明士绅创办,张寒晖在此接受了新式教育,学习了国文、算术、地理、历史、音乐等新科目,特别在音乐课上,接触到与年幼时所熟悉的河北民谣完全不同的新歌曲,如《男儿励志》《爱国歌》等,这些歌曲音调高昂、旋律雄壮,给张寒晖极大的震撼。依靠杰出的音乐天赋,张寒晖自学了风琴,甚至常常代音乐老师上课。假期时,张寒晖痴迷于河北当地的民间艺术,他自学了二胡、琵琶、三弦、笛子、箫等民族乐器,也常和乡亲们一起唱秧歌。在这样的环境中,张寒晖完成了音乐启蒙。[1]高

---

[1] 余玮.《松花江上》背后的张寒晖[J].党史纵横,2015,(12):33.

小毕业后，张寒晖先后在定县直隶省立第九中学和保定高等示范学校读书，时值五四运动前后，他被五四新文学运动所吸引，练习写作白话诗，编演新剧，表现出对新文艺的强烈向往。1920年，中学毕业后的张寒晖考入北京私立电气工业学校，但因经济困难而辍学。[1]

1922年，出于对新戏剧的浓厚兴趣，张寒晖成功报考设立伊始的北京"人艺戏剧专门学校"。该校是我国最早采用西洋戏剧理论培养话剧人才的专门学校，在校期间，张寒晖接受严格的专业训练，因其勤奋好学，成为学校表演技术上的优等生，实习演出时，在陈大悲的五幕剧《英雄与美人》和胡适的独幕剧《终身大事》中扮演女角。然而"人艺剧专"由个人创办，未能得到当局的有效帮助，在艰难维持两年后被迫关门。失学后的张寒晖回到家乡，以务农和代写书信勉强谋生。1925年6月，原北京美术专门学校更名为北京国立艺术专科学校，增设戏剧系和音乐系，得知消息的张寒晖再次来到北京，成功进入"艺专"戏剧系，在这里他见识到更为广阔的戏剧天地，促使他更加刻苦努力学习。张寒晖在"艺专"的生活极端困苦，仅靠亲友接济和给报社投稿维持，一天仅有五个铜板的生活费，餐食仅为红薯、稀粥、咸菜、饽饽，还经常受饥挨饿。艰苦的条件未能磨灭意志，张寒晖一面发奋读书、精进戏剧表演水平，一面积极投身于革命运动。张寒晖接受了革命思想主张，1925年10月经邓鹤皋介绍加入中国共产党，在党的领导下开展秘密革命宣传和进步文艺活动。1926年3月12日，国民军与奉军交战期间发生了"大沽口事件"[2]，激起广大民众愤怒，3月14日至17日，在李大钊领导下，连续举行大规模的爱国集会和游行，要求当局以强硬态度驳回最后通牒。张寒晖与"艺专"的地下党员、共青团员积极

---

[1] 梁茂春.张寒晖传[M].西安：陕西人民出版社，1985：320.

[2] "大沽口事件" 1926年3月12日两艘日本军舰掩护奉军军舰开进天津大沽口，炮击国民军阵地，被国民军击退。事后日本勾结英、美等帝国主义国家驻北京公使团，无理要求北京段祺瑞执政府拆除天津的军事防卫，限在48小时答复。

参与其中。3月18日，游行运动发展到最高潮，近10万学生、工人和市民，200多个社会团体聚集在天安门广场，反对八国最后通牒，号召民众用"五四"的精神、"五卅"的热血，团结一致，反对帝国主义的联合进攻，反对军阀政府的卖国行为。会后，又组织起请愿团再赴执政府请愿。在请愿队伍中，张寒晖紧跟李大钊身后，高呼"打倒帝国主义！""驱逐帝国主义公使出镜！"口号并高唱《国民革命歌》。请愿队伍来到执政府门前时，军警突然开枪射击手无寸铁的请愿者，霎时间，47名革命青年殉难，200余人受伤。张寒晖的同学、请愿团"艺专"领队姚宗贤也中弹牺牲，酿成震惊全国的"三一八"惨案。[1] "三一八"风暴给张寒晖以极大的震撼，这既是他得到的一次重要革命锻炼，更是其入党后接受的第一次革命洗礼，这使他进一步认清了军阀政府的反动本质，更坚定了跟党革命的决心。

此后，张寒晖以自己的方式持续开展进步活动。他与戏剧系几个志同道合的好友组织起"五五剧社"，以"研究戏剧艺术以促成新社会"为目标，在《世界日报》创办《戏剧》周刊，排演了《压迫》《兵变》《悭吝人》《赵阎王》《可怜的裴伽》《父归》等进步剧目，促进了新戏剧的发展。1927年上半年，全中国白色恐怖笼罩，"艺专"被当局认定为"赤化"学校，军警密探大肆拘捕进步学生，"艺专"党组织遭到严重破坏，不久"艺专"也被解散。为躲避敌人搜捕，张寒晖潜回家乡，以教学为掩护，在农民中传播马克思主义，宣传共产党的主张。

1928年5月，"艺专"恢复并更名为"北平大学艺术学院"，张寒晖回到学校继续学习。这一期间，他将全部精力投入戏剧艺术研究和实践，成功塑造了三幕剧《一片爱国心》中的秋子，独幕剧《醉了》中的张七，《哑妻》中的杜乐如，《悭吝人》中的白母等戏剧形象，探索了不同的角色塑造方法；他还尝试创作剧本，《他们的爱情》《黄绸衫》等皆是这一时期的作品，

---

[1] 梁茂春. 张寒晖传[M]. 西安：陕西人民出版社，1985：37-39.

揭示了社会的黑暗和对强权压迫的反抗。1929年夏,毕业后的张寒晖参与了由教师熊佛西组织的"小剧院运动",在北平、天津巡演戏剧。一年的工作让他感到"小剧院"脱离群众,不是理想的目标,为此他于1930年离开北平回到家乡。

回乡后,张寒晖经好友介绍进入定县民众教育馆工作,虽然此时他与党组织失去了联系,但仍坚持信念,利用工作之便开展反帝反封建的宣传工作。之后,他结识了同为地下党员的张省三,两人商议以定县职业中学为阵地开展进步活动。在职校,张寒晖以学校教导主任身份指导学生学习生活,向学生宣传反封建礼教思想,秘密召集学生阅读进步书籍。

"九一八"事变后,为了表达强烈的爱国之情和对侵略者的憎恨,张寒晖创作了《可恨小日本》《告我青年》,这是他最早填词创作的歌曲,在职校和定县其他学校广泛流传。张寒晖开展的进步爱国活动引起当局关注,反动分子告发他"赤化青年、危害地方",张寒晖的工作受到阻碍。[1]1932年,张寒晖数次收到同窗好友、已在陕西省教育厅任职的刘尚达的来信,邀请他去西安做民众教育工作,他欣然前往,在西安民教馆担任教务主任。在时任陕西省主席杨虎城支持下,民教馆举办了形式多样的教育娱乐活动,张寒晖为配合扫盲宣传特意创作了话剧《不识字的母亲》。就在民教工作风生水起之时,政治形势风云突变,蒋介石为控制西北局势,派遣大量特务到西安迫害进步力量,张寒晖、刘尚达苦心经营了年余的民教馆遭到破坏,贫病交加的张寒晖再次返回故乡。[2]1933年至1936年的3年时间中,张寒晖在定县以"平教会"[3]平民文学部职员身份作掩护,开展了大量工作。

---

[1] 廖春梅."人民艺术家"张寒晖与他的著名抗战歌曲《松花江上》[J].云南档案,2016,(06):34.

[2] 罗先哲.张寒晖创作《松花江上》前后[J].文史春秋,2007,(12):11.

[3] "平教会"全称"中华平民教育促进会",1923年由晏阳初创办,其意图为通过平民教育改变农村面貌。定县是平教会的实验区。

他编写了多种农民通俗读物，借此开展革命宣传，在他的指引和鼓励下，一批思想进步的青年走上了革命道路。特别是1934年中共河北省委特派员李德仲与张寒晖接头后，张寒晖就定县党组织的整顿、恢复、重建做了大量周密细致的工作[1]，为党组织的发展做出巨大贡献。在艰苦繁重的工作之余，张寒晖仍坚持文艺创作，搜集地方秧歌、民歌、民谣，开始有意识地创作歌曲。[2]1936年，红军东渡黄河的消息传来，张寒晖抗日救国的热情再次点燃，他向党组织请求从西安转去陕北，走上了新的革命道路。

1936年夏，张寒晖第二次到达西安。此时的西安城政治形势异常复杂：蒋介石全力推行"攘外必先安内"的反动政策，将西安作为西北反共的前哨站和大本营，另一方面，日本侵略者步步紧逼，特别在武装进攻绥远后，西安已成为抗战的前线，当地群众的抗日救亡运动日趋高涨。面对这样的形势，组织决定张寒晖留在西安工作，恰逢好友刘尚达邀请其到陕西省立第二中学任教，张寒晖就以二中教员的合法身份开展救亡宣传。此时的张寒晖注意到抗日宣传的新动向，全国性的抗日救亡歌咏运动风起云涌，一首首唤醒民众危亡意识、鼓励群众奋起抵抗的歌曲广泛传唱，他感受到了抗日救亡歌曲所蕴含的巨大能量，偶然中，他阅读到吕骥的文章《论国防音乐》，文章的观点引起他强烈的共鸣，由此，他希望以自己的歌曲创作

---

[1] 1932年至1933年间，定县的党组织经历了从发展力量、建立县委到遭到破坏的复杂过程。1932年上半年，根据中共保属特委指示，中共定县委员会成立，开始有组织地领导全县农民革命。至1933年夏，随着北方党组织遭受大破坏，定县共产党组织也被彻底冲散，革命活动进入低潮期。这一时期，张寒晖在西安工作。1933年张寒晖回到定县时，由于白色恐怖只能隐蔽起来。1934年夏末，中国河北省委派遣李德仲到定县恢复党组织，省委指示李德仲，定县有位同志叫张寒晖，隐蔽得很好，可与先与他取得联系后开展工作。就此，张寒晖开启了定县党组织的重建。1935年8月，燕京大学毕业生叶德光受党委派，协助张寒晖开展工作。

[2] 支雄伟,王晓凤,黄宏京.张寒晖在定州的岁月[J].党史博采,2002,(12):42-43.

来传达抗日的声音。为话剧《鸟国》[1]配曲是张寒晖正式音乐创作的起始，虽然他没有接受过专业的音乐训练，但凭借天赋及对音乐事业的热爱，顺利完成了配曲，创作了《恨恨恨！》《大家齐动员》等佳作。《鸟国》演出时引起西安全城轰动，更加坚定了张寒晖歌曲创作的信心。就在排练《鸟国》的同时，一首震撼人心、传唱祖国大江南北的歌曲从张寒晖笔下诞生，这，就是著名的《松花江上》。

张寒晖并非东北人，也从未踏足东北，那《松花江上》是如何创作出来的呢？这首歌从酝酿到创作，经历了一个过程。1935年张寒晖在定县工作时，东北军五十三军的一个营即驻扎在定县东关，当时东北军的将士们士气低落，盼望早日打回东北，赶走侵略者。与张寒晖共同工作的特派员李德仲是东北营口人，在共同工作的过程中，李德仲就向张寒晖讲述了东北的情况：富饶的黑土地，丰富的宝藏，"九一八"事变的经过及从东北流亡的情景。此后，定县党组织与东北军驻军取得联系，秘密开展抗日宣传工作，驻军低沉、哀伤、悲愤的歌声给张寒晖留下了深刻印象。到西安从事教学工作后，张寒晖所带班级中亦有不少东北军子弟，张寒晖常走访他们的家庭，听他们哭诉国仇家恨，及对故乡的思念。以上这些经历深深触动着张寒晖，他将所见所闻、所思所感埋在心间，创作的冲动在心中奔涌。一次机缘巧合，促成了《松花江上》的诞生。1936年秋，在东北军中做地下工作的旧友孙志远来看望张寒晖，交谈中，孙志远谈及东北军的近况，并向他展示了东北军第六十七军军部出版的《东望》杂志，封面上印着爱国将领王以哲军长的亲笔题词："我们何时能返那美丽的田园？何时能慰

---

[1]《鸟国》是戏剧家陈治策于"九一八"事变后创作的三幕童话剧：爱好和平的"鸟族"受到侵略成性的"兽国"的入侵，忍无可忍，鸟国上下团结一致，勇敢自卫，奋起抵抗，终于赶走侵略者，获得自由。该剧创作完成后，曾在多地演出，其插曲主要采用西洋歌曲和俄罗斯民歌。1936年夏，编剧陈治策到西安，受到张寒晖、刘尚达的热情接待，陈治策希望他们可以采用新的演出手法，再次排演《鸟国》。为使此剧更贴近民众，张寒晖承担了配曲工作。

我们的祖宗于地下？又何时能救我亲爱的父老兄弟姊妹们于水火之中？"[1]临去前，孙志远希望张寒晖能为东北军创作一首表达他们思想感情的作品。张寒晖送走好友后百感交集，回想起定县东北军驻军哀伤的军歌，回想起西安东北军子弟凄惨的哭诉，回想起王以哲将军遒劲有力的题词，一时间胸中卷起巨大的情感旋涡……他拿起笔开始了歌曲创作。一连几个夜晚，他不停琢磨，反复吟唱，为将这种悲愤的情绪充分表达，他想起了定县秧歌中的"大悲调"，想起了慷慨激昂的河北梆子，更回忆起家乡女子哭坟时的悲凉声调，以此为基础，他在萧瑟的秋风中用心血铸成了《松花江上》。[2]歌曲创作完成后，张寒晖先在西安实验剧团和二中教唱，引起巨大反响，同时经孙志远介绍，该歌曲也开始在东北军内部流传。1936年12月9日，为纪念"一二九"运动一周年，西安两万名青年举行了声势浩大的爱国请愿游行，二中学生唱起了《松花江上》，哀怨动人的旋律震动西安城，在游行现场的张学良听闻此曲，感慨万千。"西安事变"爆发后，周恩来抵达西安和平解决事变，在一次出席东北军军官会议时，他指挥全体军官高唱《松花江上》。周恩来撰文指出该歌曲的巨大意义："成千成万的青年人无家可归，无学可求，尤其是东北的青年朋友，一再地漂泊流浪，一再地尝受人世间的惨痛。一支名叫《松花江上》的歌曲，真使伤心的人断肠。"[3]此后，《松花江上》随抗战形势发展从西安流传到华北平原，流传至山西抗日根据地，直至传遍祖国大江南北。全面抗战爆发后，刘雪庵将《松花江上》与自己创作的《流亡》《上前线》组合起来，发表在《战歌》周刊第6期上，形成了著名的"流亡三部曲"，《松花江上》得以更广泛传唱。

---

[1] 邶风,刘洁. 张寒晖与歌曲《松花江上》的诞生[J]. 党史博览,2023,（12）:41.

[2] 尹恒. 一曲唤起民族觉醒的悲壮之歌——张寒晖的《松花江上》[J]. 陕西档案,2021,（04）:19.

[3] 周恩来. 现阶段青年运动的性质和任务//周恩来选集[M]. 北京:人民出版社,1988:88-89.

特别是在抗战前线的山西，无数仁人志士在歌声鼓励下，擦干眼泪，拿起武器，走上了抗战之路。《中国抗战画史》："《松花江上》曾流行于印度河上，也曾洋溢于旧金山的一角；有着中国人的踪迹，就流行着这歌曲。"[1]

"西安事变"爆发后，张寒晖受组织指示参加了东北军，担任军政治部二科三股（游艺股）股长，并兼任"一二·一二剧团"团长，随军辗转陕西邠州、安徽蚌埠、江苏淮阴等地。他指导剧团编创演出了戏剧《火山口上》，同时根据行军途中东北军官兵的所思所感，创作了歌曲《士兵怀念司令歌》《前进曲》等。1937年6月，受政治环境高压，"一二·一二剧团"被迫解散，张寒晖于"七七事变"前再次回到西安。[2] 全面抗战爆发后的1937年至1938年，张寒晖仍以教师公开身份开展抗日宣传，在党组织指示下，他先后为"西安实验剧团"排演话剧《春风秋雨》，带领西安青年学生组成"斧头剧团"，前往陕南汉中进行抗日救国宣传，与"西北教育界抗日救国大同盟"的同志创办《老百姓》报，无论身处何处、从事什么样的工作，他都兢兢业业，将自己的全部热情投入抗战宣传事业中。他坚持歌曲创作，尝试用当地的民间曲调创作风格不同的作品，《抗日军进行曲》《去当兵》《夯歌》《干吗要悲伤》《游击乐》《小刘栓》等皆是这一时期的佳作，特别是在创办《老百姓》报期间，他大量使用通俗语言进行文艺作品创作，如歌曲《遗臭万年歌》、鼓词《金娘缝军装》、长篇唱词《冷头青抗战》等。[3]

---

[1] 见《中国抗战画史》（曹聚仁、舒宗侨编著，联合画报社1946年印行）第二章第九节"国人之抗战情绪"。

[2] 王端阳. 父亲王林和张寒晖[J]. 百年潮，2009，（08）：53-55.

[3] 梁茂春. 张寒晖传[M]. 西安：陕西人民出版社，1985：142-162.

1938年9月，张寒晖进入了与党组织渊源颇深的竞存中学工作[1]。3年间，在党组织领导下，他全身心投入教书育人，将竞存中学打造成抗战中一支重要的教育队伍，推动了当地抗战教育事业的发展。在国民党当局的政治高压下，张寒晖机智灵活地运用斗争手段，在学生中秘密宣传党的思想方针，使竞存中学成为一座红色堡垒，为党培养了一批批青年才俊，成为抵御外来侵略的中坚力量。因战事紧张，竞存中学西迁凤翔后，在有限的条件下坚持办学，走访当地乡民寻求支持，与当地群众结下深厚情谊。为解决办学经费紧张问题，张寒晖在当地筹办起"纸坊街造纸生产合作社"，他自学造纸技术，以麦草为原料，创新造纸工艺流程，制造出价格低廉、质量上乘的麦草纸，群众亲切地称之为"寒晖纸"，支援了当地教育和文化事业的发展。[2] 在竞存中学的3年，亦是张寒晖音乐创作活跃而多产的时期，他一生的大部分音乐作品都是在这一阶段完成的。其中，有为宣传抗战思想、宣扬党的政策方针所创作的《长期抗战》《努力，咱们战斗下去吧》《骂汪精卫》《三劝》《反攻》，有为当地群众创作的劳动歌曲《纸工歌》《拉石头》《夯歌（二）》《染布工人歌》，有为竞存中学所创作的《学习，学习，再学习》《竞存小学校歌》《送别》，有为纪念牺牲战友所创作的《悼勤华》《奴隶的歌声》，还有抗议当局白色恐怖政策的《云雾里》。张寒

---

[1] 竞存中学由东北爱国人士车向忱创办。1935年，车向忱在西安进行抗日宣传时，看到流浪在西安街头的大批东北儿童，境况十分可怜。于是车向忱用身边仅存的两元钱作开办费，在王以哲军长支持下，借用西安东关索罗巷内一所停办了的火柴公司为校址，创办起东北竞存小学。该校围绕抗日教育中心，强化学生"抗日复土"思想。1937年10月，车向忱又创办起东北竞存中学。此时，车向忱更加密切地与中国共产党合作，得到八路军办事处人力、财力方面的支持。周恩来带头给学校捐款，亲自找车向忱谈话，关心竞存学校的工作。1938年9月，受党组织委派，张寒晖进入竞存中学工作。1938年底，由于战事紧张，竞存中学从西安迁校凤翔。此后，由于车向忱常往返于各地为学校募集资金，学校日常教学和管理多由张寒晖负责，直至1941年张寒晖离开竞存中学。

[2] 李仲林. 回忆张寒晖老师[J]. 新文学史料，2001，（01）：94-98.

晖用音乐记录生活，将工作中的所见所闻用歌声表达，更以歌曲为武器，传达党的抗战意志和政策方针。这些歌曲不仅在当地广为传唱，更流传于各抗日根据地。[1]1941年"皖南事变"后，国民党掀起新一轮"反共"高潮，竞存中学的正常教学和宣传工作受到极大冲击，国民党特务公然闯进校园，大肆搜捕进步师生，白色恐怖日益严重。同年8月，陕西省委为保护张寒晖，决定将他从凤翔接到陕甘宁边区。张寒晖离开工作近3年的竞存中学，投入新的工作中。

1941年8月下旬，张寒晖在交通员接应下，穿过封锁线，来到陕西省委和关中分区地委所在地照金，后又随机关迁往马栏。他服从组织安排，在当地从事经济建设工作。由于关中地区纸张供应紧张，他在黑牛窝村办起造纸厂，根据以往的造纸经验并结合当地实际，生产出以马莲草为原料的"马莲纸"。半年后的1942年4月，应"陕甘宁边区文化协会"请调，张寒晖终于抵达令他魂牵梦绕的革命圣地延安，担任了边区文协的秘书长。此时正值边区经济困难时期，看到文协机关干部和群众生活困难，张寒晖主动请缨承担起文协开荒生产任务，先后在延安以东的李家渠山沟和南泥湾附近领导开荒，生产中他身先士卒、带头劳动，出色完成了生产任务，文协干部群众的生活水平也有了较大的改善，有时张寒晖只身一人赶两头毛驴，翻山越岭往返关中和陇东，以解决生产中的困难。在领导生产运动之余，张寒晖积极贯彻延安文艺座谈会精神，主动深入文协所属单位，深入农民群众开展工作。他向文艺工作者提出了学习民间音乐的"六字诀"——钻进去、顶出来，鼓励大家学习富有乡土气息、群众喜闻乐见的曲调，组织文协同志开展创作。1944年7月，为筹备边区文教会议，张寒晖率队到陇东地区华池县城壕村开展调研和宣传工作，他与群众同吃同住同劳动，

---

[1] 孙武.张寒晖在竞存中学任教期间音乐创作研究[J].交响（西安音乐学院学报），2019，38（01）：147-153.

并在当地掀起了大规模的识字运动，受到群众的热烈欢迎。[1]

1945年1月，张寒晖转任边区文协戏剧委员会委员，逐渐从繁忙的行政工作和生产运动中抽出身来，得以开展新作品创作。5、6月间，他随"关中八一剧团"到陇东作慰劳军民巡演，看到边区军民火热的劳动场景，看到边区的新气象，他以陇东民歌《推炒面》为基础创作了歌曲《军民大生产》。[2]该曲充满生活气息，充分反映了边区军民生产抗战的热潮，成为边区广泛传唱的经典歌曲。《军民大生产》是张寒晖在边区创作的唯一一首有巨大影响的歌曲，也是他最后一首传世佳作。作为一个时代的缩影，这首歌曲一直鼓舞着人民的战斗和劳动。1964年编排音乐舞蹈史诗《东方红》时，周恩来把这首歌曲采用于大歌舞中，他指出，《军民大生产》等歌曲"是当时国民党反动派企图把我们饿死的情况下，边区军民响应毛主席号召，展开了轰轰烈烈的大生产运动，自力更生，战胜一切困难支持抗战，而产生的时代声音。"[3]此外，张寒晖还配合民主选举运动和对敌斗争，创作了秧歌剧《从心里看人》《拥军》。回到延安后，张寒晖还根据沿途见闻，创作了大型秧歌剧《打开脑筋》和眉户小戏《太平车》。

全面抗战胜利后，作为《松花江上》的作者，张寒晖十分向往到东北继续工作。然而长期艰苦的工作已使他积劳成疾。1946年3月，张寒晖患了重感冒，几天后病情突然严重，转为肺水肿，边区缺医少药，3月11日，虽经医生多方抢救，张寒晖仍与世长辞，年仅44岁。张寒晖病逝的消息传出后，震动了延安文艺界，大家惋惜文化战线的英勇战士的英年早逝。3月13日，张寒晖的葬礼在延安宝塔山之南的文化山山坡上举行，200多位各单位代表高唱《松花江上》为张寒晖送行。3月24日，边区参议会礼堂举

---

[1] 孟俭红.人民艺术家张寒晖的延安岁月[J].党史博采,2022,(19):30-34.

[2] 党音之.《军民大生产》赏析[J].音乐天地,2019,(10):20.

[3] 韩冰.我永远不会忘记[J].人民音乐,1979,(01):19-22.

行了隆重的追悼大会，延安文艺界人士700余人共同纪念张寒晖。同日，延安《解放日报》第四版发表柯仲平的悼念文章《追悼人民艺术家——张寒晖》及《张寒晖同志传略》。此后，张季纯、孙非、孟华、王林等陆续发表文章，追悼张寒晖的逝世。

在柯仲平纪念张寒晖的文章中这样写道："你编歌，你编戏，你挖心吐肝为人民。你底心血都流尽，你还不肯闭眼睛！你的口，还张着，你还要唱呀，人民的歌！松花江，延河水，永远陪着你唱人民的歌！寒晖寒晖你唱呀！不朽的人民要不朽的歌！"[1]诚如柯仲平所言，张寒晖的一生是为党的事业奉献的一生，为人民创作的一生。青年时期，他追求进步，加入中国共产党，积极参加反帝反封建运动，促进了新戏剧事业的发展；革命年代，用心血铸就传世经典《松花江上》，用旋律点燃了抗战的烽火；直至生命的最后一刻，仍坚持为人民创作，为人民服务。他的一生，是一名演员、是编剧、是音乐家，也是一名教书先生、是党务工作者，甚至是一名造纸工人，但他更是一名优秀的共产党员。他始终坚定共产主义理想信念，坚决服从党组织安排，在不同岗位上竭尽所能，用火一般的热忱为党的事业奉献终身。他在不同时期所创作的作品，不仅是艺术的瑰宝，更是历史的见证。今天，当我们重温《松花江上》的旋律时，依然能感受到那份深沉的家国情怀与不屈的抗争精神。张寒晖的名字，将永远镌刻在中华民族的历史长河中。

---

[1] 柯仲平.追悼人民艺术家——张寒晖[N].解放日报，1946-03-24（004）.

附文：

追悼人民艺术家——张寒晖同志[1]

柯仲平

寒晖！"磨砂面"，是你从城壕村学来的一首民歌。你顶爱这民歌的曲调。你教我们唱，还会提炼她，用她来配你"打开脑筋"一剧里的"军民合作"歌。今天，追悼你我也就用"磨砂面"，你顶爱的这曲调先为你唱一曲悼歌！

文化山头张寒晖，一把土来一把泪！

你在这里开过荒，这里把你来安葬！

含泪的黄土垒成堆，哀悼的诗歌刻成碑。

一块碑，立延安；一块要立在那——哗啦啦啦，哗啦啦啦，长流不息的——松花江畔！

你的歌："松花江上"，动员了我们——

成千成万，成千成万，勇敢的人民——去抗战！

还有碑，纪念碑，立在人民的心坎内。

你编歌，你编戏，你挖心吐肝，为人民。

你的心血都流尽，

你还不肯闭眼睛！

你的口，还张着，

---

[1] 《追悼人民艺术家——张寒晖同志》一文是柯仲平为悼念张寒晖逝世撰写的纪念文章，刊登在 1946 年 3 月 24 日《解放日报》第四版。

你还要唱呀，人民的歌！

松花江，延水河，

永远陪你唱人民的歌！

寒晖寒晖你唱呀，

不朽的人民，要不朽的歌！

寒晖！医生说，你由重感冒，转成肺水肿，你心脏疲竭，所以救也救不活了。

寒晖！我们早几天，强迫你到医院去，许还能救活的吧？寒晖呦，五年来，我对你关心太不够，这是我流泪流得多的一个原因！

寒晖呦，你不管你病到怎样危险的程度，你总还说"不要紧，不要紧"。你有这样的一种优良品质，这样的一种生活态度：

为公，我能多做一点事，我就要拼命地多做一点。为我本身，我可以少麻烦公家一分，就要尽量地减少这一分。

你在老百姓里工作，从来也就是这个态度。例如：前年你到城壕村区文教工作，你就不是坐在那里工作，而是由帮助老百姓锄草，收麦……由实际帮助群众而完成了你文教方面的工作。老百姓没有说你是去麻烦他们的。劳动英雄张振财对我讲过，他们都很高兴你。

由于你从来就抱着这样崇高的生活态度，自然，你的生活就是很刻苦，很简朴的了。但是你却不愿我和你一样的刻苦。有两年，你曾经派人给我另外做较好的伙食，我要你和我一同吃，你硬说你身体比我好。又说你是文协秘书长，等把文协大家的生活改善了，你才好意思和我一块吃。为了改善大家的生活，你跑关中，跑出几百里去搞生产。临走的时候，你拒绝带牲口，你只披上一件棉大衣就走了。那正是飞着雪的天气。我和你没有把生产搞好，有一半还曾经搞垮了，你我都差不多气破了肚皮。有几次，我曾经很不合理的埋怨过你，但你却没有埋怨我一句。生产没搞好，你死都不服这口气——你认为，你是能够把文化建设搞好，也能把经济建设搞好的，你比我们中的谁，都更切实更能苦干，冰雪天，你跑三十里，参加打井去，准备种菜；又跑六十里，找荒地准备开荒去。

寒晖！你那种朴朴实实，埋头苦干，对革命，对人民极端负责的作风，每一个曾经接触过你的人，都很散漫，都不会忘掉。因此，今天为你流泪的同志也就特别多。

寒晖！你病故，使我警惕起来了。首先我觉得我对同志的了解太差。从你参加革命起，你有十六年，都在外面那极端恶劣的环境里，坚持工作。你流过多少的心血，受过多少的伤害，从前我估计得很不够。四二年，当我们几次打电去欢迎你来延安的时候，只知道你是"松花江上"的作者，是会搞戏剧，当教员，办过"老百姓报"，还会造纸搞工业的一位老同志。你来后，觉得你为人踏实可爱，但又以为你有个很大的"缺陷"：脑筋迟钝。那时期，你拿起笔来，笔真像有万斤重。你读起文件来，真像爬壁立的高山。可没有想到：一方面，那正表现了你是从来不放一次空枪，不浪费一粒子弹，真是"钻"，真是"研"，真是"创作"的精神，处处负责认真的态度。另一方面那就是因为你在长期苦斗中，心血流的过多，你的健康已经被黑暗势力糟蹋得差不多了！不注意加油，你明亮着的灯就要灭了！不是么？是的。你还常常把一些决定要做的小事情忘记。我曾强迫你要经

常带一枝笔和一个小本本，强迫了半年多，你才开始有了这种拿笔和纸帮助脑筋的习惯。你说，你长期在外面工作，什么都只得用脑子记，笔记有可能边成为敌人杀害你，杀害同志们的桥梁。你说你的种种创作，一经传到群众里，成了群众自己的，你就一份也不留在你的身旁了。真的，你发表过许多好作品，都没有写上你的名字。友人到你面前说，某一歌某一戏真好，你也只微微一笑，说"不见得十分好吧，"你从不说"那就是我作的"。这些呀，一方面，证明你有只求革命实效，不计个人名利的好作风；另一面，也就证明，你在长期奋斗中，费尽了心机，苦尽了肝了！在从前，当我看见你还有某一缺点的时候，我还没有能够从你全盘的斗争史，

全盘的优点中,同情你这一缺点,而又帮助你克服。反过来,你对于我的缺点,你都尽到了你同情和帮助的责任。那一次,我对别人发过了粗暴的脾气,你除了从思想上规劝我,又还从我的病上来关心。你对于同志,都是这样。寒晖!因你对你自己,是那样的自刻,对同志是这样的耐心,对敌人又是那样的一点也不肯松劲,你就得随地随时用脑筋。仔细,深刻,周到的用脑筋,像一颗螺丝钉用力转进去那样的用你的脑筋。你是用脑用的过多了,一点也不是迟钝。

你对于文艺,从来是把她当为人民服务的工具。那种内容,那种形式的作品,能够在目前服务得最有效,你就会去用她,创造她。十多年来,你一贯是这样想,这样做。

你有很多最宝贵的经验,都是我永远忘记不了的。可惜你没有完全写出来。我今天,也只能先说几个例子追悼你。

你那"松花江上"的曲调,为什么是那样的悲伤,那样的动情?为什么人一唱起你的这首歌,就会由不得要流泪,流着泪去报仇,去夺回"我那可爱的故乡"。你对我说过,你当时在东北军里工作。他们失了家乡想家乡。你就用这种心情,动员他们和一切的中国人民去抗战。你怕还有一些人太麻木,所以那样伤心地写,那样悲痛的唱。你说:"我把北方'娘们'在坟头上哭丈夫,哭儿子的那种哭声,变成'松花江上'的曲调了。当然,还要变一变才成…。"寒晖!你从实际的人心出发,把这种心编成歌去动员人起来为祖国战斗!为一定的政治目标去战斗,是我们要学习的。在作曲方面,你的这个"变一变",这个"变一变"的秘诀,也是值得每一个人民艺术工作者仔细学习的。

你对民众剧团全体同志们讲话,曾说:"利用旧形式,要会钻。钻进去,还要能够钻出来"。这也是你的大众化的一句名言。钻进去,就是要学会彻底掌握它的规律。钻进而又能钻出,就是能掌握它的规律,就能有自由,自由灵活地运用它为人民服务。你曾运用"磨砂面"那民歌的曲调,创造一篇军民合作歌。使得大家都非常喜欢听又喜欢唱。徐老听罢，当时就问我这歌的来历，而且还想拿去看。这就是你会"钻"的一个范例。你不是死死板板地用它，而是自由灵活地用了它。它原来是人民血肉的一部份，你又借了它，为人民造出更新更健康的血肉来了。

寒晖！你的作品，和你的为人作风一样，是非常踏实，结实，深刻，非常群众化的。要发扬你各种优良的作风，还得我们再研究、再体会。今天只是对你表一表悼念的心怀。你有多种多样的特长，谁能一下把你道尽呢？

寒晖！让你的老友说过了这些话以后，再重复地唱一唱老友献给你的那一篇悼歌！……

一九四六年三月二十。（寒晖逝世后十一日）

附曲一：

松花江上[1]

1=♭B 3/4　　　　　　　　　　　　词、曲：张寒晖

中速

1. 3 5 — | i̇ i̇. 5 6. 5 | 6 5 — | 1 2 3 — | 6 i̇ 5 |

我的家　　在东北松花江上，　那里有　　森林煤

3 — — | 2 1 2 — | 6 i̇ 5 | 4. 3 2. 1 3. 2 | 1 — — |

矿，　　还有那　满山遍野的大豆高　粱。

1. 3 5 — | i̇ i̇. 5 6. 5 | 6 5 — | 1 2 3 — | 6 i̇ 5 |

我的家　　在东北松花江上，　那里有　　我的同

3 — — | 2 1 2 — | i̇ 7. 6 5 | 4 3 2. 3 | 1 — — |

胞，　　还有那　衰老的爹　　娘。

i̇ 7 6 — | 2̇ i̇ 5 — | 6 6. 3 2 | 2 3 i̇ 7 | 6 — — |

"九一八"，"九一八"，从那个悲惨的时　候，

i̇ 7 6 — | 2̇ i̇ 5 — | 6 6 3 2 | 2 3 i̇ 7 | 6̇ — — |

"九一八"，"九一八"，从那个悲惨的时　候，

---

[1]　《松花江上》是张寒晖于1936年创作的歌曲作品。

张寒晖：一个时代的缩影

```
6  6.7 6.5 | 6 6 - | 3 5 5.6 | 1̇ 6 7 6 5 | 6 - 3 |
脱  离 了 我 的 家 乡， 抛 弃   那 无 尽 的 宝 藏， 流

2 - 3 | 2 - 3 | 5 1̇ 6 | 5 3 2 - | 3 2 - |
浪！  流 浪！ 整 日 价 在 关 内， 流 浪！

3 6 - | 3 5 - | 5.6 1̇ - | 6 7 6 5 6 | 6 7 2̇ - |
哪 年， 哪 月， 才 能 够   回 到 我 那 可  爱 的 家

5 - - | 3 6 - | 3 2 - | 5.6 1̇ - | 6 7 6 5 3̇ |
乡？  哪 年， 哪 月， 才 能 够   收 回 我 那 无

2̇ 3̇ 2̇ - | 1̇ - - | 3̇ - 2̇ 1̇ | 6 - - | 2̇ - 1̇ 6 |
尽 的 宝  藏。  爹 娘 啊， 爹  娘

渐慢
5 - - | 3 6 - | 3 5 - | 5 6 3̇. 2̇ | 3̇ 6 1̇ | 1̇ - - ‖
啊， 什 么  时 候， 才 能 欢 聚 在 一 堂。
```

附曲二：

干吗要悲伤[1]

1=G 2/4

词、曲：张寒晖

中速

| 1. 3 | 5. 55 i 2 | 6 5 5 - | 5 1. 2 3. 33 | 5 6 3 2 |

同胞们 咱们 干吗 要悲伤， 同胞们 咱们 干吗要颓

| 2 - - 0 | 6 6 0 6 6 2 | i i. 7 2 i. 7 | 6 5 6 - 3 3 |

丧， 看吧！咱有四 万万颗顽强的 头 颅， 咱有

| 6 5 5. 3 6 | 5. 4 3 2 3 - | 1. 2 3 5 5 3 | 6. 6 5. 5 |

八万万只有 力的 臂 膀， 咱有亿万万把 镰 刀 和 锄

| 3 - 3 3 6 | 5 6. i 2 - | i - - 0 | i. i i 0 0 i 7 i |

头， 咱有无 数量的 刀 枪。 弟兄们！ 快起来！

| 2 i i 2 i. 7 | 6. 5 6 - 3 3 | 5 6 6 5 3 3 | 2 1 2 - - |

斩断你萦回的 愁 思， 不要 做一只 等死的 绵 羊，

[1] 《干吗要悲伤》是张寒晖于抗战初期所谱曲的歌曲作品。

张寒晖：一个时代的缩影

```
0 2 1 2 6 5.6 | 4 3 1.2 3 3 | 6 5 3 2.3 |
```
快揩去眼眶的　热泪，要做一个　杀敌的虎

```
1 - 2 2 0 | 3 3 0 3 1.2 | 5 3 1 1 0 |
```
狼，　啼哭！　悲伤！有什么用处？团结！

```
6 6 0 5 1 1 2 | 6 5 3 0 | 2 2 3 2 5.6 | 1 - - - ‖
```
牺牲！在流血的斗争中，　才能求得解　放。

周巍峙：巍然屹立天地间

周巍峙（1916年6月—2014年9月），原名周良骥，江苏东台人，1937年参加八路军，1938年奔赴延安，任西北战地服务团副团长，率团深入晋察冀敌后抗日根据地，参与了《黄河大合唱》《白毛女》等经典作品的音乐改编和战地歌曲创作。中华人民共和国成立后，历任中央歌舞团团长，文化部党组书记、代部长，中国文联主席，中国民间文艺家协会主席。周巍峙创作的《中国人民志愿军战歌》响彻朝鲜战场。晚年极力推动中国非物质文化遗产保护工程，主持编撰《中国民族民间十部文艺集成志书》，抢救濒危艺术遗产200余种，被誉"民间文艺守夜人"。

1916年6月13日，江苏东台一户书香门第中，一个男婴的啼哭划破晨曦，父亲周慰堂为他取名周良骥，寓意"良才骏马"。[1] 这座枕水而居的小城，成为周巍峙生命的起点，这棵守护中华文化根脉的苍松就托生于江南这潺潺水畔。周巍峙的童年是在清贫中度过的，父亲在他5岁时外出谋生，他和母亲相依过活，祖父能提供些有限的帮衬。周巍峙最初接触音乐，是受祖父和父亲的影响。祖父爱唱曲子，会打锣鼓，经常带他去茶馆听书。每逢村里办丧事，祖父就会带着孙子去听和尚道士念经奏乐，每次周巍峙都听得如痴如醉。父亲周慰堂是清末秀才，曾留学日本学印刷。由于很喜

---

[1] 孟远.西战团和歌剧《白毛女》——访原西战团主任周巍峙先生[J].文艺争鸣，2013，（12）：22-25.

欢戏剧，他也支持儿子痴迷音律，亲手抄录《阳关三叠》《平沙落雁》古琴谱供其研习。周巍峙5岁入私塾读书，在先生吟诵《诗经》的间隙里，他偷偷用炭笔在课本边角画下"蝌蚪符号"——他自创的"记音谱"，记录下街头货郎的吆喝声，远处庙会锣鼓的节奏。周巍峙父亲后来投奔北伐军，任国民革命军第一师第一团书记官。1926年，军队驻扎在绍兴时，就把周巍峙母子接到军中一起生活。10岁的周巍峙沉浸在家庭的温馨欢乐中，更令他兴奋的是看到革命军和青年学生到处贴标语、散传单，在街上游行喊口号，那沸腾的场面深深感染了周巍峙，他不由自主地也跟着父亲和游行的队伍，高呼"打倒贪官污吏，铲除土豪劣绅"口号，唱"打倒列强，打倒军阀"的国民革命歌曲。[1] 1927年，蒋介石背叛革命，部队陷入混乱，周巍峙父亲带着全家离开部队到上海，靠借债和典当维持生活。为生活所迫，周巍峙不得不小小年纪就开始打工。

1928年，周巍峙先后在《申报》图书馆当排字工，在《申报图画周刊》编辑部当秘书，在油墨与铅字间触摸到新文化运动的脉搏。后经二舅戈公振介绍，他到邹韬奋的《生活日报》社当文书，趁机读了很多邹韬奋写的文章，对反帝、反封建、反压迫等问题有了新的认识。1932年冬，邹韬奋受到反动势力的打压，被迫出国考察。邹韬奋离别时，将周巍峙介绍给李公朴先生当秘书。当时在李公朴身边工作的还有艾思奇、柳湜、夏征农等进步青年，他们都是中共地下党员，受他们的影响，周巍峙在思想觉悟、知识水平方面有了大幅度的提高。1934年11月，《读书生活》创刊，李公朴任主编，艾思奇、柳湜为编辑，周巍峙担任助编，杂志发行量一度达到了2万多份，引导了一大批青年走上革命道路。这时的周巍峙以笔作枪参加斗争，先后用良骥、周歼夷、沈澎年、志静、骏伯、巍峙等名字发表了

---

[1] 齐荣晋.周巍峙：英雄史诗壮歌人生[J].党史文汇，2008，（04）：4-11.

几十篇文章,控诉军阀统治的黑暗昏乱,揭露帝国主义的丑恶行径。[1]当他第一次署名"周巍峙"时,取"巍然如山,峙立天地"之意,发誓与帝国主义、封建主义以及社会黑恶势力对峙,做民族精神的脊梁。在协助李公朴先生工作期间,他阅读了大量的马列经典书籍、国内外进步作家的小说和文艺创作理论,大量接触了中共地下党员和社会进步文化人士,深受教育和启迪,逐渐从一个对旧社会不满的爱国青年,转变成在党的影响教育下自觉参加革命、为党积极工作的革命青年。

1934年,周巍峙加入中国左翼戏剧家联盟,[2]任中国音乐家协会执行干事,参与聂耳、冼星海主导的"新音乐运动",在上海从事左翼文艺活动及进步出版工作,组织领导群众音乐团体从事抗日救亡歌咏活动。1935年春,聂耳与吕骥组织了业余合唱队,先教大家学会,再到社会上去教唱,通过歌咏活动宣传抗日救国。周巍峙在参加歌咏活动中很快提高了自己的歌唱水平、分析歌曲的能力和指挥艺术,除完成李公朴先生交办的任务之外,全身心投入抗日救亡歌咏活动。1936年春,他组织并主持了新生合唱团,一面邀请冼星海、贺绿汀、盛家伦等名家讲授音乐创作,教唱抗日歌曲,一面组织民众合唱队普及传唱抗日救亡歌曲。[3]1936年,他也开始学着创作歌曲。最有名的是他谱写的孙师毅作词的《上起刺刀来》,激励国民党士兵反对不抵抗主义。此歌后来被山西决死队更名《守土抗战歌》,成为决死队的非正式队歌,这就开启了周巍峙的音乐创作征程。这期间,共创作救亡歌曲20多首,成为当时较有影响的音乐工作者。但他自谦地称自己是一个音乐青年、业余音乐工作者。

1937年,随着七七卢沟桥事变爆发,全面抗战开始。周巍峙跟随李公

---

[1] 众口说老周——周巍峙八十岁纪念文集[M].北京:大众文艺出版社,2001:327.

[2] 李伟.时代的呐喊——纪念左翼音乐运动70周年[J].人民音乐,2004,(02):21.

[3] 齐荣晋.周巍峙:英雄史诗壮歌人生[J].党史文汇,2008,(04):4-11.

朴先生奔赴华北抗日前线做抗战宣传动员工作。李公朴先生要返回武汉时，周巍峙毅然留在太原参加了"全国通信社"，编辑印发华北前线的战事报道。1938年2月，周巍峙正式加入八路军西战团，任歌咏队指挥兼队长。7月，由丁玲、王玉清介绍，光荣加入中国共产党。8月，随团至革命圣地延安，10月初，被任命为西战团副团长，率领西战团到敌后晋察冀根据地工作。12月下旬，周巍峙率领西战团在八路军120师部队护送下，顺利抵达晋察冀军区司令部河北省平山县焦潭庄，在军区政治部领导下开始工作。周巍峙先后担任晋察冀边区文联宣传部部长、边区音协主席、边区文救会主任，1940年2月任西战团团长。[1] 太行山五年，周巍峙率领西战团在晋察冀抗日根据地深入生活，深入群众，深入战地。在抗日烽火中创作、排演了歌剧《八路军与孩子》《不死的老人》，话剧《雷雨》《复活》，歌曲《黄河大合唱》《团结就是力量》，《歌唱二小放牛郎》《子弟兵进行曲》等著名文艺作品，西战团的足迹遍布晋察冀的山山水水。在五台山下的村庄，他们把门板卸下当舞台，煤油桶改造成战鼓，为当地军民演出；长途跋涉行军途中，他们用绑腿布记录民歌，充分汲取当地民间音乐的营养；随身的帆布包里装着刚刚写就尽染炮火与血迹的歌谣，棉袄夹层里缝着带有浓厚硝烟味的雄壮旋律。在紧张的战斗中，面对恶劣的环境，周巍峙依然坚持创作歌曲，为歌剧谱曲，指挥大合唱、排演话剧、培训边区文艺骨干，撰写音乐理论文章，为推进晋察冀边区的文艺工作和指导群众歌曲创作发挥着积极作用。

1944年，周巍峙与西战团歌唱演员王昆结为终身伴侣，成为西战团史上的一段佳话。次年5月，西战团奉命返回延安，周巍峙因优异的工作业绩，在陕甘宁边区群英大会上荣获甲等文教英雄光荣称号。党的七大期间，他组织文工团为七大代表演出了《粮食》《敌后合作社》《突围》等话剧，

---

[1] 刘庆礼.试论西战团在晋察冀边区的文艺宣传[J].河北经贸大学学报（综合版），2009，9（03）：59-64.

获得大会代表的一致好评。[1] 抗战生涯，是周巍峙为中华民族解放事业建功立业的重要时期，也是他艺术生命的涅槃重生。

1946年6月，蒋介石不顾全国人民的强烈反对，悍然发动全面内战。周巍峙先后担任华北联大文艺学院文工团团长，华北人民政府文委委员，天津市军管会文艺处处长等职务。1949年5月，随中国青年代表团赴匈牙利参加了第二届世界青年和学生和平联欢节。9月提前返回祖国，参加了中华人民共和国开国大典。

1950年朝鲜内战爆发，美国纠集帮凶武装干涉，将战火烧到鸭绿江边。10月为了保家卫国，中国人民志愿军赴朝作战。11月，周巍峙作为赴朝慰问团秘书长抵达丹东。深冬的鸭绿江边，朔风如刀，坑道里，他听到战士们在传唱"雄赳赳，气昂昂，跨过鸭绿江"，敏感的他连夜整理歌词，修改旋律，反复推敲节奏，直到东方既白，才将《打败美帝野心狼》的曲谱电传北京，后由文化部定名为《中国人民志愿军战歌》。[2] 该曲以五声调式与进行曲节奏作创造性融合，既保留了《八路军进行曲》的战斗性，又融入河北梆子的高亢腔调，开创了中国特色军旅音乐范式。截至1953年停战，前线文工团累计演出该曲4700余场，后来被刻在朝鲜桧仓郡的志愿军烈士陵园石碑上，与山河同辉。

从1952年到1966年执掌中央歌舞团的14年间，周巍峙带队展开"抢救民间艺术"行动，足迹遍布云贵高原、蒙古草原，深入28个少数民族聚居区，采集3800余首民歌、237种民族乐器演奏法，其中67%的濒危乐种因他的记录得以留存。1953年的盛夏，在云南阿佤山的竹楼里，他用30斤全国粮票换回佤族老祭司珍藏的象脚鼓鼓谱，在中国音乐史上第一次留下了佤族山谷祭祀的千年遗响；在锡林郭勒的敖包旁，他跪地记录长调歌手

---

[1] 众口说老周——周巍峙八十岁纪念文集[M]. 北京：大众文艺出版社，2001.

[2] 齐荣晋. 周巍峙：英雄史诗壮歌人生[J]. 党史文汇，2008，(04)：4-11.

哈扎布即兴创作的《走马》，成为蒙古族长调申遗的重要依据。1956年周巍峙主持首届全国民间音乐舞蹈汇演，从街头挖掘出盲人阿炳等23位民族音乐家，促成后来《二泉映月》的抢救性录音，现收藏于中国艺术研究院，被列为"国家声音档案001号"。1964年，为庆祝中华人民共和国成立十五周年，周总理提出要编写中国人民在中国共产党领导下、经过艰苦斗争取得胜利的节目，在国庆节演出。周巍峙适时提出了用大型音乐舞蹈歌颂党和毛主席领导的中国革命斗争的建议。在周总理的亲自领导和指导下，大型音乐舞蹈史诗《东方红》应运而生，周巍峙受命为活动领导班子重要成员，负责编写提纲、节目排练、演出制作、后勤保障及与周总理的联络。在周总理的关怀下，大型音乐舞蹈史诗《东方红》奇迹般地完成所有排演，并于国庆节顺利演出，获得巨大成功。这是中华人民共和国成立后音乐和舞蹈的一个历史丰碑，成了永恒的经典。

1966年，"文革"风暴来袭，周巍峙受到"四人帮"残酷迫害，下放到河北固安农场。[1]他在沙地上默写《黄河大合唱》总谱，用铁钉在搪瓷碗底刻下五线谱，创作了《丰收锣鼓》经典旋律。1977年后，周巍峙先后担任文化部副部长、党组副书记、党组书记代部长主持文化部工作。为庆祝中华人民共和国成立35周年，根据中央指示，1982年周巍峙受命组织创作演出大型音乐舞蹈史诗《中国革命之歌》，1984年，《中国革命之歌》演出成功，通过音乐、舞蹈和朗诵等综合艺术手法，全面展现中国人民在波澜壮阔革命斗争史上的英雄事迹和精神风貌，文艺再次展现其巨大的精神力量。

为了弘扬中华民族优秀传统文化，周巍峙致力于民族民间文艺遗产的收集、整理与研究；周巍峙力排学界争议，倡导推动，文化部、国家民委、中国文联联合启动了《中国民族民间十部文艺集成志书》工程。在他的亲

---

[1] 宋木文.我敬佩周巍峙同志的人品[J].戏曲艺术，2001，(03)：79-82.

自领导下，统一了编纂集成志书的主旨，统一了指导思想和主体结构，统一了组织管理，统一了志书的装帧、设计和出版发行。在周巍峙的亲自指导下，协调各集成志书的关系，明确各集成志书的编写范围、重点与特色。[1]周巍峙担任了《中国戏曲音乐集成》的主编。他日以继夜审读书稿，不辞辛苦到基层调查，主持会议，统一思想，他亲力亲为，殚精竭虑，为开拓艺术科学研究领域、保护中国民族民间艺术作出了重要贡献。历时30年，这套凝聚全国数十万各民族文化工作者智慧和心血的巨著终于完成，采用"五位一体"记录法（文字、曲谱、图片、录音、影像）收集整理，编撰出版，记录曲谱时必须同步录制方言唱词、演奏技法，提供文化语境，《中国民族民间十部文艺集成志书》"功在当代、利在千秋"，构筑起文化遗产保护研究的学术高地，最终形成298卷、4.5亿字的"中国民间文艺的万里长城"。

在这场与千年文明的对话中，传统艺术再次熠熠生辉。周巍峙不仅让中国人看到了那些藏在大地边角、山川沟壑中的民族文化，更让世界听到了来自中国民间的声音。1985年对新疆十二木卡姆的完整采录（含24小时音频、800页乐谱及舞蹈动态解析），使西方学界修正了"中亚无大型套曲"的论断，英国剑桥大学《亚洲文化研究》更是称其"改写了中亚音乐史研究框架"。2001年，坐在轮椅上的周巍峙轻轻叩击扶手，为600年历史的水磨腔打拍子，随着联合国教科文组织宣布昆曲入选"人类口头与非物质遗产代表作"，周巍峙主持制定的《中国非遗申报标准》结出第一颗果实。2003年，周巍峙以87岁高龄担任中国非物质文化遗产保护工程专家委员会主任，由他多年来的文物传统保护实践经验总结设计的"文化生态保护区"模式和非遗保护理念，不仅在国内广泛施行，后来更被联合国教科文组织纳入《保护非物质文化遗产公约》操作指南，全球47个国家参照实施，在世界范围内输出了中国文明保护范式。

---

[1] 齐荣晋.周巍峙：英雄史诗壮歌人生[J].党史文汇,2008,（04）：4-11.

周巍峙将近代中国"救亡图存"的文化焦虑，转化为系统性、科学性的保护实践，他拒绝将民间艺术视为"落后遗存"，而是以全新的视角将其定义为"活态文明基因"。这种既尊重传统本体价值又注重现代转换的思维，体现在《志愿军战歌》的裂石穿云，流露于《丰收锣鼓》的稻浪翻滚，更凝结在非遗名录上细密如绣的注脚与不居的岁月里。匆匆春秋已过，历史正在不断证明，真正的艺术从不在琉璃殿堂，而在百姓的炊烟里。

2014年9月12日，周巍峙因病医治无效在北京逝世，享年98岁。他辞世留下的遗物中，笔记本里夹着一片枯黄的杏叶，那是1939年他在晋察冀采风时珍藏的——从战火纷飞到盛世修文，这抹穿越八十载春秋的枯黄，最终与主人一同归于厚土。他珍藏的杏叶枯黄了，却在五千年文脉奔向灿烂的年月里，生长出永不凋零的春天。

周巍峙是我国音乐史上著名的音乐家，他的作品力求反映现实，通俗易懂，便于传唱。因此，他的曲作广泛吸收了河北、山西等地的民歌营养，明快、朴实、优美、自然，不追求华丽的形式，但寄寓着真诚强烈的民族感情。[1]无论是战争年代还是和平时期，他创作的旋律都简短有力、易于上口、激越铿锵、震撼人心，比如《上起刺刀来》《中国人民志愿军战歌》等，旋律坚定，气势磅礴，真实表现了抗日军民和中国人民志愿军的英雄气概、必胜决心，成为跨越时代最经典、最激动的传世之作。

周巍峙是中国文化工作的卓越领导人，他认真贯彻党的文艺政策，团结广大文艺工作者，为繁荣文社会主义文艺创作，促进文艺事业的发展、保护民族民间艺术呕心沥血，在文化艺术界享有极高的声望。他的一生谦虚低调，诚恳热情，廉洁奉公，鞠躬尽瘁，自称只有小学学历，一生只是个"打杂工"，但他波澜壮阔的历史经历，跨越时代的经典作品，为中国文化事业创立的丰功伟业将永垂青史，巍然屹立天地间，永远被后人称颂和敬仰。

---

[1] 朱婷,周七月.周巍峙对于民间文艺工作的倡导与贡献[J].民间文化论坛,2024,（06）：67-73.

附文一：

大众歌曲的"党八股"与一些克服办法[1]

周巍峙

"党八股"在大众歌曲创作上的表现怕也是很严重的吧？

有些人把"大众化"了解成只是一种技术问题，以为去了一些难懂的词句，难唱的音程，节奏，就达到目的了。内容是否空洞？情感是否贫弱？乐想是否一般化？却都不太注意了。假使说是注意的话，那常是"理论"上的注意，也就是心里知道这回事，但没有把歌词感情的表现与每个音符及他们之间的连接，联系起来处理，仔细地，统一地的来处理。因此，我们看到一些"大众歌曲"唱是很容易唱的，（我想这也是很容易写的，只要找到一个"通俗的"词，看看，哼哼，唱唱，拿起笔来就写，不用4、7，不写难的音程，很快的就可以完成了。）可惜就是缺乏"内容"，缺乏"精神"，譬如破路和反对"治安强化"的处理是差不多，春耕歌的进行，只是"柔"一些，慢一些，大概是在描写春风吧？义务兵役制的歌不过是节奏上比较快一些，干脆一些，说是已把新兵们英勇愉快的向前线进军的精神描写出来，却也未必。这当中写得最差的简直是些无生命的音符的连接，看不出生活的各种面貌，如说他是"言之无物"，怕也不会过分。

有些人和这相反他不估计这歌子给谁唱，唱给谁听的，只凭主观的感

---

[1] 《大众歌曲的"党八股"与一些克服办法》一文由周巍峙撰写，刊登在1942年6月4日《晋察冀日报》第四版。

情与愿望去写作，不管有没有人唱它，能不能唱它。因而给农民唱的，士兵唱的，或乡村妇女唱的歌子里，会发现不少317，6#56，712等等难唱的进行，给伪军及游击区同胞唱的听的歌子，却非有些锻炼的歌咏队才唱得准，武装宣传队是不会把他们唱好的。这些歌子情感是有的，可惜那是作曲者的，不是大众的，这真的象是下了决心不要这些群众自己唱，不要他们接受这些歌曲的情感似的。

还有一些人不了解地方民谣的情感与语言的特点是因时而异的，他们以为大众化的问题就是民谣风问题，以为多搬用一些地方民谣的旋法，在某些进行上加些装饰，呦，喂，啦……多用一些就可以合乎大众的"口味"了，大众就能唱好了。结果有些歌曲就显得柔软一些，没有表现出战斗环境中边区人民的生活情调；有些反更难唱了，因为别的地方特有的进行方法不容易被分一地方的人民所接受，有些歌里就多了一些不需要的语助词，不表现劳动或者不太使劲的劳动的歌子也会有不少转呀的，不知道是为了什么，因此这样的歌曲同样的也不会为群众所喜爱，更没有在大众中传布开来。（虽然在群众中广泛的不一定是很好的歌子，但这不能不是说明他是大众化的条件之一。）

当然我指不说边区就没有产生比较好的大众歌曲，不过好的不多却是事实。我不是说主观条件较差，(有不少是初学作曲者)写作时间限制很大(有不少是突击出来的) 不是使某些作品贫弱的原因之一，不过作者在平日体验群众的生活上，写作时表现歌词情境上，所下的工夫不够大，或不够经常都是事实。我也不是说作者的创作方法都不好，不过主观注意不够或者有些偏爱与固执的，却也是事实。我更不说是大家对自己的作品不负责，不顾及他的实际效果，不过在实际教唱，表演当中注意群众反映，听取其他作曲者的意见，尤其是对那些为群众所喜爱的歌曲的注意、研究与学习上，做得不够，却是非常明显的事实。

目前歌曲的产生是比较少些，因为缺乏歌曲，群众歌咏运动在表面看起来也相当沉寂,各方面都发出了对歌曲的意见,这似乎是大众歌曲的厄运到了。但实际上,我认为这正是大众歌曲向前突进的转变点,也可以说是反对形式注意(即党八股)的具体表现之一,怎样把这些缺点和音乐运动的发展联系起来,研究今后的创作方法是使大众歌曲走向更高阶段的主要关键,好的歌曲产生了,群众性的歌咏运动一定会更蓬勃的发展起来,假使大家不愿"脱裤子"深刻地进行自我检讨的话,那才是对新音乐的建设有碍,对革命任务没有更好的来完成的一种错误的表现。

(二)

关于大众歌曲的创作,最主要的是我们如何体验大众生活,具备大众情感的问题,和这相关连是如何研究边区人民的语言特点问题,我认为:假如要写一个春耕,除了要了解春耕对于边区抗战的意义外,这些农民对春耕的态度,参加的情绪等等,都需要仔细去观察、研究,而这些观察与研究又必须和日常我们对农民生活情感、生活方式的体验,才能有一个完整而具体的认识,其次要注意农民在语言上的特点,如重音所在,语言的节奏与音的抑扬的规律,以及语尾的表现等(这些特点除在日常语言上表现外,并体现在当地的民谣曲,地方戏当中),使他们和新的表现方法溶合起来,统一起来,成为创作的根据,以表现而需要的情感,不要单纯的搬来应用,不要以为陕北一带民谣中175,542,215,一定会被河北人民所喜爱。在写作时,又要认清这个歌是给那些农民唱的?是老年、壮年,还是青年?是不是女的?他们在哪里唱?在家里,还是外面?把这些情况和气氛都在脑筋里明确地描绘出来,自己似乎已经生活到那种情况里去了,那么所写的感情才会丰富,才会可靠。

唱的人的唱歌水准与接受程度也必须强调注意到,但这又不是单纯的迁就,为了要改动一个比较难唱的音程而妨碍感情的统一表现;不要以为47不能用,而是要适当地用他,尤其是当经过音时(如345,671等)更可大胆些。

写作的哼哼，唱唱，以找出歌词在音乐上的特性，当然是需要的，但这要避免以主观的情绪代替所要表现的生活，要避免把偶然哼出来的一个似乎好听的但又难唱和主题及对象不一致的乐句，"顽固地""塞"在这个歌曲里，那常是对整个曲调的一种破坏。更多的是像总是创作中的所最必需的。

这种创作出来的歌曲也许比较大众化一些吧。

在作品写成以后又要在教人或听唱时，客观地注意他的效果，注意群众的反映，虚心地听取其他作曲者的意见，不要听见别人的批评心里不舒服，不要"先入为主"，总是替自己作品辩护，一切反映，一切意见只要是对的，最好设法加以修正，不对的也可以供自己参考。

关于体验生活与研究语言在音调上的表现，是作曲者的终身失业，是艰苦的锻炼过程，而且必须和创作联系起来，才能有好的成就。但是这不是说那些对生活体验与语言研究没有怎样做过的人，就不能写曲了，相反的，不过根据现实主义创作方法的精神应该强调注意这些问题，才能逐渐在实践当中克服大众歌曲上的"党八股"，才能使自己的作品逐渐丰富起来，发扬他最大的功能。

以上仅是对于创作方法，态度与创作过程的一些意见，关于音乐如何表现生活，作曲者如何体验生活等问题为篇幅所限没法谈他了。（编者注：最近"晋察冀音乐"上大约登有这种问题的文章，读者可参阅该刊。）

附文二：

对于目前作曲上的一些意见[1]

周巍峙

边区新的作曲者不断地产生，新歌集不断的印发，歌曲随着政治人物，中心工作，发布到广大群众，广大士兵口边，较高的合唱曲也在不少作家中创造出来，这是边区音乐工作中可喜的收获，也是边区音乐运动向前发展的有力保证。

但是，在这方面有没有问题发生呢？

首先，由于一些新的作曲者所听到看到与唱过的，主要是整突击出来或技巧较差的作品，对由技巧较高的乐曲，接触得较少，因此，他们的乐想，旋律的创造，不能不显得微弱一些。他们看到不少歌曲是"一般化"，旋律的进行非常单纯，少变化，561，123，可以在很多歌曲里发现，而并没有加以变化。也有很多乐句常无意地和自己另一歌曲或别人的歌曲中的乐句相同或相仿，在新的创作上并不能有明显的特点与成就。

第二，有些歌曲的主题，在节奏与旋律的特点上，也没有很好的处理，有时在第一句时，就感到不流利。由于歌曲技巧的缺乏，主题的发展，感情的表现也不曾有更好的统一与变化了。因此，有时不可免的全曲仅仅是些无调的乐句的连续。

---

[1] 《对于目前作曲上的一些意见》一文由周巍峙撰写，刊登在1941年4月23日《晋察冀日报》第四版。

还有一种现象，就是主题或某些乐句的一些，常无原则的在本曲里反复出现，有的是稍微剪头截尾的应用着，这不但使表现单纯，而且使主题与组织混乱了。

第三，新民谣的创作，这是在实际上怎样接受旧民谣的遗产来表现新的人民的情绪，这件工作很不容易。我们看到这方面虽有了很多的收获，但有些作品从整个曲调来看，大都是呆板的小节或乐句的连续，节奏非常简单。同时 X 的音符的过多连续，在旋律上陷于五声音谱内，旋法是单纯的模仿旧曲调而少发展与变化，听起来而无味，有的简直远比现在流行的民间歌谣差得多。

第四，有些歌曲或创作民谣，为了"不流俗"，用了很多奇特的节奏复杂的装饰，在调性上采用了不少变调方式，唱起来不但很少中国作风，中国气派，若是发展下去，民谣成为非有相当音乐修养的人才能唱的了。

第五，作曲者本身不想在实践中研究怎样使自己曲调丰富，表现内容的办法增进，而仅仅在怪没有好调，或者嫌歌词"没有规律"，"不整齐"，当然，歌词应该富于"音乐性"，组织上应该比较整齐，但一切都为了"整齐"，就会影响内容的发挥，陷于使内容来迁就那单纯的，呆板的形式。因此，不是大加增删，使内容受损，就要使词曲调游离，失去歌曲的统一性。

以上是目前在作曲上的或有关作曲的一些问题。在词的写作上，不想谈它，现在抱我对于克服这些缺点的一件，提供大家讨论。

第一，要有好的旋律产生，必须有丰富的乐想，这种乐想，不是天才，而是从实际的修养中得来的。因此，必须多去研究有名的乐曲，分析他们的主题及发展，旋律的进行，节奏的变化，从这里吸取他们方法，来培养我们的创作能力。同时也要多听多唱，才能更理解。

第二，加强作曲理论的学习，提高对乐曲的组织能力，当然，作曲法不是一天可以贯通，也不是一定熟读作曲法后才能作曲。但作曲法是前人经验的结晶是作曲者必修的课程。

第三，加强对作品的批评，发扬作曲者的自我批评，以慎重的科学的精神研究批评，帮助别人进步，也提高了自己。

第四，多作作曲的练习，经常的练习，主题及动机的发展与变化，要做到支配形式而不为形式支配。

第五，作曲与事物和人，不解互相责备，而应互相研究，经常交换创作上的意见。无法写曲的歌词仅仅能成为一首好诗，不能成为一支名曲。不注意或不帮内容完整性的表现的曲调，也仅是技巧上的卖弄，不能发挥它应有的效能。

因为幅限制无法具体举例详述，这些原则上的意见或可供给初学作曲者的参考，希望加以研究与批评。

附文三：

反扫荡当中能不能坚持歌咏工作？[1]

周巍峙

这次敌人对边区的秋季"扫荡"是空前残酷与毒辣，在反扫荡中，艺术工作当然不能按照日常的方式来进行，就连最容易做的教歌工作也有些时候，因战斗紧张受到了影响了。有一些同志认为在这样的反扫荡当中，歌咏工作是没法进行的了。我觉得这种想法是不对的。

当然，我不是要战士们在打仗的时候还要学唱歌，在敌人快要来的时候，还拉着教歌，也不要那些机关、团体、学校为了坚持歌咏工作而集中一部份人在一起。

那么在什么时候进行歌咏工作呢？

我想敌人的"扫荡"无论怎样残酷，但总是不平衡的，常有很大的空隙可以利用。譬如在唐县的四区、三区的一些村子，这次在敌人刚走一二天小学校就照常上课，有些同志就抓紧机会教了两个歌子，以后敌人虽然常是二三天来一次，但只要学校能上课，教歌工作就可进行，除了小学生外，青抗先自卫队方面，病号虽不少，但还有几十个人，这当中也有人教了歌子，曾有一个同志在九月初旬敌人"扫荡"的第一阶段中有时就一天教二三次歌子，（一次是学生，一次是青抗先，一次是全村混合的。）

---

[1] 《反扫荡当中能不能坚持歌咏工作？》一文由周巍峙撰写，刊登在1941年11月30日《晋察冀日报》第四版。

有些小规模的工厂在反扫荡中还坚持工作，这次有个别音乐工作者和他们一同打游击，敌人来了，一同转移，一同爬山，敌人走了，回来照常工作，这位同志，就抽暇教歌，和工友们的关系相当不坏，同时还有人给他们讲戏剧问题哩。

有些部队虽然是经常流动，而且还要进行战斗，但也常有二三天的休息，有的甚至还多些，部队的生活容易上正规，一二天的休息。如无情况，下操上课点名游戏等，就会照常进行，这也是教歌的好机会，并且容易鼓动情绪，指战员，政工人员都很欢迎。这次有些同志常放松这种机会，我认为是很可惜的。

政府机关，群众团体，虽然是分散工作，但总会集合少数人在一起工作，尤其是区村级的干部加工其他帮助工作的，常常有五六人之多，这些人生活，工作，行动都在一起，更容易接近，有时没法教大家，教个别人的也有可能，那么我们的目的也可达到一部分了。

这些工作不但专门音乐工作者可以进行，就连地方上（我曾看见过这种例子）的小学教员，连队里的教，同志，甚至县区的政民干部都可以进行咧！（我曾见过这种例子。）

上面所谈的一些例子，是事实，也是坚持工作的办法，其他的办法一定还很多，如连队中分班教歌，学生及群众间的个别传授，低声教学，以及预先把歌词教熟，然后找机会教谱等等，都是可以进行的，最低限度也可以收集一些歌曲材料和当地歌咏运动的情形，向人谈谈歌咏工作的重要，交换一些对歌咏工作的意见，甚至抄个歌曲给别人，也都是我们的工作，难道这些一工作都没办法进行了？

这次反"扫荡"中，有些事务工作者只知"打游击"，跑路，别个什么都忘记了，有机会教歌的时候也轻轻放过，更不谈到找机会进行了。我想这应该是我们音乐界的经验教训，在此后反扫荡中应加以注意的。

最后，我想到，为了在反"扫荡"中能坚持歌咏工作，必须事先准备一些适当的歌曲材料（能随时创作那当然更好）最好在脑子里记熟几个，以免歌谱遗失了，没法教人，这次就有些同志在别人要求教歌时无歌可教，有些又记不清楚了，有些同志教的歌曲常不适合当时的环境及现象的需要，因而费力不讨好，浪费宝贵的时间，提不起学习情绪，影响下次教歌机会。我想在那样的环境里最好是教雄壮、明快短小易唱的歌曲。

　　工作是不会停止的，工作经验和方法也是不断进步的，让我们的歌咏工作在今后更加艰苦的环境中一天天地健壮起来吧！

附曲一：

万岁啊晋察冀[1]

1=A 4/4

词：邵子南　曲：周巍峙

热情地 中板

0 | 0 0 0 0 | 0 0　0 0 | 0 0 0 0 |

0 | 0 0 0 0 | 0 0　0 0 | 0 0 0 0 |

0 | 0 0 0 0 | 0 0　0 0 | 0 0 0 0 |

5 5 5 | 1̇. 7 6. 5 | 6 6. 6 5 4 | 3 − − 5 5 5 |

我们的　晋察冀在　炮火中长　成，　在这里

0 0 0 0 | 0 0 0 0 | 0 0 0 5 5 5 |

0 0 0 0 | 0 0 0 0 | 0 0 0 3 3 3 |

他有那

3̇. 2̇ 1̇ 7 6 | 5 1̇ 7 6 5 | 6 7 | 1̇ − − 0 |

英勇地流着　我　们的血和　汗

1̇. 7 6 5 5 | 3　6 6 5 4 | 3 − − 0 |

[1]《万岁啊晋察冀》是周巍峙于抗战时期在晋察冀边区所谱曲的歌曲作品。

周巍峙：巍然屹立天地间

```
5. 5 5  6. 6 6 | 0 ⌒3 1 1 1  5  6 1 | 2 ⌒3 3 2  1 ⌒3 2 3 |

3. 3 3  4. 4 4 | 0 ⌒3 6 6 6  3 3 | 5 - 5  ⌒3 5 5 5 |
巍  峨的 太 行山，    控 制 着 周 围 的  平   原，支 持 着

0 0   0 0 | 0 0   0 0 | 0 0 0  ⌒3 3 2 1 |

0 0   0 0 | 0 0   0 0 | 0 0 0  ⌒3 1 1 1 |
                                              SOLO
4. 3 2  5 5 | 4 3  ⌒5 3  ⌒2 3 | i - - 5 |
                              战。       啊！

i. 7 6  5 5 | 6 6 5  ⌒5 4 | 3 - - 0 |
整  个 华 北 的 游 击 运  动 战

6. 5 6  ⌒2 2 | i i  ⌒7 6  4 7 | i - - 0 |

4. 4 4  4 4 | 1 1 5  ⌒5 5 | 1 - - 0 |
```

我们要民主的战斗的晋察冀，我们要牺牲一切来保卫你，坚强地站在敌人的

周巍峙：巍然屹立天地间

```
4 6  5̂ 5 5  0 5 5 | 3̇ 2̇ 1̇  7 6. 6 | 5. 5̂ 6 7 1̇  -  |
4 4  3̂ 3 3  0 3 3 | 1̇ 7 6  5 4. 4 | 3. 3̂ 3 3    -  |
```
深远后 方， 我们 自由地走路 自 由 地呼 吸。
```
6 1̇  7̂ 6 5  0 5 5 | 6 7 1̇  3̇ 2̇. 2̇ | 1̇. 2̇ 1̇ 1̇  -  |
2 2  3̂ 2 3  0 1 1 | 1 1 1  2 2. 2 | 3. 2 3 1    -  |

5 5 5  1̇. 2̇ 1̇.  2̇ | 3̇ 2̇ 1̇  7. 6 7  5 6 7 |
3 3 3  5. 5 5  -    | 1̇ 1̇ 1̇  5. 5 5  3 3 3 |
```
配备好武 装   齐整好行   列， 走到了
```
1̇ 1̇ 1̇  3̇. 2̇ 3̇.  2̇ | 5 4 3  2. 3 2  5 5 5 |
1 1 1  1. 1 1  -    | 1 1 1  5. 5 5  1 1 1 |
```

```
1. 6 5 5 0 1 1 | 3. 1 2 1 2 | 3 - - 5. 5 |

6. 5 3 3 0 5 5 | 5. 5 5 5 | 5 - - 3. 3 |
战  斗  中 去，要 把  敌 人 消      灭！    永 远

1. 1 3 3 0 3 3 | 1. 5 5 6 5 | 7 - - 1. 1 |

1. 1 3 3 0 3 3 | 1. 1 5 4 | 3 - - 5. 3 |
```

```
6. 5 1 1 5 6 7 | 1 - 7 1 2 3 | 4. 3 2 1 2 |

4. 3 3 3 3 4 5 | 6 - 5 5 5 5 | 6. 5 4 6 6 |
保 持 你 那 战 斗 的 英      姿，建 设 着 新 民 主 主 义 的

1. 1 5 6 7 6 5 | 1 - 2 1 1 1 | 2. 1 2 4 4 |

1. 2 3 3 5 5 5 | 4 3 2 1 1 1 | 2. 3 4 4 4 |
```

周巍峙：巍然屹立天地间

283

附曲二：

李勇已变成千百万[1]

1=G 2/4

词：邵子南　曲：周巍峙

稍快、愉快、粗壮地

| 0 5. 5 | 6 5 0 5 | 6 > 5 0 | 3. 5 6 5 |

就在那年呃那年，一九四三

| 5 3 2 3 | 2 — | 3 2 | 6 5 6 | （f）

年秋天，李勇已变成

| 5 3 | 6 — | 3. 5 6 5 | 3 2 |

千百万，千百万的李勇

| 6 5 6 | 5 3 2 3 | 5 3 2 3 | 1 — |

出现在大道儿小道儿边。

|: 1. 6 | 5 6 5 | 5 3 2 1 2 | 3 2 0 |

漫山遍野响起了雷声炸，
炸了就跑真跑了又假，
又水边地边抄道儿旁，

[1]《李勇已变成千百万》是周巍峙于抗战时期在晋察冀边区所谱曲的歌曲作品。

周巍峙：巍然屹立天地间

```
6    5   | 3  2   3 | 5 3  5 6 | 5  -  |
快   枪   又  响   在  大  小 山  顶,
地   雷   又  攒   在  大  鼓 底  下,
山   药   萝  卜   呀  也  会 爆  炸,
地   雷   还  跑   到  制  高 点  上,

3 2  5 3 2 | 1 2  3 0 | f 5  3 | 6 5  0 6 |
敌 人 想 走 呀 不 敢 走,   不 走 不 行,  还
敌 人 进 村 呀 不 瞎 摸,   伸 手 一 摸,  那
正 道 有 雷 呀 不 敢 走,   走 那 偏 道,  那
敌 人 往 下 呀 也 害 怕,   天 亮 开 门,  那

5. 6  5 3 | 2  6 2 | 1  - :‖ 6 6 5 3 |
猫  着 腰儿 吹  灰 尘。        神 奇 的 雷,
桌  子 板凳 也  咬 他。
偏  道 雷声 更  可 怕。
脚  下 冒火 就  爆 炸。

5 5 3 2 | 3 5  3 5 | 6  5 | 1. 2  3 5 |
古怪的枪,  千百 万的 李 勇,  闹 得 敌 人

5 1 | 2 - | 6 6 5 3 | 5 5 3 2 |
心 发  慌。   打得更准,  炸得更响,

6 5  3 5 | 1 2 3 | 5. 6  5 3 | 2  6 2 | 1 - ‖
千百 万的 李 勇, 一  天 一 天 更 强  壮!
```

参考文献

[1] 王丽文. 安波传 [M]. 沈阳：辽宁人民出版社，2019.

[2] 王丽虹. 延安鲁艺"小调大王"——安波 [J]. 乐府新声（沈阳音乐学院学报），2021，39（03）.

[3] 刘晋. 安波：从烟台走向全国 [N]. 烟台日报，2024-01-22（003）.

[4] 安波歌曲选 [M]. 北京：人民音乐出版社，1982.

[5] 王丽文. 一部鲜为人知的民歌大联唱 [J]. 党史纵横，2019（7）.

[6] 春风文艺出版社编. 安波音乐作品选 [M]. 沈阳：春风文艺出版社，1983.

[7] 陈宗花《秦腔音乐》的产生和贡献 [J]. 星海音乐学院学报，2012,（02）.

[8] 宋一平. 民族团结的使者、革命音乐的"先声"——安波在冀察热辽解放区的革命音乐活动考 [J]. 汉语言文学研究，2024，15（04）.

[9] 王丽文. 安波在辽宁 [J]. 党史纵横，2016，（08）.

[10] 俞玉姿，林凌风. 重温安波同志在中国音乐学院的办学实践——纪念安波百年诞辰 [J]. 人民音乐，2016，（04）.

[11] 王恩宝. 安波与音乐舞蹈史诗《东方红》的创作 [N]. 团结报，2022-10-27（006）.

[12] 安波. 由鲁艺的秧歌创作谈到秧歌的前途 [N]. 解放日报，1943-4-12（004）.

[13] 穆秀玲. 火星，依然闪耀——曹火星传[M]. 天津：百花文艺出版社，1995.

[14] 田恬，刘萍，周洁.《没有共产党就没有新中国》：一首不朽红歌的文化密码[N]. 河北日报，2023-10-27（009）.

[15] 陈平. 人民音乐家曹火星[J]. 文史精华，2007，（S1）.

[16] 从艰苦斗争中壮大起来的平青"铁血剧团"[N]. 抗敌报，1938-06-14（004）.

[17] 石雅彬."颂党第一歌"唱出人民的心声[N]. 石家庄日报，2024-06-25（007）.

[18] 孙健伟. 为党和人民而歌[J]. 前线，2024，（10）：95.

[19] 孟红.《没有共产党就没有新中国》：唱出颠扑不破的真理[J]. 党史博采（纪实），2016，（09）.

[20] 陈平. 人民音乐家曹火星[J]. 文史精华，2007，（S1）.

[21] 杨瑞庆. 曹火星创作《没有共产党就没有新中国》[J]. 文史天地，2019，（06）.

[22] 没有共产党，就没有中国[N]. 解放日报，1943-8-25（001）.

[23] 张建刚. 歌者涛声——桂涛声小传[M]. 昆明：云南大学出版社，2017.

[24] 王人天. 抗日战歌激荡的烽火岁月——记《在太行山上》词作者桂涛声[J]. 文史春秋，2020，（03）.[

[25] 刘大明.《在太行山上》的词作者桂涛声[J]. 炎黄春秋，2003，（09）.

[26] 吴志菲. 桂涛声与《在太行山上》[J]. 党史纵横，2015，（08）.

[27] 刘大明. 桂涛声写就《在太行山上》[J]. 北方音乐，2005，（04）.

[28] 洹漳，姜涛，李享. 歌曲《在太行山上》的诞生[J]. 党史博览，2023，（06）：41.

[29] 史中兴. 贺绿汀传[M]. 上海：上海文艺出版社，1989.

[30] 李凌. 贺绿汀同志周年祭 [J]. 中国音乐，2000，（03）.

[31] 陈霞，杨赛. 论贺绿汀与新中国音乐教育体系的构建 [J]. 中国高等教育，2021，（21）.

[32] 钱彤. 贺绿汀与20世纪早期的中国流行音乐 [J]. 黄钟（中国. 武汉音乐学院学报），2004，（04）.

[33] 曾长秋. 人民音乐家贺绿汀 [J]. 党史博采，2023，（23）.

[34] 徐科锐. 为"新音乐"而"音乐"——作为抗战时期的批评家贺绿汀 [J]. 东北师大学报（哲学社会科学版），2016，（05）.

[35] 周晓岩. 生成与延传：贺绿汀民族音乐观阐释 [J]. 文艺论坛，2023，（04）.

[36] 徐科锐. 贺绿汀的音乐民族化思想及其实践 [J]. 文艺争鸣，2012，（08）.

[37] 贺绿汀. 中国音乐界的现状及我们对音乐艺术所应有的认识 [J]. 明星，1936，（05/06）.

[38] 贺绿汀. 新中国音乐启蒙时期歌咏运动 [J]. 中苏文化，1939，（08/09）.

[39] 霍长和. 红色音乐家—劫夫 [M]. 北京：人民出版社，2003.

[40] 郦雯. 大时代的歌者——记李劫夫抗战时期的音乐作品创作 [J]. 党史纵横，2000，（07）.

[41] 郑巧，郑弘. 从延安到鲁艺：李劫夫文艺思想研究 [J]. 文艺争鸣，2023，（02）.

[42] 李劫夫年表 [J]. 人民音乐，1997，（04）.

[43] 程远. 李劫夫音乐教育实践中的核心办学理念 [J]. 音乐艺术（上海音乐学院学报），2019，（04）.

[44] 乔全龙，冯毅. 人民音乐家李劫夫的革命歌曲创作 [J]. 兰台世界，2015，（01）.

[45] 梁茂春. 歌曲的"异化"——论李劫夫的"语录歌"创作 [J]. 中央

音乐学院学报，2004，（02）.

[46] 李劫夫. 对歌唱艺术应如何认识 [J]. 人民音乐，1950，（04）.

[47] 李劫夫. 实践和改造的过程 [J]. 人民音乐，1963，（12）.

[48] 伍雍谊. 人民音乐家吕骥传 [M]. 北京：中国文联出版社，2005.

[49] 乔书田. 中国革命音乐的先驱——吕骥 [J]. 音乐生活，2014，（01）.

[50] 李业道. 吕骥评传——第一部分 1909 — 1937（上）[J]. 音乐研究，1995，（03）.

[51] 魏艳. 吕骥与救亡歌咏运动 [J]. 人民音乐，2005，（08）.

[52] 吕骥. 回忆左翼剧联音乐小组 // 吕骥文选·下集 [M]. 北京：人民音乐出版社，1988.

[53] 韩萌萌. 吕骥的中国新音乐探索之路 [J]. 名家名作，2021，（11）.

[54] 侯晋哲.《武装保卫山西》从山西唱响全国的抗战强音 [J]. 文史月刊，2021，（07）.

[55] 李哲文. 吕骥抗战时期的音乐创作 [J]. 当代音乐，2022，（10）.

[56] 周皖萍. 解读吕骥《中国民间音乐研究提纲》[J]. 柳州职业技术学院学报，2010，10（04）.

[57] 魏艳. 论吕骥大合唱《凤凰涅槃》[J]. 乐府新声(沈阳音乐学院学报)，2010，28（04）.

[58] 吕骥. 关于鲁艺的回忆与思考 [N]. 光明日报，1988-05-19.

[59] 李业道. 吕骥评传第二部分 1937-1949(下)[J]. 音乐研究,1997,（02）.

[60] 吕骥. 伟大而贫弱的歌声 [J]. 光明，1936，2（02）.

[61] 吕骥. 中国新音乐的展望 [J]. 光明，1936，1（05）.

[62] 肖波. 人生之歌 [M]. 南京：江苏人民出版社，2018.

[63] 马可——从化学实验室走出的音乐家 [N]. 光明日报，2003/08/07.

[64] 葛晓枫. 马可的创作生涯及其艺术成就 [J]. 连云港师范高等专科学校学报，2002，（04）.

[65] 贺志凌. 为革命献歌为人民作乐——纪念革命音乐家马可先生 [J]. 乐府新声（沈阳音乐学院学报），2020，38（01）.

[66] 晏甬. 我所认识的马可 [J]. 人民音乐，1998，（11）.

[67] 马海星. 马可在河南大学的前前后后 [J]. 河南大学学报（哲学社会科学版），1984，（05）.

[68] 梁茂春. 七月边区七十年——纪念《七月里在边区》诞生七十周年 [J]. 歌唱艺术，2012，（07）.

[69] 郭懿. 陕北好江南——南泥湾——马可《南泥湾》赏析 [J]. 北方音乐，2007，（02）.

[70] 张俊谊.《周子山》和朱永山 [J]. 延安大学学报（社会科学版），1989，（03）.

[71] 马可.《白毛女》的创作和演出 [J]. 新文化史料，1996，（06）.

[72] 老轩. 一曲中国工人阶级的高昂战歌——歌曲《咱们工人有力量》的创作故事 [J]. 奋斗，2022，（04）.

[73] 贺志凌. 为革命献歌为人民作乐——纪念革命音乐家马可先生 [J]. 乐府新声（沈阳音乐学院学报），2020，38（01）.

[74] 张宇琦. 马可歌剧中的民族特色研究——以《白毛女》《小二黑结婚》为例 [J]. 艺术评鉴，2019，（02）.

[75] 马可. 群众是怎样创作的 [N]. 解放日报，1944-05-24（004）.

[76] 唐诃. 我的音乐生涯 [M]. 银川：中国黄河出版社，2001.

[77] 吕韧敏.《唐诃歌曲精选》与唐诃其人 [J]. 人民音乐，1993，（04）.

[78] 赵亚力. 易水河畔走出的音乐家——访著名音乐家唐诃 [J]. 乡音，2003，（03）.

[79] 唐诃. 初识李劫夫 [J]. 人物杂志，1985，（03）.

[80] 林寅之，林青. 军旅文将乐坛耆老——缅怀唐诃先生 [J]. 人民音乐，2013，（10）.

[81] 董梦知.《长征组歌》诞生记[J].工会博览，2006，（20）.

[82] 李桂圣.我的根在军营——著名作曲家唐诃"红五月"走军营侧记[J].人民音乐，1992，（04）.

[83] 唐诃.新高潮带给我们新的任务[J].人民音乐，1955，（Z1）.

[84] 王斌，杜仲华.歌唱祖国：王莘传[M].天津：天津社会科学院出版社，2021.

[85] 刘宝海，靳紫阳.一曲祖国颂神州世代传——人民音乐家王莘生平[J].歌海，2002，（09）.

[86] 冯晓蔚.记《歌唱祖国》创作者、人民艺术家王莘[J].书屋，2023，（09）.

[87] 周巍.王莘：用心灵谱写《歌唱祖国》[J].求知，2020，（12）.

[88] 瞿新华，龚孝雄.人民音乐家王莘[J].源流，2011，（19）.

[89] 赵英秀.王莘和他的《歌唱祖国》[J].党史博采（纪实），2012，（05）.

[90] 汤小薇.忆《歌唱祖国》作者王莘[J].文史精华，2007，（S2）.

[91] 靳学东.他用音符和心灵歌唱祖国——怀念王莘[J].人民音乐，2007，（12）.

[92] 我院举行人民音乐家施光南、王莘塑像揭幕仪式[J].天津音乐学院学报，2008，（04）.

[93] 王莘.给初学作曲者[N].晋察冀日报，1942-01-04（004）.

[94] 马可.冼星海传[M].北京：人民文学出版社，1980.

[95] 查太元.冼星海生平研究之相关史料考证举隅[J].黄钟（武汉音乐学院学报），2020，（02）.

[96] 向延生.冼星海与《黄河大合唱》纵横谈[J].中国音乐学，2022，（03）.

[97] 魏艳，常钰.少年冼星海的音乐之路——冼星海马来亚生活初探[J].星海音乐学院学报，2020，（01）.

[98] 张晓飞.冼星海："为抗战发出怒吼，为大众谱出呼声"[J].党建，2021，（04）.

[99] 陈伟龄，栾宁丽. 为人民创作的音乐家冼星海 [J]. 档案与建设，2021，（10）.

[100] 王海涛. 冼星海音乐创作中的民族风格透视 [J]. 四川戏剧，2018，（01）.

[101] 冼星海. 我学习音乐的经过 [N]. 晋察冀日报，1945-11-24（004）.

[102] 梁茂春. 张寒晖传 [M]. 西安：陕西人民出版社，1985.

[103] 余玮.《松花江上》背后的张寒晖 [J]. 党史纵横，2015，（12）.

[104] 廖春梅. "人民艺术家"张寒晖与他的著名抗战歌曲《松花江上》[J]. 云南档案，2016，（06）.

[105] 罗先哲. 张寒晖创作《松花江上》前后 [J]. 文史春秋，2007，（12）.

[106] 支雄伟，王晓凤，黄宏京. 张寒晖在定州的岁月 [J]. 党史博采，2002，（12）.

[107] 邶风，刘洁. 张寒晖与歌曲《松花江上》的诞生 [J]. 党史博览，2023，（12）.

[108] 尹恒. 一曲唤起民族觉醒的悲壮之歌——张寒晖的《松花江上》[J]. 陕西档案，2021，（04）.

[109] 周恩来. 现阶段青年运动的性质和任务 // 周恩来选集 [M]. 北京：人民出版社，1988.

[110] 王端阳. 父亲王林和张寒晖 [J]. 百年潮，2009，（08）.

[111] 李仲林. 回忆张寒晖老师 [J]. 新文学史料，2001，（01）.

[112] 孙武. 张寒晖在竞存中学任教期间音乐创作研究 [J]. 交响（西安音乐学院学报），2019，38（01）.

[113] 孟俭红. 人民艺术家张寒晖的延安岁月 [J]. 党史博采，2022，（19）.

[114] 党音之.《军民大生产》赏析 [J]. 音乐天地，2019，（10）.

[115] 柯仲平. 追悼人民艺术家——张寒晖 [N]. 解放日报，1946-03-24（004）.

[116] 众口说老周——周巍峙八十岁纪念文集[M]. 北京：大众文艺出版社，2001.

[117] 孟远. 西战团和歌剧《白毛女》——访原西战团主任周巍峙先生[J]. 文艺争鸣，2013，（12）.

[118] 齐荣晋. 周巍峙：英雄史诗壮歌人生[J]. 党史文汇，2008，（04）.

[119] 李伟. 时代的呐喊——纪念左翼音乐运动70周年[J]. 人民音乐，2004，（02）.

[120] 刘庆礼. 试论西战团在晋察冀边区的文艺宣传[J]. 河北经贸大学学报（综合版），2009，9（03）.

[121] 宋木文. 我敬佩周巍峙同志的人品[J]. 戏曲艺术，2001，（03）.

[122] 朱婷，周七月. 周巍峙对于民间文艺工作的倡导与贡献[J]. 民间文化论坛，2024，（06）.

[123] 周巍峙. 大众歌曲的"党八股"与一些克服办法[N]. 晋察冀日报，1942-06-04（004）.

[124] 周巍峙. 对于目前作曲上的一些意见[N]. 晋察冀日报，1941-04-23（004）.

[125] 周巍峙. 反扫荡当中能不能坚持歌咏工作？[N]. 晋察冀日报，1941-11-30（004）.

致谢

山西抗战时期，革命音乐家以艺术为武器，在民族危亡之际谱写出诸多震撼时代的乐章。他们的创作，不仅是音符的跃动，更蕴含着深刻的民族情感和坚定的理想信念。本书中我们撰写的 12 位红色经典音乐家，正是这样的时代弄潮儿。他们有的一直战斗在山西抗日根据地，创作出了铁血抗日的历史绝唱；有的音乐家虽没到过山西，但他们的经典歌曲在山西抗日根据地广泛传唱，极大地鼓舞了山西抗战军民的顽强斗志和必胜信念，影响了一个时代的音乐风尚。

本书由王鹏飞博士和我共同完成。我撰写了 7 位音乐家，在撰写冼星海、桂涛声时，成都理工大学传播科学与艺术学院李家宜同学参与了写作；在撰写王莘、周巍峙、李劫夫、贺绿汀、唐诃时，山西大学哲学学院李浩然同学参与了写作。同学们搜集大量材料，撰写了第一稿，我在此基础上加以修改、扩充、润色，最终完成。

在书稿即将出版之际，对李家宜、李浩然二位同学的辛勤付出，致以诚挚的谢意。

在撰写过程中，我们参考引用了近年来诸多专家学者的研究成果，在此也表示衷心的感谢。需要指出的是，由于时间紧，我们还未能穷尽写作的历史资料，加之我们的理论认知、综合能力和撰写水平有限，肯定在文稿中会存在许多谬误遗漏之处，我们真诚地欢迎各位专家提出宝贵意见。

又，本书所撰红色音乐家小传，行文以当代语言文字要求为准；所附各位音乐家的历史文献，以原貌为准。

张汉静

二〇二四年十二月

后记

《山西抗日根据地红色歌曲经典文献》的编纂工作在中共山西省委宣传部的组织指导下，由山西传媒学院张汉静教授担纲的红色文化研究团队完成。其中，《晋察冀根据地卷》由李霞负责，张焰、牛杰、焦娟美、张程、霍菁欣编纂；《晋冀鲁豫根据地卷》由周恒负责，刘运洲、王鹏媛、韩雅琳、李家宜、宿娜编纂；《晋绥根据地卷》由黄小白负责，李杰、李俊、田丽坤、侯赛华、王紫云编纂；《山西抗日根据地红色经典音乐家》由王鹏飞、张汉静著；《山西抗日根据地红色歌曲传播研究》由赵建萍等著；《抗战时期山西民歌的嬗变》由韩敏虎等著。张汉静、王鹏飞对丛书进行了统稿，李霞组织了红色歌曲传唱视频的录制。

在研究编纂过程中，我们得到了山西省委宣传部各级领导的高度信任与大力支持，文化传承发展处做了大量协调组织工作，并就丛书的内容、体例、编写等方面提出了许多指导意见；在研究写作过程中，我们得到了王先明、高策、郝平、曹天忠、李玉、侯怀银、王志超、高生记等专家学者在学术方面的倾力支持和提携；在材料搜集过程中，我们得到了兴县关向应图书馆、八路军太行纪念馆、山西省图书馆等有关单位,以及左权县王占文、王艾甫、魏建忠、李立峰,著名版画家牛文之子牛小牛等民间红色收藏家的无私捐赠和帮助;山西传媒学院党委及办公室、宣传统战部、人才工作部、科研部、计划财务部、国有资产管理部、实践教学中心、信息中心等部门为丛书的研究和撰写提供了优质的服务和良好的环境。丛书出版工作由山西人民出版社社长、总编辑梁晋华领衔,各位编辑在工作中充分展示了精益求精、担当负责的职业精神。在丛书付梓之际,对给予丛书大力支持的单位和同志表示衷心的感谢。

"道阻且长,行则将至。行而不辍,未来可期。"我们将继续认真贯彻落实中共山西省委宣传部的总要求、总目标,不断深入挖掘红色历史文化,不断增强自身学术研究能力,不断提高丛书的编纂质量,扎实工作,争取在不懈的红色文化研究中结出更多更好的果实,取得更大更新的突破。

编者

二〇二四年十二月

图书在版编目（CIP）数据

山西抗日根据地红色经典音乐家 / 张汉静主编；王鹏飞、张汉静著. —太原：山西人民出版社，2025.8.（山西抗日根据地红色文化经典文献大系）. —ISBN 978-7-203-14010-8

Ⅰ. K825.76

中国国家版本馆CIP数据核字第20255J531F号

山西抗日根据地红色经典音乐家

主　　　编：	张汉静
著　　　者：	王鹏飞　张汉静
责任编辑：	员荣亮
复　　审：	傅晓红
终　　审：	梁晋华
装帧设计：	张镤尹
封底篆刻：	刘争义
出 版 者：	山西出版传媒集团·山西人民出版社
地　　址：	太原市建设南路21号
邮　　编：	030012
发行营销：	0351-4922220　4955996　4956039　4922127（传真）
天猫官网：	https://sxrmcbs.tmall.com　电话：0351-4922159
E-mail：	sxskcb@163.com　发行部 sxskcb@126.com　总编室
网　　址：	www.sxskcb.com
经 销 者：	山西出版传媒集团·山西人民出版社
承 印 厂：	山西出版传媒集团·山西人民印刷有限责任公司
开　　本：	720mm×1020mm　1/16
印　　张：	20.5
字　　数：	270千字
版　　次：	2025年8月　第1版
印　　次：	2025年8月　第1次印刷
书　　号：	ISBN 978-7-203-14010-8
定　　价：	108.00元

如有印装质量问题请与本社联系调换